Valeska und Philipp Schaudy

2-RAD-ABENTEUER

In 5½ Jahren 87.000 Kilometer um die Welt

D1730933

2. überarbeitete Auflage

VERLAGSHAUS JAKOMINI

Da wir nicht alle Leute fragen konnten, ob sie in unseren Geschichten vorkommen wollen, haben wir einige Personennamen geändert.

In der Sprachwahl für unsere Texte haben wir uns bemüht, beide Geschlechter gleichwertig zu behandeln. Trotzdem haben wir ab und zu einfach zugunsten der Lesbarkeit entschieden. Frau/Mann möge uns verzeihen!

Valeska Schaudy, Philipp Schaudy
2-Rad-Abenteuer – In 5 ½ Jahren 87.000 Kilometer um die Welt
Dezember 2015, 2. überarbeitete Auflage

© Verlagshaus Morre GmbH
A-8010 Graz, Jakoministraße 12
Telefon: +43 (316) 82 02 33
Fax: +43 (316) 82 02 35
E-Mail: office@verlagshaus-jakomini.at
www.verlagshaus-jakomini.at

Fotos und Texte: Valeska und Philipp Schaudy, www.2-play-on-earth.net
Zeichnungen: Alexander Czernin, www.freihand-zeichner.at
Grafik: Sylvia Zannantonio, Teye Akunor
Herstellung: GZH * GRAFIČKI ZAVOD HRVATSKE d.o.o. * Zagreb

ISBN 978-3-902920-06-5

Inhalt

Hinweis zu der Verfasserin bzw. dem Verfasser der einzelnen Kapitel: Valeska | Philipp

7	Vorwort (von Valeska und Philipp Schaudy)
8	Um die Welt – in die Welt (Begleitworte von Wolfgang Wehap)
11	Neuland betreten (Begleitworte von Werner Kopacka)
13	Durchbeißen
19	Frühlingserwachen
26	Gastfreundschaft
32	Gelobtes Land
41	Afrika. Einmal quer runter
48	Last Minute All Inclusive
55	You, you, you!
63	Safari per Rad
69	Europa hat Uhren, Afrika hat Zeit
78	Unter „Weißafrikanern"
86	Im Reich der Kängurus und Kookaburras
92	Unsichtbarer Feind I
99	Es herbstelt
105	Von Wasserloch zu Wasserloch
111	Vergesst nicht aufs Beten!
117	Radfahren ist kuh-l!
124	Jai Guru Deva Om – Dank dem göttlichen Lehrer
135	Urlaub in Wanderschuhen
141	Krankheitsgeschichten
148	Sofa frei?
155	Echt bärig

162 Bei Arnie

167 Stadt der Engel

172 Aussteigen oder davon träumen

181 König der Stiefel

187 Zauberhafte Zeremonie

194 Wir bleiben wachsam

203 Schlafplätze I

212 Das achte Weltwunder

217 Volkssport Radfahren

223 Oben hui, unten …

228 Schlafplätze II

234 Österreichische Oase in den Anden

240 Salz auf unseren Rädern

248 Über Stock und Stein

255 Unsichtbarer Feind II

261 Pausentag

269 Miraculum

273 Ei, das schmeckt!

286 Parkgeschichten

295 Gemeinsam lächeln

308 Weihnachtswunderwelten

317 Unentbehrliches

323 Race Across America

333 Nachhauseweg

341 Schlafplätze III

348 Superlative

356 In der Vitrine

362 Danke – Xièxie – Gracias – Thank you – Asante sana – Merci

Für alle Eltern, die ihren Kindern das Radfahren beibringen.

Vorwort

von Valeska und Philipp Schaudy

Fünfeinhalb Jahre lang trieben uns Reiselust und Neugier rund um die Welt. Spontaneität, Offenheit, Flexibilität und Akzeptanz für fremde Kulturen waren mit im Gepäck. Als Verkehrsmittel kam für uns nur eine umweltfreundliche, aktive Fortbewegungsart in Frage: das Fahrrad. Ein Umsteigen auf andere bequemere Verkehrsmittel stand nie zur Diskussion, wir saßen zu hundert Prozent auf unseren Fahrradsätteln. So erfuhren wir die Welt auf ganz besondere Weise durch Sehen, Hören, Fühlen, Riechen – mit all unseren Sinnen. Mit dem Rad waren wir langsam genug, um Landschaften, Wetter und Begegnungen intensiv zu erleben – und trotzdem schnell genug, um mit rund 100 Kilometern pro Tag ordentlich vorwärts zu kommen. Die „Anziehungskraft" unserer bepackten Drahtesel brachte uns oft unerwartete, spontane Kontakte zu vielen Menschen.

Dreiunddreißig Tagebücher haben wir randvoll geschrieben. Sollen sie in einem Regal verstauben? Nein! Wir möchten unsere Gedanken und Erlebnisse gerne erzählen. Doch wie? Die gesamte Weltreise von A bis Z beschreiben? Eine Chronologie unseres jahrelangen Fahrradalltags verfassen? Langweilig! Daher haben wir beschlossen, einige ausgewählte Themen, Streckenabschnitte, Begegnungen und Ereignisse in Kurzgeschichten zu verpacken.

Dieses Buch ist kein Reiseführer, kein Ratgeber und kein Nachschlagewerk. Es soll mit seinen Reisegeschichten inspirieren, eigene Träume zu verwirklichen, sich auf „Abenteuer" einzulassen und zu erleben. Abenteuer sind wie Gewürze – es geht auch ohne sie, aber mit ihnen schmeckt das Leben besser, würziger.

Um die Welt – in die Welt

Begleitworte von Wolfgang Wehap

Das Fahrrad revolutionierte im letzten Viertel des 19. Jahrhunderts die individuelle Fortbewegung und eröffnete neue geografische und soziale Räume. War das Hochrad noch elitäres Sportgerät, wurde mit dem Niederrad ein Zugang zu einer schnelleren, selbstbestimmten Fortbewegung für nahezu jedermann und vor allem jede Frau eröffnet. Das Fahrrad emanzipierte vom gesellschaftlichen Korsett, es sprengte aber auch die engen Vorgaben der Massenverkehrsmittel – das radelnde Individuum hatte nun selbst das Steuer in der Hand. Dass bald mit Hilfe der Kraft des Motors eine noch größere Mobilitätsrevolution ausgelöst wurde, konnte nichts daran ändern, dass das Fahrrad eine geniale Erfindung war und ist.

Das Fahrrad ist das effizienteste Mittel zur Fortbewegung, was das Verhältnis von – selbst produzierter – Energie zu Transportleistung betrifft. Dem, der es nutzt, erschließt sich empirisch die durchfahrene Gegend, es lässt unvermittelten Kontakt zu und schottet nicht ab. Auf dem Fahrrad sieht man einerseits fünf- bis sechsmal mehr von der Welt als zu Fuß, weil es schneller ist, andererseits reduziert sich die Erfahrung der Reise nicht auf ein ephemeres Vorbeistreifen wie in Auto, Zug oder Flugzeug.

Reduziert auf sich selbst und die mechanisch angetriebene Maschine sowie das wenige, das man mit sich führen kann, exponiert sich der Radreisende, lässt Status, Komfort und Vertrautheit zurück, um ins Neue, Riskante zu treten. Das war 1884 so, als Thomas Stevens auf seinem Hochrad zur ersten Radreise um die Welt aufbrach, und es war auch zehn Jahre später so, als Annie Londonderry es ihm als erste Frau auf einem Safety nachmachte, und das ist heute im Grunde nicht viel anders.

Was bewegte also die Menschen, und es waren über die vielen Jahrzehnte nicht wenige, sich aufzumachen, große Strapazen auf sich zu nehmen und den Globus auf dem Fahrrad zu umrunden? Neugier und Abenteuerlust, Freude an der sportlichen Herausforderung, „am an die Grenzen gehen", aber auch Selbstsuche und zweisame Beziehungsprüfung, ökonomische und ökologische Gründe – vermutlich von allem etwas. Je nach Epoche und Zeitgeist ist es mehr von dem einen oder anderen Motiv, das sie antreibt zur „Grande Tour du Monde", wobei sie ihr Unternehmen meist auch publik machen und das Besondere ihres Tuns vermarkten, sei es nur, um andere Menschen daran teilhaben zu lassen, oder sei es zur Sicherung des eigenen Auskommens oder im caritativen Engagement. Medien und Sponsoren, die sich im Gegenzug Image- und Werbewert erwarten, waren von Anfang an Partner der kühnen Frauen und Männer auf ihren jahrelangen Reisen.

Der erste Deutsche auf Weltreise war 1895-1897 Heinrich Horstmann. Er kam auch durch Österreich und die Steiermark und wurde hier von Sportgenossen begleitet. Die Radler vom Grazer Bicycle Club waren übrigens die ersten in Österreich-Ungarn, die 1883 eine Fernreise, und zwar nach Venedig, unternahmen; von der Distanz her zwar eine vergleichsweise bescheidene Leistung, dennoch aber pionierhaft, um das Fahrrad als Reiseverkehrsmittel zu etablieren. Einer von ihnen, der Allround-Sportler und auch Skipionier Max Kleinoscheg, radelte mit zwei Klubkollegen 1892 am Rande der Sahara von Südalgerien bis Tunesien.

Der erste Österreicher, der die „Grande Tour" rund um den Globus antrat, war der Wiener Gustav Sztavjanik: Der 17-Jährige traf 1924 zufällig auf der Gumpendorfer Straße einen schon weit geradelten Inder und schloss sich ihm an, weil er – ohnedies arbeitslos – gerade nichts Besseres zu tun hatte. 110.000 Kilometer und fast sieben Jahre später, in denen vier Kontinente und 47 Länder bereist worden waren, kam er als Berühmtheit zurück. Dass die beiden das damals schon altertümliche Fahrrad benutzten, hielt Sztavjanik für sekundär: „Weltwanderer haben seit jeher ihre Eigenarten gehabt. Ihnen ist es gleichgültig, wie viel hundert Kilometer sie täglich zurücklegen können, ob sie Dampf oder Benzin als treibende Kraft verwenden, oder ob sie einfach jene Kraft benützen, die sich von Natur aus in den Muskeln ihrer Beine befindet." Für jene, denen das Letztere behage, sei das Fahrrad wie geschaffen: „Denn das Reisen mit dem Rad ist am wenigsten kostspielig, es lassen sich auch mit seiner Hilfe weite Strecken bewältigen, und schließlich ist eine solche Weltfahrt dann noch obendrein eine sportliche Leistung, die den Vollbringer einer solchen mit ein wenig Stolz erfüllen kann." Einen Teil der Reisekosten verdiente er übrigens durch Preisgelder bei Rennen, an denen er quasi im Vorbeifahren teilnahm. Sein Tipp: Bei einer Radreise könne man nur einfachstes Gepäck mitnehmen, die wichtigsten drei Ausrüstungsgegenstände seien ohnedies immateriell: Gesundheit, Humor und Ausdauer.

Nicht ganz so groß legte es der 18-jährige Wirtschaftsstudent Otto Kampleth an, der 1903 von Graz aus „ohne Geld durch die Welt" radelte und sich seine Reisezehrung durch den Verkauf von Ansichtskarten verdienen wollte. Noch heute tauchen seine, in verschiedenen Sprachen bedruckten Bildpostkarten in Sammlerkreisen recht häufig auf. Seine Europa-Tour dauerte 15 Monate und führte ihn 20.341 km durch 25 Staaten.

Nicht alle dieser großen Reisen endeten glücklich: Der Deutschamerikaner Frank G. Lenz wurde 1894 in Kurdistan von Räubern ermordet, der Grazer Radsportler Ludwig Patheisky musste 1922 eine geplante Weltumradelung schon am Balkan abbrechen, weil sein Kompagnon mit der Reisekasse durchgebrannt war.

Als einer der ersten Extremradler umrundete Sepp Resnik die Erde viermal: 1994 benötigte er wie Jules Vernes Protagonisten 80 Tage, 1996 dann 66, 2003 schließlich 65 Tage. Den Versuch, 100.000 km in einem Jahr zurückzulegen, musste er 2008 nach der Hälfte der anvisierten Distanz aus gesundheitlichen Gründen aufgeben.

Der Ansatz von Valeska und Philipp war ein anderer: Für die beiden, die heute das Reisen in besondere Landstriche der Erde zum Beruf gemacht haben, ist Radfahren der Weg, um Leute und Länder kennenzulernen. Das Fahrrad als ideales Reisefahrzeug – schnell genug, um Strecke zu machen, langsam genug, um viel Kontakt mit Menschen zu haben. Es geht ihnen um den Weg und viel weniger um das Ziel: Ihre Art des Reisens spielt sich im Dazwischen und abseits der Ziele der Touristenmassen ab, ihre Ambition ist nicht das Fahren gegen die Uhr, sondern dort einzutauchen, wo es ihnen gefällt, und auch einmal zu pausieren, wenn körperlich die Akkus oder die Reisekasse einer Aufladung bedürfen. Sie waren auf den 87.020 Kilometern auf allen Kontinenten und in 55 Ländern auch Botschafter für das Radfahren. Von Vorradler Sztavjanik schon vor 90 Jahren als „altertümlich" bezeichnet, hat das Fahrrad, verbunden mit körperlicher Herausforderung und einer involvierenden Perspektive auf die Welt, auch heute nichts von seiner Faszination eingebüßt.

Es muss nicht gleich rund um den Globus sein; auch die eigene Umgebung will immer wieder neu entdeckt werden, mit dem Touren- oder dem Rennrad oder dem Mountainbike. Wenn man sich aber für ein Nomadentum auf Zeit entscheidet, Wind und Wetter trotzt, sich auf Fremdes einlässt und der einen oder anderen Unwägbarkeit aussetzt sowie die Fähigkeit zu improvisieren zur obersten Tugend erklärt, verdient das Respekt und Anerkennung; ja man verfolgt Blog, Berichte, Buch und Vorträge fast neidvoll, weil man das insgeheim ja eigentlich auch selbst einmal machen will.

Wolfgang Wehap,
Jg. 1959, Volkskundler, Journalist und früherer Leiter der APA – Austria Presseagentur in Graz, Touren-
und engagierter Alltagsradler, Publizist („Frisch, radln, steirisch. Eine Zeitreise durch die regionale
Kulturgeschichte des Radfahrens", 2005, „Radlerleben – Ansichten steirischer RadlerInnen, vom Sattel
aus notiert", 2009; „Die Geschichte der PUCH-Fahrräder", 2015).

Neuland betreten

--->

Begleitworte von Werner Kopacka

Natürlich gibt es sie noch, die richtigen Abenteurer. Sie sind nicht anders als die Pioniere im Wilden Westen, die Afrika-Erforscher, die Erstbesteiger der höchsten Berge oder die Erstdurchquerer der großen Wüsten. Es handelt sich dabei um Menschen, die in irgendeiner Form Neuland betreten wollen und bereit sind, dafür an ihre physischen und psychischen Grenzen zu gehen. Beim Begriff „Neuland" muss es sich nicht unbedingt um noch nicht betretenen Erdboden handeln. Es kann auch ein neuer Erlebnissektor sein. Oder einfach etwas, das in dieser Art noch keiner zuvor getan hat. Darwin, Humboldt und andere haben dafür gesorgt, dass die Welt heute großteils „entdeckt" ist. Der Wissenschaft dienen die modernen Abenteuerreisen kaum noch. Im Prinzip sind sie eher Unternehmungen, die eigene Sehnsüchte erfüllen.

Sich mit Verkehrsmitteln aller Art durch die Welt treiben lassen. Menschen, Gegenden, Klimazonen oder fremdartige Nahrungsmittel kennenlernen. Und am Ende erkennen, dass die Ur-Mechanismen, die das Menschsein steuern, eigentlich doch überall gleich sind. Die modernen Abenteurer. Sie reisen emsig in alle Winkel der Erde, bringen viele Bilder und Eindrücke mit, kämpfen dann mit ihren Bildershows gegen TV-Mächte wie den Discovery Channel und andere an, und klauben auf den Vortragstourneen mühsam die Cents zusammen, die ihr nächstes Abenteuer finanzieren müssen.

Irgendwann sind die Schaudys zu mir gekommen. Damals noch kein Ehepaar. Nur zwei junge Menschen, die eben diese Prinzipien zu ihrem Lebensinhalt gemacht hatten. Sogar die Studien passten in das Schema. Philipp: Geographie, Valeska: Umweltsystemwissenschaften. Philipp hatte bereits einige Abenteuer hinter sich und gehörte mit seinen Dia-Shows zur heimischen Vortragsszene. Jetzt kam er mit seiner ebenfalls reiselustigen Lebenspartnerin Valeska vorbei und kündigte etwas Großes an. Etwas ganz Großes. Um die Welt, wo's geht nur per Bike. „Öko-Radler" habe ich sie bald getauft. Sie sind losgeradelt. Am Nordkap. Immer so dahin, immer weiter nach Süden und immer wieder sind auf meinem Computer Fotos und kurze Reiseberichte gelandet. Bald hatten die ersten Leser darauf reagiert. „Wann kommt wieder was von den Öko-Radlern? Wo sind sie? Wie geht es ihnen?" Es gab Pausen, in denen das Radl-Budget durch die Jobs als Polar-Guides aufgestockt werden musste, dann wurde die Weltreise wieder durch Krankheiten gebremst – alles war spannend. Wo sind die Schaudys, was machen sie gerade, geht es ihnen gut? Für die Zeitung waren es bunte Bilder und spannende Storys, und die Schaudys waren so geschickt, mir nur Fotos zu schicken, die sie in Rad-Trikots zeigten, auf denen gut erkennbar die Logos von den Sponsorfirmen prangten.

Fünfeinhalb Jahre, viele E-Mails, dazu die Fotos und ein paar persönliche Treffen während der raren Graz-Besuche des Abenteuer-Paares. In diesem Zeitraum hat sich eine echte Freundschaft entwickelt. Ich bin beträchtlich älter als die beiden, deshalb ist es wohl eine Art Vatergefühl, das ich für Valeska und Philipp empfinde. Ich bin stolz auf sie. Sie haben alles richtig gemacht und die fünfeinhalb, von ihnen selbst finanzierten Jahre dazu genutzt, sich ihr eigenes Weltbild zu erarbeiten. Ihre Intelligenz, ihr an den Unis und im Leben erworbenes Fachwissen, ihr offener und ehrlicher Zugang zu Menschen in aller Welt, ihre Gabe, anderen zuhören zu können und ihre vielen anderen positiven Qualitäten machen dieses, IHR Buch, zu viel mehr als nur zum Bericht über eine außergewöhnliche Reise. Sie schenken der Leserschaft eine ganze Welt. Ihre Welt. Fünfeinhalb Jahre, 87.020 Kilometer am Rad, 5559 Stunden Fahrzeit – und alles, was dabei so im Kopf vorgegangen ist. Reisen Sie mit den Schaudys mit und tauchen Sie mit allen Sinnen in ihr Buch ein. Sie werden „Neuland" betreten – garantiert!

Werner Kopacka,
(1950-2015), Journalist und Schriftsteller, 1970 bis 1975 Redakteur bei der „Neuen Zeit", 1976 bis 2015 Redakteur bei der „Kronen Zeitung". 16 Bücher, davon 12 Romane, Spezialist für Abenteuer- und Reisereportagen. Als Journalist bei der Österreichischen Mount Everest Expedition 1978 dabei (als Messner und Habeler erstmals ohne Sauerstoffflaschen den Gipfel erreichten), zwei Atlantiküberquerungen auf Segelschiffen, im VW-Bus durch Asien und vieles mehr. Werner Kopacka, Vater von vier Kindern, hat mehr als 70 Länder bereist. Er lebte mit seiner Frau in Graz.

Durchbeißen

Valeska

Nordkap, 9. Oktober 2006. Im Sommer einer der überfülltesten Plätze Europas, nun aber – auf Grund der fortgeschrittenen Jahreszeit – verlassen. Auch wir beeilen uns, von hier wegzukommen. Im Windschatten des geschlossenen Besucherzentrums frühstücken wir eine Dose kalter Baked Beans. Nur ein junger Franzose hat sich ebenfalls hierher verirrt und als er von unserer Radreise erfährt, schenkt er uns spontan als Glücksbringer eine tibetische Fahne und wünscht uns alles Gute. Es ist so weit, wir radeln los! Die Straße führt durch baumlose Tundra. Moose und kleine Büsche sind herbstlich verfärbt und überzuckert mit frischem Schnee. Kalter Fahrtwind. Wir spüren ihn kaum, da uns Aufregung und Vorfreude auf das beginnende Abenteuer warmhalten. Arbeiten und Sparen sind Vergangenheit, in diesem Augenblick fangen wir an, unseren Traum – mit dem Fahrrad rund um die Welt – zu verwirklichen.

Start am Nordkap ▼

Erste Etappe: Vom Beginn der Straße in Nordeuropa bis an das Ende der Straße am Südzipfel Afrikas. Honnigsvåg lassen wir links liegen und fahren „gen Süden". Unter bewölktem Himmel geht es an felsiger Küste entlang. Mehrere Rentiere beobachten uns seelenruhig. Vor uns ein Tunnel von acht Kilometern Länge. Eigentlich nichts Besonderes, doch dieser führt unter dem Meer auf die andere Seite eines Fjordes. Vier Kilometer bergab und vier bergauf. Kein Verkehr und schwache Beleuchtung – es herrscht eine gespenstische Stimmung. Zurück im Tageslicht bläst uns starker Wind entgegen. Mühsames Vorankommen und anhaltendes Regenwetter werden unsere Entschlossenheit in den nächsten Tagen auf die Probe stellen.

Tankstellen sind ideale Plätze zum Aufwärmen und Trocknen. Eine kleine Pause, ein Häferl Kaffee – und die Welt ist wieder in Ordnung. Bergauf geht es in karge Heidelandschaft. Vorbei an kahlem Weide- und Birkengebüsch, das bereits alle Blätter abgeworfen hat. Regen wird zu unserem ständigen Begleiter. Einige Stunden hält uns Funktionskleidung das Wasser vom Leib, danach werden wir langsam

Neugieriges Rentier

Regenwetter

Zeltplatz im hohen Norden

Schade, dass wir keine
Reifen mit Spikes haben

klitschnass. Kalt klebt der Stoff am Körper, in den durchtränkten Schuhen scheinen uns Schwimmhäute zu wachsen. Im kleinen norwegischen Ort Rafsbotn fragen wir nach einer Übernachtungsmöglichkeit. Nein, hier gäbe es keine, erst nach weiteren neunzehn Kilometern. Mittlerweile wird es dunkel und der Regen hat kein Erbarmen mit uns, es schüttet unaufhörlich. Die heutige Portion Kraft, Ehrgeiz und Ausdauer ist aufgebraucht, wir wollen ins Trockene. Endlich erreichen wir den Campingplatz, wo wir zum Glück nicht unser nasses Zelt aufschlagen müssen, sondern eine beheizte Holzhütte mieten können. Bald steht dampfender Tee und ein Topf mit Nudeln auf dem Tisch, überall hängen unsere Sachen zum Trocknen und wir sitzen müde auf weichen Lehnsesseln. Hundemüde. Hundewetter. Regen prasselt auf das Dach und trägt erstmals zu Wohlbehagen und Gemütlichkeit bei.

Als wir aufwachen, regnet es noch immer. Sollen wir weiterradeln oder hier bleiben? Wie wir im nahe gelegenen kleinen Laden aus der Zeitung erfahren, besteht für die nächsten Tage keine Aussicht auf Wetterbesserung. Wir können uns doch nicht schon am Anfang unserer Reise von „so ein bisschen" Regen unterkriegen lassen? Da müssen wir eben durchbeißen. Wir packen. Mit Plastiksäcken über den Füßen – damit unsere Socken trocken bleiben – schlüpfen wir in die nassen Schuhe und strampeln los. Erst durch eintönige Nadelbaum-Waldlandschaft, später durch eine Schlucht, leicht bergauf. Dafür sind wir dankbar – das wärmt. Regenpause. Weiße Nebelschwaden heben sich. Wir finden am Abend einen schönen Platz zum Zelten an einem kleinen See mitten in einem lichten Birkenwäldchen. Idyllisch flackert die Kerze im Vorzelt. Erneut hören wir große Tropfen auf das Zelt prasseln – egal für heute. Viel heißer Tee wärmt uns, zeigt aber auch Wirkung. Schlaftrunken krabbeln wir mitten in der Nacht aus dem Zelt. Was für ein Spektakel! Grüne Nordlichter tanzen am Himmel. Wir sehen ihnen zu … bis uns die Kälte zurück in die Schlafsäcke treibt.

Am Morgen ist alles steif gefroren, Blau- und Preiselbeeren sind mit Reif weiß überzogen. Gegen 8 Uhr sind wir startklar und schieben unsere Räder zurück zur Straße. „Hoppla, die ist ja spiegelglatt!" So sind wir gezwungen, während der ersten Stunde neben der Straße auf dem Schotter zu fahren. Danach wird es wärmer und in der Sonne taut das Eis. Am Nachmittag ziehen Wolken auf und als wir in den Ort Muonio einbiegen, fallen die ersten Regentropfen. Hier haben wir eine Adresse von Freunden, Tuomas und Aulikki erwarten uns. Deren hauseigene Sauna erscheint uns wie das Paradies.

Wir geben die Hoffnung nicht auf. Mit „Irgendwann müssen wir auf schönes Spätherbstwetter stoßen!" und „Das kann ja nicht ewig so weitergehen!" versuchen wir, uns gegenseitig aufzumuntern, als wir wieder stundenlang im Regen rudern. Am nächsten Morgen schneit es dicke Flocken, Schneematsch liegt auf der Straße. Wir radeln auf kleineren Feldwegen. Kälte und Feuchtigkeit kriechen uns in die Glieder, trotz langer Unterhosen, dicker Jacken und Handschuhen.

Während wir nahe dem Polarkreis in der Pizzeria Istanbul zu Mittag essen, schneit es große, patzige Flocken, die sich im Laufe des Nachmittags natürlich in Regentropfen verwandeln.

Frühlings-
erwachen

--→

Philipp

Frühlingsanfang. Mit dem Erreichen des Mittelmeers bei Thessaloniki Anfang Jänner beginnt für uns, nach einem von Schlechtwetter und Kälte geprägten Winter in Nord- und Mitteleuropa, der Frühling. Obwohl die Sonne noch schwach ist, wärmt sie uns und gibt uns das Gefühl, dass wir nun Schneefall und Regen endgültig hinter uns gelassen haben. Auf einer Bank am Hafen der Altstadt sitzend, schlecken wir das erste Eis und schauen den Fischerbooten zu. Neben uns stehen Palmen, deren Blätter leise im landeinwärts wehenden Wind rascheln.

Unterwegs wächst frisches Gras neben den Straßen und auf den Wiesen. Es ist aber noch nicht hoch genug, um den vielen Müll zu verstecken. Hausrat, Bauschutt und Sondermüll einfach aus dem Autofenster zu werfen oder in den nächsten Graben zu kippen, scheint in Griechenland gang und gäbe zu sein. Wir sind überrascht, denn wir haben erwartet, dass diese Art der Abfallentsorgung, die wir bis jetzt vor allem in Serbien und Mazedonien gesehen haben, hierzulande Geschichte ist. Da haben wir uns geirrt. Wir fahren über Volos in Richtung Athen. Immer wieder führt uns die Straße ans Meer und wir radeln über unzählige Hügel. Die Luft ist warm und wir strampeln erstmals in kurzen Hosen. Blumen strecken ihre Blüten gegen den wolkenlosen Himmel. Kleine weiße, große gelbe und zarte rosafarbene. Laubbäume wie Eichen und Ahorn stehen noch winterlich nackt da. Ihre morschen abgefallenen Äste sind für uns gutes Feuerholz, wenn wir abends in den Hügeln oder am Ufer des Meeres zelten.

Nach ein paar sonnigen Großstadttagen in Athen, gefüllt mit Besichtigungen antiker Ruinen, touren wir weiter nach Süden. Seit wir das Schlechtwetter in Mitteleuropa zurückgelassen haben, schalten wir das Reisetempo einen Gang zurück und freuen uns über das Erwachen der Natur. Gemütlich radeln wir etliche Hügel hinauf, genießen von oben die Aussicht und rollen auf der anderen Seite mit viel Schwung wieder hinunter. In kleinen Steindörfern, wo die Zeit still zu stehen scheint, trinken wir in kleinen Tavernen kräftigen Kaffee und beobachten die alten Männer, die hier tagaus, tagein *Tavli* (Backgammon) spielen. Schwarz gekleidete, alte, kleine Frauen verkaufen Orangen neben der Straße. Es sind die

Gemütliche Griechen ◄

► Gerne kaufen wir Orangen
an der Straße

köstlichsten und saftigsten Orangen, die man sich nur vorstellen kann! In den kommenden Wochen wird uns diese runde Zitrusfrucht ständig begleiten. Auf den Orangenplantagen ist Erntezeit und soweit das Auge reicht, sehen wir überall immergrüne Bäume, überladen mit reifen Früchten. Wir fragen einen Bauern, ob wir in seinem Hain unser Nachtlager aufschlagen dürfen. „Kein Problem, gerne. Und bitte bedient euch an den Früchten! Nehmt so viele Orangen, wie ihr wollt. Die großen sind die saftigsten", antwortet er. Wir genehmigen uns eine Überdosis an Vitaminen.

Vom Peloponnes setzen wir mit der Fähre nach Kreta über und durchqueren die gebirgige Insel von West nach Ost. Auf den über zweitausend Meter hohen Gipfeln der Weißen Berge und des Ida-Gebirges liegt noch Schnee. In tieferen Lagen sprießt und blüht es, wo immer man hinsieht. Saftig grün und mit Blumen übersät sind die Wiesen, die Orangenbäume blühen und gleichzeitig tragen sie Früchte. Insekten surren durch die Luft und fliegen von einer duftenden Blüte zur nächsten. Mattgrüne Olivenhaine breiten sich auf den Hängen der Hügel aus. Auf schmalen Terrassen stehen knorrige Ölbäume, die von Steinfrüchten schwer behangen sind. Eine vierköpfige Bauernfamilie ist mit der Ernte beschäftigt. Große, feinmaschige Netze werden unter die Bäume gelegt, die die herunterfallenden Oliven auffangen.

Ein Bergdorf im Westen Kretas ▾

Antonis und Valeska
bei der Olivenernte

Mandelblüte ▽

Die vier beginnen, mit rechenartigen Werkzeugen, die wie Mistgabeln aus Kunststoff aussehen, die Früchte von den Bäumen zu schlagen. Wir halten an, kommen ins Gespräch und wenig später helfen wir mit. Es ist harte Arbeit, denn die Bäume sind groß und die Oliven fallen nicht freiwillig zu Boden. Sobald die Bäume leer sind, beginnen wir die herabgefallenen Blätter aus der Ernte zu klauben. Danach werden die Oliven in Jutesäcke gefüllt und in einen Lieferwagen geladen. Wir dürfen unter den Olivenbäumen unser Zelt aufschlagen. Verschmitzt lächelnd verabschiedet sich der Bauer: „Morgen in der Früh könnt ihr uns gerne wieder helfen!"

Mit einer Fähre erreichen wir Marmaris in der Türkei. Von dort aus radeln wir auf kleinen Straßen entlang der Steilküste. Einige Male übernachten wir versteckt in grünen Pinienwäldern mit moosigem weichem Boden. Nachts kühlt es meist empfindlich ab und wir wärmen uns morgens am knisternden Lagerfeuer, bis die Sonne hinter den Bergen hervorkommt und die Temperaturen steigen. Die hohen Gipfel des Taurus-Gebirges sind, wie die Berge Kretas es waren, noch schneebedeckt und strahlen weiß im Sonnenlicht. Auf den vorgelagerten Hügeln, über die sich die Straße, auf der wir fahren, schlängelt, ist jedoch bereits Frühling und die noch blattlosen Mandelbäume blühen in voller Pracht. Sie geben der Landschaft durch ihr zartes Weiß-Rosa einen ruhigen, sanften Charakter. Wenn wir in Mandelplantagen übernachten, hüllt uns der Duft der blühenden Bäume ein und beschert uns einen herrlichen Schlaf.

Plötzlich haben die Städte orientalisches Flair. Die griechische Gemütlichkeit weicht der türkischen Geschäftigkeit. In überdachten Märkten wird alles angeboten, was das Herz begehrt: Gewürze, Plastikschlapfen, Elektrogeräte, Kinderspielzeug, frisch geschlachtete Rinder und noch vieles mehr gibt es zu kaufen. Ein bärtiger Marktschreier preist seine Waren mit kräftiger, tiefer Stimme an und Frauen mit Kopftüchern drängen sich um die Angebotswühlkisten vor ihm. Auch ich schaue aus Neugier in eine Schachtel. Darin befindet sich Spitzenunterwäsche in allen erdenklichen Farben zum Verkauf. Aufregend wenig Stoff zu heißen Preisen.

Immer wieder kommt es vor, dass uns freundliche, ältere Herren ansprechen und zu süßem Tee einladen. Wir nehmen gerne an. Die meisten von ihnen sprechen Deutsch und erzählen mit Freude von den Jahren, in denen sie in Deutschland oder Österreich gearbeitet haben. Und bei zwei bis drei Tees erfahren wir die Lebensgeschichten dieser Männer.

In der Ebene um Anamur breiten sich in alle Richtungen Glashäuser aus, in denen Gemüse und Obst für den europäischen Markt angebaut werden. Sie drängen sich dicht an dicht und beherrschen für eine Zeit lang das Landschaftsbild. In anderen flachen Küstenabschnitten kommen wir an großen Bananenplantagen vorbei. Die

Früchte reifen eingehüllt in blaue Plastikfolie an den Stauden. Das weckt unseren Appetit und so kaufen wir im nächsten Ort einen Bund Bananen, die klein und süß sind sowie herrlich schmecken. Auch Zitrusfrüchte gibt es nach wie vor im Überfluss. Zahlreiche Lastwagen, voll beladen mit Orangen, rollen an uns vorbei. Ein paar Kurven weiter werden ihre Ladungen bei einer Firma, die Orangenkonzentrat herstellt, in die Presse gekippt. Wieder radeln wir durch einen hügeligen Steilküstenabschnitt. Es ist frühlingshaft warm und durch das Bergauffahren beginnen wir zu schwitzen. Neben der Straße hat ein Zitronenbauer seinen Stand aufgebaut und verkauft die gelben Früchte in großen Säcken. Er schenkt uns eine und wir pressen den sauren Saft zum Wasser in unsere Radflaschen. Das schmeckt herrlich erfrischend. Diese Nacht dürfen wir unter Zitronenbäumen zelten. Der junge Bauer fordert uns freundlich auf, uns ausreichend mit Zitronen für die Weiterfahrt zu versorgen. Ein wenig Sorgen bereiten uns die Bewässerungsschläuche, die von Baum zu Baum führen. Unser „Zeltplatzspender" kann anscheinend unsere Gedanken lesen: „Keine Bange, ich werde das Wasser heute Nacht nicht einschalten, damit ihr kein Regenwetter habt." Wir sind ihm sehr dankbar. Dann pflücken wir Zitronen. Heute Abend und in den folgenden Tagen träufeln wir Zitronensaft auf unsere Speisen, so wie wir es den Türken abgeschaut haben. Unsere

Bulgur-, Nudel- und Reisgerichte sowie Schafkäse-, Tomaten- und Gurkenjause, werden dadurch pikant säuerlich und schmecken uns noch einmal so gut.

Wir verlassen die türkische Küste und fahren ins Landesinnere Richtung Syrien. Es wird immer trockener, je weiter wir uns vom Meer entfernen. Immer weniger Vegetation wächst auf den sanfter und sanfter werdenden Hügeln. Gras, Blumen und blühende Bäume verschwinden aus dem Landschaftsbild. Es ist Anfang März. Nach der Grenze zu Syrien erwartet uns eine grau-braune steinige Halbwüste. Frühlingsende.

Gastfreundschaft

Valeska

„Könnt ihr ein Foto von mir machen?", fragt uns ein südländisch aussehender Tourist auf der Akropolis. Wir schlendern soeben durch Athen und machen ein paar Tage Pause vom Radfahren. „Na klar", antworten wir und schießen einige Fotos, während sich ein Gespräch entwickelt. Aram ist aus Syrien und besucht seine in Griechenland lebenden Verwandten. Bald sitzen wir mit ihm in einem der gemütlichen Straßencafés und erzählen ihm von unserer Weltreise per Fahrrad. Begeistert lädt er uns ein, ihn und seine Familie in Aleppo zu besuchen, als er von unserer geplanten Route durch Vorderasien erfährt. Eine willkommene Einladung in einen uns bisher unbekannten Teil der Welt …

Sechs Wochen später rollen wir im Südosten der Türkei über die Grenze in das Land unseres neuen Freundes. Plötzlich sind die Straßenschilder auf Arabisch und somit für uns unlesbar. Karge Kalklandschaft ringsum und erste Dörfer kommen ins Blickfeld. Abgaswolken tauchen die rohen Steinhäuser in ein schmutziges Grau. Wir schaffen es, kurz vor Einbruch der Dunkelheit den Stadtrand von Aleppo zu erreichen. Dort erwartet uns Aram mit seinem Auto und lotst uns quer durch die mit über zwei Millionen Einwohnern zweitgrößte Stadt Syriens. Chaotischer Verkehr zur Stoßzeit, doch auf Pedalritter wird Rücksicht genommen. Aram lebt mit seiner Frau Salma und ihren vier Kindern in einem mehrstöckigen Steinhaus. Typisch für eine moslemische Großfamilie teilen sich mehrere Generationen und Familien ein Haus. Doch nicht alle seiner 34 (!) Geschwister und Halbgeschwister, von denen wir viele in den nächsten Tagen kennenlernen werden, finden hier Platz. Wir werden nach erfolglosem Protest unsererseits im Schlafzimmer der Gastgeberin und des Gastgebers einquartiert. Mit Salma verständigen wir uns mittels Zeichensprache, also mit Händen und Füßen, Aram und seine Töchter sprechen Englisch. Man zeigt uns das Bad und mittels „Kübelmethode" waschen wir uns mit dampfend heißem Wasser den Straßenschmutz vom Körper. Das Abendessen ist bereits auf einem halbhohen Tisch angerichtet und wir werden aufgefordert, uns zu setzen. Kichererbsenbrei, Auberginenmus, Tomatensalat, Linsen, Joghurtsauce, Lamm und Reis – der Tisch biegt sich, wie man so schön sagt. Allerdings setzt sich nur Aram zu uns, der Rest der Familie speist im Nebenraum. Dünnes Fladenbrot dient als „Besteck", damit nimmt man die Speisen von den Gemeinschaftstellern.

Wir erreichen Syrien

Unsere Gastfamilie

Nicht alle Frauen gehen
in Syrien verschleiert außer
Haus, aber viele

Eine von Arams Töchtern
mit einem von Arams
Brüdern

Am nächsten Tag hat sich Bauingenieur Aram frei genommen, um uns durch verschiedene Viertel der Großstadt zu führen. Wo die Reichen wohnen, stehen Paläste aus Marmor, davor blitzblank polierte Jaguars, ringsum dicke Mauern. Von einem Aussichtshügel überblicken wir andere Teile der Metropole, bestehend aus grauen Betonhäusern. Auf den Dächern ein Wald von Satellitenantennen, nagelneue sowie alte rostige. Ein bisschen Farbe ins Bild bringen im Wind flatternde Wäschestücke, ebenso Balkone, von denen viele mit bunten Stoffen verhangen sind, um fremde Blicke aus den Wohnbereichen fernzuhalten. Unzählige Moscheen sorgen mit ihren Minaretten und Kuppeln für Abwechslung in der sonst sehr schlichten Architektur. Durch eines der sieben Tore der gut erhaltenen Stadtmauer spazieren wir in die Altstadt. Wir stoßen auf enge, verwinkelte Gassen mit niedrigen Häusern. Einen großen Bereich der von der UNESCO 1986 zum Weltkulturerbe erklärten Altstadt nimmt der *Souk* (Bazar) ein. Dieser urtümliche arabische Markt ist ein unbewohntes, auf zwei Ebenen angelegtes Viertel der Stadt. Mit seinen über zwölf Kilometer langen, überdachten Ladenstraßen ist er einer der größten des Orients. Bunte Stoffe und Teppiche, duftende Gewürze, Seile in allen Stärken, Farben und Längen, Kleidung, Unterwäsche, Berge von Oliven und Käse, Honig in Waben und noch viel mehr wird feilgeboten. All das bietet die Kulisse für lebhaftes Treiben in den schmalen Gängen. Gedränge, Gerüche und Gefeilsche betäuben unsere Sinne. Aufgepasst, hier will ein Esel vorbei! Voll beladen wird das Tier mitten durch das Menschengewühl geschoben. Wenn man es schafft, von den glitzernden Waren aufzuschauen, erkennt man an den Gesichtern und der Kleidung der Leute das Völkergemisch der Bewohner von Aleppo. Araber, Kurden, Türken, Armenier. Erstaunlich viele hellhäutige Menschen mit blaugrünen Augen und blonden Haaren stechen aus der Menge hervor. Und ebenso erstaunlich ist die Anzahl der „Schwarzen Frauen". Diese sind aus religiösen Gründen völlig in Schwarz gehüllt – Gesichtsschleier, Handschuhe und dicke Strümpfe verdecken jedes Fitzelchen Haut. Häufige Familienszene: Ein Kleinkind wird von seiner Mutter, die mit einem *Niqab* (Gesichtsschleier) und einem *Tschador* (Umhang über Kopf und Körper) bekleidet ist, getragen, daneben marschiert der Vater in Jeans und kurzärmeligem Hemd.

Am folgenden Tag begleiten uns ein Bruder Arams und einige Nichten zur mittelalterlichen Festung, die auf einem teilweise künstlich errichteten Hügel liegt. Die Frauen aus der Familie tragen außer Haus Kopftücher. Modebewusst legen sie Wert auf Stöckelschuhe, Kunstlederjacken und flotte Handtaschen. Und in der Hand eine Videokamera, Fotoapparat oder Mobiltelefon. Damit wird unablässig gefilmt und fotografiert – die ganze Familie, wir, die exotischen Gäste – und die Familie gemeinsam mit uns. Stolz erzählt man uns vieles über Syrien und neugierig erkundigt man sich über das Leben in Österreich. Trotz vieler

Aleppo

Im Bazar von Aleppo

kultureller Unterschiede blödeln und lachen und spüren wir das Entstehen einer besonderen Freundschaft.

Ein weiterer Ausflug bringt uns zu den gewaltigen Resten des Simeonklosters. Mit „zwei Autoladungen voll Aram-Familie" besichtigen wir die Ruinen der Kloster-kirche, die Mitte des fünften Jahrhunderts erbaut wurde. Der Heilige Simeon Styli-tes soll hier vierzig Jahre im Gebet auf dieser Säule, die vor uns steht, verbracht haben. Wieder wird viel fotografiert, geschwatzt und gelacht. Danach bricht helle Freude aus, da Philipp und ich uns als „arabisches Pärchen" (ver)kleiden lassen. Sehr fotogen. Gelacht wird nun über unsere Größe – wir überragen die meisten Familienmitglieder um mindestens einen Kopf. Heute Abend werden wir nicht mehr als Gäste behandelt, sondern eingeladen, mit Aram, Salma und den Kin-dern gemeinsam zu essen. Wir sitzen im Kreis auf dem Boden auf einem dünnen Teppich, in der Mitte sind Speisen aufgestellt. Zum Nachtisch gibt es Früchte und Süßgebäck aus Honig und Nüssen. Dazu wird Kaffee getrunken, der stark mit Kardamon gewürzt ist. Ungewohnter Geschmack, doch ablehnen wäre unhöflich. „Bleibt noch einen Tag!", versucht Aram uns zu überreden.

Ein tränenreicher Abschied. Wir versprechen, zu schreiben und Fotos zu schi-cken. Dankbar für den Einblick in einen anderen Kulturkreis, die außerordentli-che Gastfreundschaft und Herzlichkeit, die wir erfahren durften, radeln wir früh-morgens gegen Süden, hinaus aus Aleppo.

Über einige Jahre hat der E-Mail Kontakt mit unserer Gastfamilie gehalten. Doch kurz nach Ausbruch des Bürgerkrieges ist die Verbindung abgerissen. Erst Jahre spä-ter (2014) erhielten wir ein Lebenszeichen. Über die Türkei floh Aram auf Umwegen nach Dänemark. Dort erhielt er Asyl und konnte mittlerweile seine Familie nach-holen. Alle sind wohlauf.

Gelobtes Land

---→

Philipp

Die im Schulhof spielenden Kinder haben uns von weitem kommen sehen und rennen laut schreiend zum Zaun, der das Schulgelände gegen die Fahrbahn hin begrenzt. Im Laufen bücken sie sich und heben Steine auf. Da es nicht unser erster Tag auf Jordaniens Straßen ist, wissen wir aus Erfahrung, dass die bevorstehende Begegnung mit den Kindern keine freundliche sein wird. Also treten wir kräftiger in die Pedale. Ein Steingewitter prasselt hinter uns auf die Straße, kurz nachdem uns die Schüler beim Vorbeifahren kreischend zugewinkt haben. Kein einziger Treffer. Wieder einmal Glück gehabt. Die Lehrer scheint diese Aktion nicht zu stören. Sie lehnen gelassen an der Mauer des Schulgebäudes und unterhalten sich – vielleicht über die Zeit, als sie selbst Kinder waren und sich im „Zielwerfen" geübt hatten.

Die Steinattacke ist schnell vergessen und wir genießen die jordanische Landschaft, die eine angenehm grüne Abwechslung zum staubig grauen Syrien der letzten Wochen ist. Der Genuss währt nicht lange, denn im nächsten Ort verfehlt eine mir nachgeworfene Flasche nur um Haaresbreite meinen Kopf, bevor sie auf der Straße zerschellt. Ich drehe mich wütend um. Der Werfer, ein junger Mann und seine Freunde, können sich vor Lachen kaum halten und schreien uns irgendetwas hinterher. Täglich erleben wir kleine oder größere Angriffe wie diese auf den Straßen Jordaniens. Kein einziges Mal gibt es eine direkte Konfrontation, immer warten die Täter, bis wir an ihnen vorbeigeradelt sind, und attackieren uns von hinten. Der Zeitpunkt ist schnell erreicht, an dem wir keine Lust mehr haben, an diesem „Spiel" teilzunehmen. Die Alternative heißt Israel.

Wir treten die „Flucht" in das gelobte Land an und überqueren den Jordan. An der Grenze der beiden verfeindeten Staaten sind wir fast die einzigen, die nach Israel einreisen möchten. Trotzdem brauchen wir sechs Stunden (!) für die Abwicklung. Formulare ausfüllen, Passkontrolle, warten. Wir werden ausgefragt und regelrecht verhört. Woher, wohin, warum, zu wem, weshalb, mit welchem Geld, wie lange, wieso aus Jordanien, wieso nach Ägypten, warum nur zu zweit, verheiratet oder nicht, welche Religionszugehörigkeit und so weiter und so fort. Jede Antwort wird notiert. Die Beamten behandeln uns wie potenzielle Attentäter. Unser Gepäck wird durchwühlt und auseinandergenommen. Wir fühlen uns schikaniert.

Auf Israels Straßen sind keine
Steinewerfer unterwegs

In Jerusalem gibt es viele
verwinkelte, steile Gassen

Vom Toten Meer, 400 Meter unter dem Meeresspiegel, strampeln wir nach Jerusalem, das auf 800 Meter über dem Meeresspiegel liegt. Nach einem langen, teilweise steilen Anstieg sind wir am Rande der Stadt, und sogleich nimmt der Verkehr schlagartig zu. Um diesem zu entgehen, biegen wir von der Hauptstraße einfach rechts in eine Seitengasse ab, um in das Zentrum zu gelangen. Mit einem Mal sind wir – schwupps – in einer anderen Welt. Männer mit langem Bart und Schläfenlocken tragen schwarze Anzüge mit schwarzen Mänteln darüber und schwarze Hüte oder Käppchen. Ein junger Mann trägt eine *Tefellin*, einen Gebetsriemen mit einer Gebetskapsel an der Stirn. Eine weitere *Tefellin* ist um seinen linken Arm geschlungen. In den kleinen schwarzen Kapseln befinden sich Texte aus der Thora. Bei Knaben sind die Schläfenlocken um vieles auffälliger, da sie noch keinen Bartwuchs haben. Mädchen und Frauen mit Kopftuch tragen lange dunkle Röcke, schlichte Blusen, schwarze Schuhe. Die blasse Gesichtsfarbe der Menschen fällt uns besonders auf. Ein Grund dafür dürfte das ständige Studium der heiligen Schriften sein.

Später erfahren wir von Freunden, die wir besuchen, dass in dem ultraorthodoxen Stadtteil Me'a Sche'arim, durch den wir geradelt sind, Ungläubige – und dazu zählen bei den Ultraorthodoxen bereits die weniger konservativen Juden – nicht gerne gesehen werden. Manchmal werden sie auch bespuckt und mit Eiern oder Steinen beworfen. Die ultraorthodoxen Juden machen etwa acht Prozent der jüdischen Bevölkerung Israels aus und unterscheiden sich von allen anderen jüdischen Gruppen. Neben dem auffälligen äußerlichen Erscheinungsbild, das den Konservativismus unterstreichen soll, differenzieren sie sich auch durch ihre Ideologie. Sie glauben, dass der Gottesstaat nur vom Messias selbst errichtet werden darf. Der Staat Israel entspricht ihrer Meinung nach nicht der Verheißung und wird von den ultraorthodoxen Juden nicht anerkannt. Daher leisten sie keinen Wehrdienst. Orthodoxe (9 Prozent), traditionelle (39 Prozent) und säkulare (weltliche) Juden (44 Prozent) hingegen sind patriotisch, wirken im Staat Israel mit und dienen in der Armee. Bei den Ultraorthodoxen ist es die Pflicht des Mannes, sich ein Leben lang dem Studium der heiligen Bücher zu widmen. Um die Erhaltung der Familie haben sich die anderen Familienmitglieder und im Speziellen die arbeitende Ehefrau zu kümmern. Ultraorthodoxe Juden leben in geschlossenen Gemeinschaften und kapseln sich gegen alle anderen religiösen Gruppen Israels ab, insbesondere gegenüber den säkularen Juden, die sie als Abtrünnige sehen.

Uns haben die Menschen in Me'a Sche'arim mit demselben Staunen betrachtet wie wir sie. Aus Unwissenheit sind wir komplett falsch gekleidet gewesen – in kurze

Hosen und Radtrikot. Doch man hat uns gewähren lassen. Wir sind weder bespuckt noch mit irgendetwas beworfen worden.

Nachdem wir den ultraorthodoxen Stadtteil verlassen haben, könnte der Mix der Bevölkerung wohl am besten mit „Multikulti" bezeichnet werden. Das 1950 in Kraft getretene Rückkehrgesetz war das erste Gesetz, das vom Parlament nach Gründung des Staates Israel (1948) verabschiedet wurde. Es ermöglicht grundsätzlich allen Juden weltweit das Einwandern in das *Eretz Israel* (Land Israel). Entsprechend vielfältig ist das Menschengewirr verschiedener Kulturen auf dem Mehane Yehuda Markt, wo wir Lebensmittel einkaufen. Auch die Mode ist durch das Kulturen-Gemisch geprägt und wirkt für uns Europäer alternativ, denn (bis auf die konservativen Juden) tragen viele Menschen eine kunterbunte Komposition von Kleidungsstilen aus aller Herren Länder.

Jerusalem ist eine Stadt, von deren Rhythmus wir uns treiben lassen und deren Vielfältigkeit einzigartig scheint. Das Leben wirkt hier unbeschwert und südländisch entspannt. Erst auf den zweiten Blick erkennen wir die Ängste und das mit ihnen einhergehende konservative Element der Bevölkerung. Die ständige Bereitschaft zu einem bewaffneten Konflikt mit den Nachbarländern, die Furcht vor Terroranschlägen und die schwelenden Krisen im eigenen Land verhärten die Gemüter. Dazu gesellen sich gesellschaftliche Konflikte, die durch die kulturellen Unterschiede der eingewanderten Völker und durch die konträren Geisteshaltungen der ultraorthodoxen und der säkularen Juden entstehen.

An einer Hausecke lehnen junge Frauen, die gerade ihren Wehrdienst ableisten, mit ihren wuchtig aussehenden Maschinengewehren. Zwei Jahre verbringen sie als Soldatinnen in der Armee. Ihre männlichen Kollegen müssen gar drei Jahre den Dienst an der Waffe absolvieren. In einem Kaffeehaus kommen wir mit einem aus Russland eingewanderten Pärchen, Nadja und Lew, ins Gespräch. Auch sie haben, gleich nachdem sie nach Israel gekommen sind, den Präsenzdienst absolviert. „Aber hattet ihr da das wehrpflichtige Alter nicht schon überschritten?", fragen wir erstaunt. „Doch", gibt Nadja zur Antwort, „aber wir wollten unseren Teil zum Staat Israel beitragen." Auf unsere Frage, ob sie bereit wären, für ihr Land zu sterben, antwortet Lew ohne zu zögern: „Ja, natürlich. Wir haben so viele Feinde rund um uns, deswegen müssen wir uns schützen und verteidigen."

Die ehemalige Amerikanerin Sofia, die wir ein paar Tage später im Bazar kennenlernen, gibt uns dieselbe Antwort. Auch sie hat sich nach ihrer Einbürgerung freiwillig für den Militärdienst gemeldet und zwei Jahre ihres Lebens im Kampfanzug an der Grenze zu Jordanien verbracht. Heute wirkt sie auf den ersten Blick alter-

nativ, hat ihr langes, widerspenstiges Haar mit einem mehrfarbigen Band zurück-
gebunden, trägt eine wallende leichte Hose aus buntem Patchwork und ein geba-
tiktes T-Shirt. Doch ihr Patriotismus ist derselbe geblieben: Sie würde sich sofort
wieder schwer bewaffnet an die Grenze stellen.

In der Altstadt von Jerusalem steht die berühmte Klagemauer. Sie ist eine der wichtigsten und heiligsten Stätten praktizierender Juden. Die Atmosphäre an der Wand
aus großen Kalksteinblöcken hat etwas Ehrwürdiges, etwas Frommes. Zahlreiche
religiöse Besucher sind tief in ihre Gebete versunken und hinterlassen kleine Bitt-
zettel in den Spalten und Ritzen des Mauerwerks. Wir spazieren weiter durch die
engen schattigen Gassen der Altstadt. Von einer kleinen Anhöhe können wir über
die Dächer blicken. Wie eine Schlange windet sich über die Hügel im Osten der
Stadt eine weitere Mauer, die Menschen voneinander trennt. Vorgefertigte Seg-
mente aus grauem Beton durchschneiden die Randbezirke Jerusalems. Der Grund
für diese bis zu zehn Meter hohe Barrikade ist die Angst Israels vor Angriffen aus
den besetzten Palästinensergebieten. Die Israelis, mit denen wir sprechen, finden
an diesem Bauwerk nichts Abstoßendes oder Menschenverachtendes. Die Mauer
stellt für sie vielmehr ein Zeichen des Schutzes und der Sicherheit dar und hat
ihrer Meinung nach absolute Berechtigung.

Kulturelle Vielfalt auf
dem Mehane Yehuda Markt

Einmal raus aus Jerusalem, überschlagen sich die Eindrücke von den einmaligen Wüstenlandschaften des kleinen Landes. Nacktes orange-rötliches Gestein wechselt sich mit dicken, weißen Sedimentlagen ab. Obwohl die Gegend staubtrocken ist, sind die Ablagerungen durch Wassererosion tief zerfurcht. Unsere Fahrt ist abwechslungsreich. Bald radeln wir durchs Hügelland, bald über Hochplateaus, dann wieder durch weite Tiefebenen und Täler. In den Talgründen finden wir spärliche Vegetation: dornige Gräser, niedere Sträucher, violett blühende Disteln und Mohn, der seine roten Blüten gegen die gleißende Sonne des frühen Sommers reckt. Unsere Räder laufen leicht und das In-die-Pedale-Treten merken wir kaum. Surrend dreht die Kette die Zahnkränze und der Fahrtwind kühlt sanft unsere sonnengewärmte Haut.

Abends sind wir auf der Suche nach einem Zeltplatz in der Natur. Die Landschaft ist mehr als einladend, doch warnt uns eine Verkehrstafel vor dem Verlassen des Asphalts: „Achtung! Truppenübungsgebiet auf den nächsten zehn Kilometern links und rechts der Straße." Als wir ein gutes Stück weiter in eine schmale Piste einbiegen, werden wir ebenfalls von einem Warnschild gestoppt: „Halt. Nicht weiterfahren. Panzerübungsplatz." Ein beträchtlicher Teil des Landes scheint als militärisches Übungsgebiet ausgewiesen zu sein und wir brauchen lange, bis wir einen geeigneten Platz finden, auf dem wir gefahrlos unser Zelt aufstellen können. Die untergehende Sonne lässt die eindrucksvoll zerklüftete rötlich-weiße Landschaft in Pastelltönen erstrahlen, bis uns die Dunkelheit und Stille der Wüste verschluckten.

Am nächsten Tag ziehen schwarze Wolken auf und tauchen die Szenerie in ein Schattenspiel aus Sonnenlicht und bedrohlicher Dunkelheit. Wir halten bei einem Kibbuz, einer ländlichen Kollektivsiedlung mit gemeinsamem Eigentum und basisdemokratischen Strukturen. Die kleine Gemeinde ist eine grüne Oase im kargen Süden Israels, in der Landwirtschaft betrieben wird. Im stärker werdenden Wüstenwind rascheln die Kronen der schattenspendenden hohen Palmen. „Keine Angst, es wird nicht regnen", beruhigt uns Joscha, der vor zehn Jahren in den Kibbuz gezogen ist, „der nächste Niederschlag wird hier erst in sechs Monaten fallen." Wir sind beruhigt. Joscha erzählt, dass es Kibbuze seit Beginn des zwanzigsten Jahrhunderts gibt und die grundsätzliche Ideologie dahinter eine sozialistische ist, bei der (nach Marx) jeder „nach seinen Möglichkeiten gibt und gemäß seinen Bedürfnissen erhält". Durch die Schaffung dieser Dörfer sollte ein jüdischer Arbeiterstaat aufgebaut werden, in dem es eine klassenlose Gesellschaft gibt. Bei der Gründung des Staates Israel, vor fast siebzig Jahren, lebten etwa acht Prozent der Bevölkerung in derartigen Siedlungen. Heute liegt der Anteil unter zwei Prozent. Obwohl vor allem die Jugend aus den Orten abwandert, gibt es noch immer 280

Eine Mauer aus Stahlbeton

Schöne, karge,
zerfurchte Landschaft

Hier wird scharf geschossen

Nach langer Suche finden wir einen traumhaften Zeltplatz

Kibbuze im Land. Es erstaunt uns, dass in einem Staat, der vor allem von den USA und anderen westlichen Ländern unterstützt wird, eine auf sozialistischen und kommunistischen Ideologien basierende Form des Zusammenlebens akzeptiert wird und in der Kleinform eines Kibbuz funktioniert. „Diese Lebensweise hat bei uns eine lange Tradition", meint Joscha. „Die Kibbuze haben eine entscheidende Rolle bei der jüdischen Besiedelung Israels gespielt, denn sie waren in kaum erschlossenen Gebieten des Landes schnell gegründet und erhielten sich selbst." Heute wandern in diese Dörfer hauptsächlich Menschen zu, die aus der westlich geprägten Welt ausbrechen wollen und ein paar Jahre „Kommunismus auf Zeit" ausprobieren möchten. Joscha hat nicht vor, den Rest seines Lebens hier zu verbringen, sondern, wenn die Zeit dafür reif ist, wird er weiterziehen und, vielleicht in einer Stadt, eine andere Form des Zusammenlebens ausprobieren.

Auch wir ziehen weiter – nach Süden – und kommen nach Eilat, Israels einzigem Zugang zum Roten Meer. Hotelburgen reihen sich entlang des städtischen Küstenabschnitts eng aneinander. Musik dröhnt aus glamourösen Bars und Kaffeehäusern. Am Strand drängt sich nackte Haut an nackte Haut – das Platzangebot am Golf von Akaba ist sichtlich begrenzt. Wir lernen ein weiteres Gesicht Israels kennen: laut, pulsierend – Partystimmung und Ausgelassenheit. Weder die Ideologien der Bewohner der Kibbuze noch die der konservativen Juden Jerusalems sind hier existent.

Am Stadtrand Eilats befindet sich die Grenze zu Ägypten. Hier verlassen wir ein Land, das uns durch seine Vielfältigkeit in seinen Bann gezogen hat. Uns wäre vieles entgangen, wären wir nicht in das gelobte Land, Eretz Israel, „geflüchtet".

Afrika. Einmal quer runter

--➤

Valeska

Zelten mitten in der Sahara, unterm Sternenhimmel bei Vollmond. Unglaubliche Stille. Morgens knabbert ein weißes Kamel an dem einzigen dornigen Strauch in der rötlichen Wüste. Trans-East-African-Highway: 500 Kilometer teils tief sandige, teils schottrige Piste. Gegen Mittag hat es 50 °C. Nirgends ist Schatten zu finden. Die Radlerlaune erreicht ihren Tiefpunkt. Endlich ein kleines Dorf in Sicht. Lehmhäuser, umgeben von hohen Mauern und mit Erdfarben sorgfältig gestrichen. Mit Händen und Füssen gestikulierend lädt man uns ein, über Nacht zu bleiben. Klebrig süßer Tee wird gereicht. Zwei Pritschen – Eisenrahmen mit einer geflochtenen Liegefläche – werden ins Freie gezogen. Voilà. Man zeigt uns die Küche, und die Mutter der Familie fragt, ob wir hungrig seien. Im Raum gibt es eine Kochstelle am Boden, ein Regal aus Holz und eine weitere Pritsche. Ein paar Töpfe, Becher aus Blech und ein kleiner Sack Reis liegen neben dem Bündel Feuerholz. Es sind keine weiteren Lebensmittel auszumachen. Dankend lehnen wir ab, denn wir wollen nicht, dass vielleicht unseretwegen die Bäuche einiger Familienmitglieder leer bleiben. Trotzdem bringt man uns getrocknete Datteln und trübes Nilwasser in einem Krug. Der Abend verfliegt durch eine lustige Unterhaltung in Zeichensprache. Ein mitgebrachtes Fotoalbum hilft dabei: Bilder unserer Verwandtschaft, unserer Heimatstadt und von Bergen mit Schnee beweisen, dass wir nicht vom Mond kommen. Die Mühen auf der sandigen Piste sind vergessen. Der morgige Sandsturm, der ganze Dünen auf die Straße bauen und die Sicht auf null reduzieren wird, ist unbekannte Zukunft.

In bunte Stoffe gekleidete Frauen balancieren große, mit getrockneten Datteln gefüllte Körbe auf ihren Köpfen. Sie winken fröhlich und breites Lächeln erfüllt ihre Gesichter. „Wie weit ist es noch bis in das nächste Dorf?" „Vier Stunden zu Fuß!"

Wir erreichen wieder Asphalt. Füllen im Fahren den Kopf mit bleibenden Bildern von rechts und links der Straße:

Da spaziert ein junger Mann, der volle Säcke trägt. Er bleibt stehen und schaut uns an. Und schaut. Reglos schaut er.

Übernachten in der Sahara   Bei Nubiern im Sudan

In der Ferne bestellen zwei Männer ein Feld mit einem Holzpflug. Unermüdlich arbeitet man auf den Äckern und fischt in jedem Gewässer. Von der afrikanischen Hitze rasch getrocknet und gleich verkauft, so finden die kleinen Fische den direkten Weg in hungrige Mägen.

Eine Gruppe von Frauen bietet kleine Häufchen Tomaten und Zwiebeln an. Eine andere Gruppe von Frauen schleppt schwere Körbe mit Holz. Weit und breit kein Dorf in Sicht. Wie weit sie wohl gehen müssen?

Ein Kind schneidet saftig-grünes Gras, das bei einer Kaffeezeremonie als schöner Teppich dienen wird. Seine Geschwister bieten Bananen an vor den Lehmziegel-häusern, in denen sie wohnen. Sie verkaufen uns die besten Bananen der Welt!

Ziegen, Kühe, Esel – es ist was los. Hirten versuchen, durch Steinewerfen das Chaos zu ordnen.

Jemand trägt zwei nagelneue Scheibtruhen auf dem Kopf. Wir staunen … und wir werden bestaunt. Wir sind Fremde, fast Außerirdische.

Wir nehmen uns Zeit, um zu rasten und gegrillten Mais zu knabbern.

Dieser junge Äthiopier betrachtet uns sehr genau

Masai-Frauen in Kenia

„*You! Give me my money!*" (Du! Gib mir mein Geld!) Wir radeln, umringt von ungefähr fünfzehn bettelnden Kindern, schwitzend auf einer Schotterstraße bergauf. Staubige Hitze, erbarmungslos brennende afrikanische Sonne. „*You, you, you, you!*" wird gerufen. Es klingt dumpf und bellend. Fordernd. Unsere Strategie: lachen, winken, … weiterradeln. „*You, you, you, you!*" Ignorieren geht nicht, denn dann werfen sie mit Steinen. Warum? – Keine Ahnung! „*Give me T-Shirt!*" (Gib mir T-Shirt!) Nein, unsere verschwitzten T-Shirts geben wir nicht her. „*Give me banana!*" (Gib mir Banane!), kontern wir erfolglos. Als wir bergab davonrollen, verstummt das You-you-You langsam. Doch vor uns der nächste Hügel. Schülerinnen und Schüler in blauen Uniformen schlendern über die ganze Straßenbreite verteilt, und die ersten You-you-you-Rufe in verschiedenen Tonlagen empfangen uns bereits. Verhasstes Bergauf. Wir hätten gerne fünf Minuten Ruhe. Unrealistisch.

Alle sind auf dem Weg in die Großstadt. Zu Fuß oder per Rad geht es zum Markt. Auf die Fahrräder schnallt man Zuckerrohrstangen, Säcke mit Holzkohlen, gackernde Hühner, ganze Bananenstauden. So manch einer fährt nur zum Einkaufen, jedoch ebenso bepackt: Die Mutter sitzt vorne auf der Stange, die beiden Kinder auf dem gepolsterten Gepäckträger hinter dem kräftig in die Pedale tretenden Vater.

Die Einfahrtsstraße hat zwei Gesichter. Auf der einen Seite stehen hinter Mauern und Stacheldraht prächtige Häuser, auf der anderen Seite drücken sich armselige Hütten aus Wellblech, Pappe und Müll aneinander. Irgendwo dazwischen führt gerade ein Schuhputzer sein Mobiltelefon ans Ohr.

Leute schlafen auf dem Gehsteig, hinter ihnen im großen Glasfenster steht eine Luxus-Doppelbadewanne mit Whirlpoolfunktion. Ein Straßenstand bietet Pizza mit Schinken und Banane an, mehrere Menschen stehen ringsum. Mitten im Gewühl geht ein Massai. Er trägt Federschmuck auf dem Kopf, eine Halskette aus Glasperlen über seinem rot-blau karierten Kleid und dazu Sandalen aus Autoreifen. Wo will er hin?

Die Überlandstraßen sind so gut wie verkehrsfrei. Kleine Kinder spielen hier mit selbst gebastelten Autos. Geformt aus Draht, rollend auf bunten Rädern aus Verschlüssen von Plastikflaschen. Ein größerer Schuljunge fährt stolz auf einem Fahrrad aus Holz. Bergauf geht es vorbei an Aussichtspunkten mit einfallsreichen Namen: „*Galaxy-, Victory-, Rhino-* und *Third-World-Viewpoint*" (Galaxis-, Sieg-, Nashorn- und Dritte-Welt-Aussichtspunkt). Ein Affe schafft es gerade noch rechtzeitig über die Straße, als plötzlich ein Pick-up vorbeirauscht. Weißer Fahrer, ein Hund daneben auf dem Beifahrersitz und der schwarze Arbeiter hinten auf der Ladefläche.

Auf dem Weg zum
Markt; Äthiopien

Kinder in Tansania mit
selbst gebasteltem Spielzeug

In Afrika gefällt es uns, allerdings haben wir Respekt vor den Gefahren der Natur! Killerbienen, die sich in ihrer Ruhe gestört fühlen, können einem einen ordentlichen Schrecken einjagen. Oder ein Knallen gegen die Zeltwand, wieder und wieder. Wirft jemand mit Steinen? Ein Straßenbandit, der seine Opfer quälen will? Nein, es handelt sich nur um einen Schwarm von Riesenheuschrecken, dem unsere mobile Behausung genau in der Sprungbahn steht.

Afrika ist laut, fordernd, extrem.

Afrika ist aber auch großzügig und gastfreundlich, wie wir es in Europa nicht kennen.

Kap Agulhas. Der südlichste Punkt präsentiert sich wie der Kontinent selbst: Rauer Wind und peitschende Wellen toben um ein kleines Monument, das hier beschaulich auf einem sicheren Felsen in der Sonne steht.

Last Minute All Inclusive

---→

Philipp

Schon von weitem sehen wir den Schranken quer über die Straße und das kleine Häuschen links davon in der endlosen, baumlosen Wüstenlandschaft. Nur langsam kommen wir näher, denn es geht leicht bergauf. Die ägyptischen Beamten haben uns bemerkt und nehmen bereits Aufstellung. Sie stoppen uns. Lauter junge Burschen mit Pickeln im Gesicht, hineingezwängt in stramme Polizeiuniformen. Mit offenen Mündern stehen sie da und starren Valeska an. Eine Frau auf dem Rad! Und dann auch noch blond! Die Jungs sind erst einmal beschäftigt. Es dauert nicht lange, da erscheint der um vieles ältere Vorgesetzte vor dem kleinen Haus mit der Aufschrift „Chick Point". Sehr wahrscheinlich soll es *Checkpoint* (Kontrollstation) heißen, denn „chicks" (ein Wort für Mädchen in der englischen Umgangssprache) arbeiten hier keine. Der Chef deutet mir, ihm in das kleine Amtsgebäude zu folgen.

In Ägypten herrscht, als wir 2007 durch das Land fahren, auf fast allen Strecken für Touristen Konvoipflicht. Das heißt, niemand darf individuell mit dem eigenen Fahrzeug unterwegs sein. Warum? Zu gefährlich. Terroristen lauern angeblich überall. Wir treffen keine. Unserer Meinung nach hat es ein Terrorist mit der Planung eines Anschlages auf Touristen leicht, da alle Konvois immer zur selben Zeit dieselbe Strecke fahren.

Heute ist der Konvoi bereits losgefahren, gibt mir mein Gegenüber zu verstehen. „Ihr müsst hier bleiben und mit dem morgigen Tross mitfahren." Wir haben letzte Nacht gleich um die Ecke gezeltet und sind absichtlich spät aufgebrochen, um die Abfahrt der Karawane zu verpassen. Wir wollen auf keinen Fall mit einem Konvoi fahren. Hier bleiben und die Räder morgen in einen Bus laden, steht für uns nicht zur Debatte. Ich beginne sein herrliches Land und die gastfreundlichen Menschen zu loben und sage ihm, dass wir uns in Ägypten so sicher und wohl fühlen, wie sonst nirgendwo auf der Welt. Dann lege ich noch ein Schäuferl nach und berichte ihm, wie fürchterlich und gefährlich es in Israel ist, und dass wir uns in Syrien, Jordanien und der Türkei bei seinen moslemischen Brüdern ebenfalls

Eigentlich dürften wir hier
nicht alleine fahren

Eine der ägyptischen
Straßen-Kontrollstationen

Im Hintergrund ein uns entgegenkommender Touristenkonvoi

Nette Begegnung ▼

immer sicher gefühlt haben. Das hört er gerne und fühlt sich sichtlich geschmeichelt. Er denkt eine halbe Ewigkeit nach. „Wie lange braucht ihr zum nächsten Checkpoint?" Es sind 250 Kilometer. Ich überlege und gebe vor zu rechnen. „Wenn wir jetzt losfahren, sind wir am Nachmittag ganz sicher dort." Das ist eine schamlose Lüge meinerseits, denn wir werden mit Sicherheit zwei Tage benötigen. Samir – wir haben uns mittlerweile vorgestellt – nickt und meint: „Ok, fahrt los. Aber bitte schnell." Er beginnt mit seinem Handy zu spielen und winkt mich näher. Ein Pornovideo läuft ruckelnd am Display. Er ist begeistert. Jetzt sind wir richtige Freunde. Wir brauchen noch Wasser, denn es liegt eine lange Strecke ohne jegliche Versorgung vor uns. Samir gibt uns so viel wir haben wollen, ohne die Menge zu hinterfragen – dreißig Liter. Valeska ist immer noch von den staunenden Pubertierenden umringt. Als ich komme, fragt mich einer von ihnen: *„Is she your chick?"* (Ist sie dein Mädchen?) Jetzt aber weg hier!

Dass wir uns vor der Konvoipflicht drücken und uns bei Straßensperren immer mit der bewährten *Zu-spät-kommen-und-Ägypten-loben-Methode* durchschummeln, funktioniert im ganzen Land. Einsam fahren wir durch die herrlichsten Wüstenlandschaften, zelten zwischen Sanddünen, werden von Geräuschen vorbeiziehender Kamele frühmorgens geweckt und sehen keinen einzigen anderen

Touristen. Auch in den Orten, durch die wir kommen, sind wir stets die einzigen Europäer, denn alle anderen werden mit Polizeibegleitung von einem Touristenzentrum direkt in das nächste gebracht. Kolonnen von Bussen, Geländefahrzeugen und Motorrädern rauschen immer wieder an uns vorbei. Nur in manchen Städten wie Kairo, Luxor oder Assuan treffen wir auf Urlauber. Menschenmassen in kurzen Hosen und knappen Tops strömen durch die Eingangstore der Hotels und Sehenswürdigkeiten. Verschleierte Frauen verkaufen Souvenirs an Halbnackte. Am Markt gaffen Händler Pos in Hot Pants nach. Schwabbelige europäische Männer in Trägerleibchen und mit über den Bäuchen baumelnden Kameras begleiten die spärlich bekleideten Touristinnen.

Nilkreuzfahrtsschiffe legen in den Stadtzentren an. Auf den Sonnendecks lehnen krebsrotverbrannte Damen in Bikinis und Herren in Badehosen an der Reling und blicken hinunter auf das geschäftige Treiben am Hafen.

Wir sind bemüht, uns moderat zu kleiden. Ich trage eine schlichte Hose und ein langärmliges Hemd. Valeska hat sich einen langen Rock und eine weite Bluse zugelegt und trägt manchmal sogar ein Kopftuch. Angesichts der Gedankenlosigkeit der meisten Touristen werden wir immer wieder auf unsere provokationsfreie Kleidung, unser respektvolles Verhalten und unsere Achtung vor der moslemischen Kultur angesprochen. Einmal werden wir sogar für Touristen aus dem Nahen Osten gehalten und gefragt, ob wir aus dem Iran kommen.

Es steht uns nicht zu, zu urteilen, wer ein guter und wer ein schlechter Tourist ist, und wir sind ja auch froh, dass nicht alle mit dem Rad um die Welt fahren. Aber in Ägypten sind wir viel zu oft mit dem Massentourismus konfrontiert. Die Zeit in diesem Land ist prägend für unsere weiteren Jahre auf der Straße. Bei den Pyramiden von Gizeh wird es uns zu viel. Sehenswürdigkeiten werden für uns komplett zweitrangig und je länger wir unterwegs sind, etwas Nebensächliches. Begegnungen mit Menschen und das Erleben der Natur rücken immer mehr in den Mittelpunkt unseres Reisens. Wir ändern von heute auf morgen unsere Routen und Pläne, wenn uns jemand einen Kontakt im „Nirgendwo" vermittelt, oder wenn die längere Strecke über die Berge um vieles schöner und lohnender ist. Bei so genannten touristisch interessanten Punkten, die auf unserer Strecke liegen, fahren wir immer öfter einfach vorbei. Wir hören auf zu reisen, um alles zu sehen, und beginnen zu reisen, um alles zu hören, zu fühlen, zu entdecken, zu riechen, zu spüren und kennenzulernen.

Assuan ist unser letzter Stopp in Ägypten. Von hier aus geht es, da es keine Straße gibt, mit der Fähre über den Nasser-Stausee in den tourismuslosen Sudan. Das

Die Eintönigkeit der
Landschaft gefällt uns

Diese Fähre bringt uns über
den Nasser-Stausee in den Sudan

rostige, abgewirtschaftete Schiff ist komplett überladen und vollgestopft mit Waren und Menschen. Bei austrocknender Hitze hocken wir mit etlichen anderen Personen an Deck und versuchen, unter den Rettungsbooten Schatten zu finden. Freundschaftlich teilen alle ihre Lebensmittel und Getränke miteinander. Auch wir steuern zum Picknick bei: Fladenbrot, Oliven, Kekse und warmes Cola. Wir sind die einzigen Weißen an Bord. Das Schiff legt dröhnend ab.

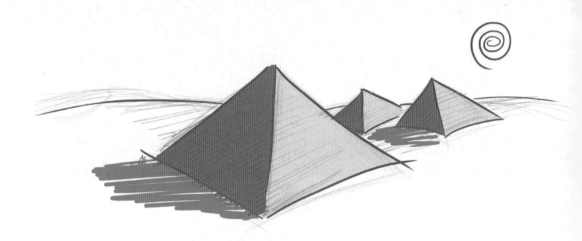

You, you, you!

Philipp

Inmitten eines vermüllten, von einem Zaun umgebenen Areals, zwischen halbverwitterten, mit dem Erdreich verwobenen Plastikfetzen, Knochenstücken, Holzsplittern, Glassplittern, Kraut und Rüben, steht eine Bruchbude. Die Wände bestehen aus armdicken krummen Baumstämmen, die übereinander gelegt und mit Lehm verkleidet wurden. Der Verputz ist beinahe zur Gänze abgebröckelt, die Mauern sind dreckig. Alle Türen hängen schief in den Angeln und die Fenster haben keine Scheiben. Doch silbern glänzt das nagelneue Wellblechdach in der Sonne. Es handelt sich um das äthiopische Zollgebäude.

Drinnen sitzt ein dicker Beamter, der mit einem Lineal Sterne auf ein Blatt Papier zeichnet. Unsere Anwesenheit bringt ihn nicht im Geringsten dazu, von seiner Tätigkeit abzulassen, er ignoriert uns völlig. Konzentriert und gelangweilt zugleich zeichnet er noch einen Stern und noch einen und noch einen. Kein Ende in Sicht. Es braucht einen zweiten Grenzbeamten, der unsere Daten in ein großes Buch einträgt und Passbilder von uns verlangt. Bilder dieser Art sind für uns in Afrika schwierig zu bekommen, jedoch brauchen wir sie für unsere Visaanträge auf jeder Botschaft. Wir haben nur noch wenige in der Tasche und wollen keine herausrücken. „Tut uns leid, wir haben keine dabei", erklären wir dem Beamten ruhig lächelnd, „Vielleicht kann man die Fotos aus unseren Pässen kopieren?" Uns ist klar, dass das kein besonders hilfreicher Vorschlag ist, denn ein Kopiergerät gibt es wahrscheinlich im ganzen Ort keines. Nach längerem Hin und Her werden unsere Pässe ohne Fotos gestempelt und wir dürfen passieren. Nun schaut der beleibte Kerl zum ersten Mal auf. Das Blatt Papier vor ihm ist voller Sterne. Wir gehen.

Der beinahe menschenleere, trockene Sudan, in dem die Leute zurückhaltend und gemütlich sind und das Tempo des Lebens *adagio* ist, liegt hinter uns. Als wir die Grenze zu Äthiopien überschreiten, tauchen wir mit einem Mal in ein Wespennest ein. Es wurlt nur so von Menschen. Äthiopien erscheint uns wie ein einziges, langgezogenes Dorf, dessen Ende wir nie erreichen. Wir sind auf den 1700 Kilometern durch Äthiopien bis zur Grenze nach Kenia nie allein.

Einige der besten Marathonläufer der Welt kommen aus Äthiopien. Zu Haile Gebrselassie blickt das ganze Land wie zu einer Gottheit auf. Dieser Ausnahme-

Bei Gallabat geht es über
die Grenze nach Äthiopien

Überall Kinder

▲ Ständig haben wir Begleitung   Alle gehen zu Fuß ▼

sportler stellte in seiner aktiven Zeit unvorstellbare sechsundzwanzig Weltrekorde auf. Bereits in seiner Kindheit legte Haile seinen zehn Kilometer langen Schulweg stets laufend zurück. Wir sind die einzigen, die durch Äthiopien rollen, die Äthiopier gehen. Und wenn wir an ihnen vorbeifahren, beginnen sie mit uns mitzurennen. Scharen von Kindern sind unsere ständigen Begleiter. Aber auch der Bauer mit dem hölzernen Pflug auf den Schultern oder die alte Frau, die am Weg zum Markt ist, beginnen zu laufen, sobald wir näher kommen. Alle sind zu Fuß unterwegs und alles wird getragen. Das Rad scheint in dieser Ecke der Welt noch nicht erfunden zu sein. Es ist ein seltsames Straßenbild, überall gehende Menschen – Autos, Busse, Motorräder und Fahrräder gibt es kaum.

„You, you, you, you!", schreien die Leute, wenn sie uns sehen. Die Kinder trällern ein nie enden wollendes *„Youyouyouyouyou … !"*, wenn sie kilometerweit neben uns herlaufen. Die Erwachsenen haben stärkere Stimmen, *„YOU"* und zeigen mit dem Finger auf uns. „Warum *you*?", fragen wir einen freundlichen Geschäftsreisenden aus Addis, den wir in einem kleinen Ort kennenlernen. „Weil ihr weiß seid, also seid ihr *you*." Diese Antwort können wir akzeptieren, verstehen sie aber nicht. Doch weil wir weiß sind, umringen uns ständig unzählige Menschen, die uns anbetteln. In Dörfern, auf der Landstraße, beim Jausnen, wenn wir nach dem Weg fragen, beim Einkaufen, überall. Die Stimmung der Leute uns gegenüber ist anfangs oft gespannt, wenn wir durch Orte rollen. Es wird erwartet, dass wir etwas verteilen. Wir bleiben stehen und schon werden wir umringt. Hübsche Gesichter, schlanke stolze Menschen. Die Frauen und Mädchen haben kunstvoll geflochtene Haare. Ihre Kleidung ist schmutzig, zerschlissen und hängt in Fetzen an den Körpern. Andere sind in weiße oder grüne Umhänge gehüllt, sie erinnern an Märchen aus dem Mittelalter. Die Männer sind mit massiven Hirtenstöcken unterwegs. Wir haben nichts herzugeben. Das Eis bricht erst, als wir beginnen, mit allen zu plaudern, Späße zu machen und – zum Gaudium aller – mit unseren kleinen Fahrradhupen quieken. Die Leute lachen und wir können weiterfahren. Wir hatten Glück. An anderen Orten fliegen uns Steine um die Ohren. Deshalb erlegen wir uns in Äthiopien absolute Helmpflicht auf.

Ein paar Tage später hilft uns ein alter Mann, ungefähr zwanzig Kinder, die seit einer Stunde auf einer steilen holprigen Schotterpiste mit uns mitlaufen, zu vertreiben. Er hebt Steine auf und wirft seine Geschosse auf die Bande. Immer wieder sind wir von der Brutalität dieses Landes schockiert. Abends kommen wir erschöpft in ein Dorf und schlängeln uns durch die Menschenmenge. Zwei Kerle prügeln sich wild im Staub und Dreck der Straße. Ein gewohntes Bild. Niemand schenkt den beiden besondere Aufmerksamkeit.

An einem zweistöckigen Gebäude wird gearbeitet. Es ist ein Neubau, trotzdem sind die Wände ganz offensichtlich nicht im Lot und die Türstöcke schief. Ein Gerüst aus Bambusstangen umgibt den Bau. Vor dem unfertigen Haus liegt ein großer Haufen Schotter, der von Arbeitern in das obere Stockwerk gebracht wird. Man könnte annehmen, mit Hilfe eines Flaschenzuges, aber da läge man falsch. Mit kleinen Bahren wird der Schotter befördert. Das Transportgerät besteht aus zwei parallelen Stangen mit einem Stück Blech dazwischen. Zwei Schaufeln voll Schotter werden auf die Bahre gekippt und die Ladung von jeweils zwei Arbeitern vorsichtig über das Bambusgerüst in das obere Stockwerk getragen.

Wir steuern die nächste Unterkunft an und sind froh, das „You, you, you, you!" des heutigen Tages hinter uns zu lassen. Um einen zentralen Platz stehen einstöckige Gebäude. An ihren Fronten reihen sich Zimmertür an Zimmertür. Im kleinen Restaurant in der Mitte checken wir ein und bekommen ein Vorhängeschloss und den obligatorischen Nachttopf gereicht. Das Zimmer ist nicht viel größer als ein Doppelbett, aber trotzdem zwängen wir die Räder und unser Gepäck irgendwie hinein. Es beginnt zu schütten und der Regen prasselt ohrenbetäubend auf das nackte Wellblechdach. Wir rennen über den Platz zur Dusche. In einer düsteren kleinen Kammer steht ein mit Wasser gefüllter Bottich auf dem feuchten Lehmboden. Ein kleiner, grüner Plastikbecher, den man benutzt, um sich Wasser über den Körper zu gießen, schwimmt darin. Die klassische afrikanische „Kübeldusche" finden wir fast in jeder Bleibe.

Im Restaurant ist man sehr um uns bemüht. Es gibt, wie im ganzen Land, *Injera*, eine Art dicke, säuerlich schmeckende Palatschinke, auf der verschiedene Zutaten liegen. Gegessen wird, wie in vielen afrikanischen Ländern, mit den Fingern. Die Musik ist laut, kreischend und übersteuert. Einige Männer sind am Saufen. Sie trinken bis zur Bewusstlosigkeit. Junge Mädchen in engen Hosen und Stöckelschuhen sitzen kichernd an der Bar. Sie bieten ihre Körper für ein paar Dollar feil und gehören zum Interieur fast jeden Hotels. Die meisten Unterkünfte, in denen wir absteigen, sind auch Bordelle. Das ist hier normal und wir müssen mit dieser Tatsache leben. „Dass Männer zu Prostituierten gehen, ist in der äthiopischen Gesellschaft akzeptiert", sagen uns Freunde aus Addis Abeba, „jugendliche Männer werden für den ersten Geschlechtsverkehr von ihren Vätern zu Freudenmädchen gebracht." Erschreckend, wenn man bedenkt, dass in urbanen Gebieten vierzehn Prozent der Bevölkerung mit HIV infiziert sind. Und es gibt Millionen von Aids-Waisen.

Am Morgen weckt uns der mit Außenlautsprechern übertragene Gottesdienst der äthiopisch-orthodoxen Tewaheko-Kirche, die ungefähr 400.000 Kleriker zählt.

Kunstvolle Frisuren   Ein Dach überm Kopf

Eine enorme Zahl. Die Religion besitzt in Äthiopien einen extrem hohen Stellenwert in der Gesellschaft und hat großen Einfluss auf das tägliche Leben. Niemand würde es wagen, an einem offiziellen Feiertag sein Feld zu bestellen. Und Feiertage gibt es in der konservativen äthiopisch-orthodoxen Kirche jede Menge. Nimmt man es genau, ist eigentlich jeder Tag ein Feiertag, denn in Äthiopien ist jedem Tag des Monats ein Festtag aus dem kirchlichen Jahresfestkreis zugeordnet. Es gibt also dreißig Feiertage (der äthiopische Kalender rechnet mit dreißig Tagen pro Monat), die sich jeden Monat wiederholen. „Es ist schwierig, bei so vielen Festtagen in irgendeiner Form vernünftig zu wirtschaften", meint ein Entwicklungshelfer, den wir in der Hauptstadt kennenlernen. „Wenn die Kirche das Arbeiten verbietet, lassen alle ihre Ernte verkommen. Einen Feiertag nicht zu begehen, ist eine Sünde und bringt Unheil."

Wir stehen auf. Nachdem wir unseren Nachttopf im Plumpsklo ausgeleert haben, lädt uns der freundliche Hotelbesitzer zu einer Kaffeezeremonie ein. Seine Angestellte beginnt, Gras auf den Boden zu legen. Darauf stellt sie einen kleinen Tisch mit Espressotässchen. Plastikkörbchen und Blumen stehen als Dekoration vor dem Tischchen. Jetzt beginnt sie, in einer kleinen Feuerstelle Holzkohle zum Glühen zu bringen. In einer flachen Pfanne röstet sie die grünen Kaffeebohnen, bis sie goldbraun sind. Nach dem Abkühlen werden sie mit einem Mörser zu Pulver verarbeitet. Die dunkle Kaffeekanne ist aus Ton. Sie hat einen runden Bauch, einen langen Hals und einen kurzen Schnabel, durch den das feine Kaffeepulver eingefüllt und mit heißem Wasser aufgegossen wird. Jeder bekommt eine Tasse voll. Der Kaffee ist so stark, dass er jeden italienischen Espresso in den Schatten stellt, und schmeckt hervorragend. Dem Ritual entsprechend wird der Kaffee in der Kanne dreimal aufgegossen, damit man die aromatische Entwicklung des Kaffees schmecken kann. Wir sind begeistert und von der Überdosis an Koffein benommen. Tafari, so heißt unser Hotelier, ist stolz auf sein Volk und die reiche Kultur Äthiopiens, die dieses Land vom restlichen Afrika in gewisser Weise abhebt. Andererseits ist er traurig und beschämt, dass sein Land es nicht schafft, sich nach oben zu arbeiten. Neunundvierzig Prozent der Bevölkerung sind unterernährt und die Lebenserwartung liegt gerade einmal bei fünfzig Jahren. Pro tausend Einwohner gibt es 0,03 Ärzte, 7,69 Telefonanschlüsse, 6,15 Computer und 0,92 PKW. Jedes Jahr wächst die Zahl der Einwohner um zwei Millionen. Mehr als die Hälfte der Äthiopier sind Analphabeten. Es gibt kaum Städte, und Addis, die Hauptstadt, sieht aus wie ein überdimensioniertes Dorf. Die Straßen werden von Chinesen gebaut. Die restliche, kaum vorhandene Infrastruktur stellt Europa her. Das Land selbst hat nicht genug Geld, um seine eigenen Leute zu ernähren. Bittere Armut und Hunger, wohin man schaut.

Bei Moyale, der Grenze zu Kenia, hören wir das letzte *„You, you, you, you!"* Wir verlassen ein Land, das uns wie kaum ein anderes zum Nachdenken angeregt hat, und holpern hinaus in eine erfreulicherweise unbewohnte Wüstenlandschaft.

Safari per Rad

Valeska

Die Nachfrage für Reisen in die Nationalparks Zentralafrikas wächst ständig. Beliebt sind Safaris mit geländegängigen Jeeps, wobei – von sicheren Sitzen aus – nach Wildtieren Ausschau gehalten wird. Viele Touristenfahrzeuge rauschen an uns vorbei. Wir fahren Fahrrad. Mittlerweile wissen wir, dass Löwen, Geparden, Hyänen, Elefanten, Büffel und Antilopen in den Nationalparks leben und sich nicht ständig kreuz und quer durch Afrika bewegen. Das ist beruhigend und so fühlen wir uns auf den Hauptstraßen eigentlich vor wilden Tieren sicher. Oft sehen wir Zebras und Giraffen im Gebüsch, diese sind friedliche Gesellen. Zum Lachen bringen uns immer wieder die Warzenschweine. Ihr Spitzname „Radio Afrika" kommt nicht von ungefähr. Wenn sie uns entdecken, richten sie den Schwanz auf und flitzen mit ihren kurzen Beinen so schnell wie möglich davon. Dabei wackeln sie mit ihrem kleinen grauen Körper, jedoch der Schwanz steht scheinbar unbewegt wie eine Antenne von ihrem Hinterteil nach oben.

Eine spannende Tagesetappe liegt vor uns – die Hauptstraße führt mitten durch den Nationalpark Mikumi in Tansania. Ob man uns überhaupt durchlässt? Ist es nicht zu gefährlich? Wir vertrauen darauf, eventuell von Parkwächtern gewarnt oder gestoppt zu werden. Wenn nicht, dann wird die Gefahr nicht so groß sein. In einem kleinen Ort stärken wir uns mit fettigem *Chapati* (Brot) und Cola. Das ist alles, was es zu kaufen gibt. Bald erreichen wir die Nationalparkgrenze. Ein etwas heruntergekommener Zaun, eine geschlossene Hütte und ein paar Straßenschilder markieren diese. „*Danger – Wild Animals Crossing!*" (Gefahr – Wildtiere queren!), lesen wir. Niemand hält uns auf. Ringsum sehr trockenes Buschland und nirgendwo eine Spur von Tieren. Wir atmen auf und treten frohen Mutes in die Pedale. Wir wollen den Nationalpark vor der Dämmerung hinter uns bringen, da die Tiere dann aktiv und hungrig werden. Die Landschaft wird etwas grüner, die Sonne steht schon hoch am Himmel. Plötzlich sehen wir zwei große Elefanten gleich links neben der Straße. Mir rutscht das Herz in die Hose. Mir kommen all die Geschichten in den Sinn, die man uns auf unserem bisherigen Weg durch Afrika über Elefanten erzählt hat: unberechenbar, jähzornig, angriffslustig, wenn man ihnen zu nahe kommt. Tatsächlich kommt es jedes Jahr zu Todesfällen, wenn Menschen angegriffen werden. „Unwissende Touristen, die Fehler machen", lauten dann die entsprechenden Kommentare der Einheimischen. Ohne es zu merken,

Aug in Aug mit Vogel Strauß

Einfahrt zum
Nationalpark Mikumi

Elefant bei seiner
Spätnachmittagsjause

Zebras sind gar nicht scheu

war ich stehen geblieben. Ein Fehler? Philipp bremst ebenfalls und zückt seine Kamera. Ich werde etwas ruhiger, als ich sehe, dass die beiden großen grauen Tiere gemächlich an den Blättern eines kleinen Baumes knabbern. Sie würdigen uns keines Blickes und geben uns somit die Gelegenheit, sie zu beobachten. Nach einer Weile schwingen wir uns wieder in die Sättel, da wir an das Erreichen unseres Tageszieles denken müssen.

In der anfangs so öde scheinenden Steppenlandschaft zeigt sich immer mehr Leben. Greifvögel fliegen über unsere Köpfe hinweg und in einer Baumkrone sitzen Riesenvögel in riesigen Nestern. Einige Giraffen, mehrere Büffel und noch mehr Elefanten lassen unseren Tag zur „Fahrradsafari" werden. Ein lautes Knacken verdirbt uns jedoch die gute Laune: Der Gepäckträger von Philipps Fahrrad ist gebrochen. Schräg hängt er in die Speichen. Uns ist sofort klar: Bevor das nicht repariert ist, können wir unmöglich weiterfahren. Muss das denn genau hier und heute passieren? Bisher lief alles wie am Schnürchen, doch nun – werden wir in die Dämmerung kommen? Unsere Befürchtungen steigen. Flott kramt Philipp Werkzeug hervor und improvisiert. Es herrscht kaum Verkehr, ein LKW-Fahrer bremst und überreicht uns vier Bananen aus der Fahrerkabine. Der möchte wohl „wilde weiße Tiere" füttern, denke ich undankbar, während ich das Obst mit einem dankenden Kopfnicken entgegennehme. Wenig später bleibt wieder ein LKW stehen. Diesmal steigt der Fahrer sogar aus, schaut uns besorgt an und erklärt, dass wir aufpassen sollen. Es gäbe hier wilde Tiere und Löwen. Ja, das wissen wir, doch wie meint er das eigentlich? Ganz generell gibt es hier Löwen, oder hat er welche gesehen – jetzt? Ehe wir fragen können, ist er schon wieder eingestiegen und fährt weiter (in die Gegenrichtung). Müssen wir nun auch tagsüber mit Löwen rechnen? Wir haben gehört, dass sie nur morgens und abends aktiv sind und den Rest des Tages irgendwo im Gebüsch schlafen … Hoffentlich tun sie das auch.

Endlich sitzt der Gepäckträger wieder fest. Taschen aufladen, schnell die Bananen essen und weiter. Kaum sind wir ein paar Minuten unterwegs, springen Gazellen über die Straße. Ob die soeben in Panik vor einem Löwen davonlaufen? Wir schauen auf das Gebüsch, aus dem die Gazellen geeilt sind. Dort raschelt es deutlich. Blätter und ganze Äste bewegen sich. Ein großes rundes Ding kommt zum Vorschein – ein Flusspferd! Es wackelt mit seinem breiten Hintern und noch dickeren Bauch und entfernt sich von uns.

Die Sonne wandert weiter über den Himmel und es wird bereits ein bisschen kühler. Noch zehn Kilometer. Hie und da recken Giraffen ihre langen Hälse durch die Baumkronen und ein paar Warzenschweine nehmen mit ihren putzig braun-gescheckten Jungen Reißaus. Die Straße führt flach dahin, flott spulen wir die Stre-

Kaffernbüffel   Ein Warzenschwein beobachtet uns

cke ab und schon sind wir raus aus dem Nationalpark. Sicherlich ist es jetzt an der Zeit, dass die Löwen aufwachen und auf die Jagd gehen.

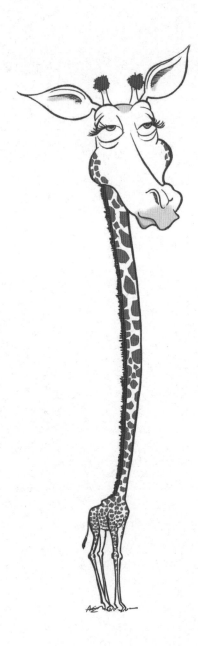

Europa hat Uhren, Afrika hat Zeit

Philipp

In Dar es Salaam, der größten Stadt Tansanias, gehen wir zur malawischen Botschaft, um uns ein Visum zu besorgen. Die diplomatische Vertretung des Nachbarlandes befindet sich im dritten Stock eines Bürogebäudes. Wir sitzen auf fleckigen, abgewetzten Sofas vor einem Schalter und warten. Die Damen und Herren des Büros sind beschäftigt. Beim dritten Anlauf, die Aufmerksamkeit auf uns zu lenken, bekommen wir Antragsformulare ausgehändigt, die wir sorgfältig ausfüllen. Wieder warten wir. Endlich sind wir an der Reihe. Ein Beamter studiert die Formulare und Unterlagen lange und eingehend. Unsere Passbilder sind nicht gut genug. Da gibt es keine Diskussion. Ein junger Mann begleitet uns umgehend zum Fotografen. Unser Fotoshooting auf dem Gehsteig wird zur öffentlichen Freiluftveranstaltung. Man setzt uns auf einen Hocker vor ein türkisblaues Stofftuch. Unser Fotograf scheint alle Zeit der Welt zu haben, denn zuerst wird einmal ausgiebig telefoniert. Endlich ist es so weit. *„Gimmi the smile my friend!"* (Lächeln bitte!), animiert er uns, während er in Positur geht und dadurch den gesamten Gehsteig blockiert. Aber das spielt keine Rolle, denn es bleiben ohnehin alle Passanten stehen und beobachten das Geschehen.

Zurück in der Botschaft müssen wir uns ein weiteres Mal anstellen. Doch schließlich kommen wir an die Reihe. *„Wait me, please"* (Warten, bitte), meint unser Gegenüber und mit einem Mal sind alle Beamten verschwunden. Wir schauen verwundert in die Runde. Ein Mann steht am Fenster und bohrt gedankenverloren in seiner großen Nase, eine Mutter schimpft lautstark mit ihrem Sprössling und zwei weitere Personen sind während des Wartens auf ihren Sitzen eingeschlafen. Nach geraumer Zeit kommen die Beamten zurück. „Es gibt ein Problem", meint einer von ihnen, „wir haben keine Visa-Aufkleber mehr. Wir können euch kein Visum geben." Wir sind bereits seit Stunden hier, haben geduldig und ausdauernd gewartet und alle Auflagen erfüllt – und nun das. Versteckte Kamera? Nein, afrikanische Realität. Wir protestieren und bleiben am Schalter stehen. Dieses Verhalten funktioniert in Afrika oft ganz gut. Nach langem Hin und Her setzen die Uniformierten ein Schreiben auf, das an den Grenzposten gerichtet ist und besagt, dass der

In Afrika darf man
keine Eile haben

Freiluftfotostudio

Immigration Department
Malawi.

TO WHOM IT MAY CONCERN
MR. PHILIPP MAG. SCHAUDY AND VALESKA MAG. SCHAUDY

I hereby confirm that this Mission has run short of Visa Sticker. Mr. Philipp
M. Schaudy and Valeska M. Schaudy has been advised to meet Immigration
Office at the Port of Entry in Malawi to be assisted with a visa for a period
of 1 month.

O.S. THYOLANI.
DEPUTY HIGH COMMISSIONER.

Mit diesem Schreiben sollen wir   Afrikanisches
an der Grenze ein Visum bekommen   Pommes-Standl

Botschaft die Visa-Aufkleber ausgegangen sind, und uns doch bitte an der Grenze ein Visum ausgestellt werden solle. Diesen Brief, versehen mit Stempel und Unterschrift, gibt man uns mit auf den Weg. Wir sind zufrieden und nach „nur" einem halben Tag sind wir aus dem Botschaftsgebäude wieder draußen.

Zu Mittag kommen wir in ein kleines staubiges Dorf im hügeligen Hochland von Tansania. Von den bunt gefärbelten Häusern und Hütten bröckelt der Verputz. Sie sind alle mit Wellblech gedeckt. Im orangefarbenen Sand neben der Straße steht unter einem Schilfdach, das von vier krummen Holzpfosten getragen wird, eine kleine Garküche. Der Ofen in der Mitte wird mit Holz befeuert. In einer tiefen Mulde der Kochfläche befindet sich heißes Öl. Hier gibt es Fastfood: Pommes. Der Laden ist nicht nur das einzige „Lokal" im Ort, er bietet auch weit und breit den einzigen Schatten. Entsprechend gut besucht ist die Frittenbude. Wir bestellen zwei Großportionen. Der freundliche junge Mann mit blitzend weißen Zähnen schenkt uns ein breites Lächeln. Dann fischt er eine Kartoffel aus einem Kübel und beginnt sie behutsam zu schälen und in Streifen zu schneiden. Eine zweite folgt, eine dritte, eine vierte … Wir setzen uns zu den anderen Kunden auf die kleine, aus rohen Brettern zusammengenagelte und vom vielen Gebrauch speckig glänzende Bank und warten. Die Kartoffelstreifen gleiten sachte ins heiße Öl. Nein, wir sind noch nicht an der Reihe. Erst nach drei solchen Durchgängen werden uns die handgemachten Pommes auf einem Blechteller serviert. Sie schmecken herrlich! Während wir essen, plaudern wir mit einigen neugierigen Passanten, die konzentriert unsere Ritzel abzählen und beeindruckt feststellen: „Very fast!" (Sehr schnell!) Wir sind satt und wollen zahlen. Doch wohin ist der begnadete Koch verschwunden? Wir blicken fragend in die Runde der Pommesesser und Schattensuchenden. „One moment, one moment! Wait!" (Einen Moment, wartet!), meint einer von ihnen. Also warten wir. Irgendwann wird es uns zu lange und wir wollen einem der Freunde unter dem Schattendach das ausständige Geld geben, damit er es dem Garküchenbetreiber weitergibt. Doch nein, Geld, das einem nicht gehört, will keiner angreifen. Also halten wir weiterhin die Stellung und blicken die Straße hinauf und hinunter, während der Wind Staub und Plastikmüll durch die Luft wirbelt. Und tatsächlich – der Standler kommt zurück, eine Flasche mit scharfer Tomatensauce in der Hand. Die hätte eigentlich zu unseren Fritten gehört, aber leider seien wir schon fertig, erklärt er bedauernd. Macht nichts. In Ermangelung ausreichenden Münzgeldes bezahlen wir mit einem kleinen Schein. Der Wirt hat aber kein Wechselgeld. Auch kein anderer Kunde kann wechseln. „Wait me please!" (Wartet, bitte!), und auf ein Neues ist der Chefkoch verschwunden. Bis wir wieder auf dem Rad sitzen und noch einmal zurück winken, ist eine halbe Ewigkeit vergangen. Ein typisch afrikanischer Fastfood-Stopp. Warum eigentlich immer diese Eile?

Nach einer schier endlos langen Talfahrt durch Kaffee- und Teeplantagen kommen wir vom tansanischen Hochland an die Grenze zu Malawi. Es ist früher Morgen und der Grenzposten wird gerade geöffnet. Hier legen wir unsere Pässe und das offizielle Schreiben der malawischen Botschaft aus Dar es Salaam vor, welches besagt, dass der Botschaft die Visa-Aufkleber ausgegangen sind. Daraufhin müssen wir warten. Die Beamten sind freundlich, jedoch scheinen sie sich in Zeitlupe zu bewegen. Nachdenklich liest der Zöllner das Schreiben ein weiteres Mal. Er blättert durch unsere Reisepässe und liest bei jedem Stempel laut vor, woher er stammt. Hie und da ein erstauntes: „Mhmm, Syria", oder „Ah, you were in Kenia." (Ah, ihr ward in Kenia.) Schließlich hebt er den Kopf und meint, es gäbe ein Problem. Auch hier an der Grenze sind die Visa-Aufkleber aus. Und ohne darf er uns nicht passieren lassen. Wieder protestieren wir. Was können denn wir dafür? Das ist ja nicht unsere Schuld. Nach längerem Hin und Her einigen wir uns darauf, dass ein weiteres Schreiben aufgesetzt wird, das uns berechtigt, am nächsten Tag bis in den 300 Kilometer entfernten Ort Mzuzu zu fahren, um dort bei der Behörde ein Visum und einen offiziellen Einreisestempel zu erhalten. Das klingt nicht schlecht, hat allerdings einen gravierenden Schönheitsfehler: Es ist mit dem Rad unmöglich, diese Distanz in nur einem Tag zu bewältigen. Das heißt, wir verhandeln weiter und schinden für die 300 Kilometer lange Strecke eine Frist von sieben Tagen heraus. In Afrika ist vieles möglich, wenn man nur ausdauernd und beharrlich genug ist. Der Brief soll verfasst werden. Doch mittlerweile ist es Mittag und die Zöllner beginnen, aus Blechtöpfen ihr Mittagessen einzunehmen. Wir befürchten schon eine verlängerte Wartezeit, aber zu unserem großen Erstaunen bringt unser Betreuer, noch bevor er Pause macht, strahlend das neue Schreiben, welches besagt, dass die Botschaft in Dar es Salaam keine Visa-Aufkleber hatte und wir deshalb ohne Visum zur Grenze fahren mussten, dass es hier jedoch auch keine Visa-Aufkleber gibt und wir deshalb nach Mzuzu geschickt werden und man uns dort bitte das Visum ausstellen solle. Das Ganze ist natürlich ausreichend gestempelt und gezeichnet. Auch wir strahlen, verabschieden uns und können endlich losfahren.

Als es dunkel wird, erreichen wir einen kleinen, namenlosen Ort, der aus nur einer Häuserzeile entlang der Straße besteht. Es sind hauptsächlich kleine Hotels, Restaurants und Imbissbuden. Menschen laufen kreuz und quer und Busse parken am Straßenrand. Die Sonne geht gerade unter und im Nu ist es stockfinster. Straßenbeleuchtung gibt es keine. Das einzige Licht, das die Straße schwach erhellt, kommt aus den Häusern und ein paar der Standler haben an ihren Karren Lampen montiert, die von Autobatterien gespeist werden. In der Dunkelheit ist die Qualität der Unterkünfte schwer einzuschätzen. Nach einem langen Tag mit etlichen anstrengenden Höhenmetern und Fahrstunden sind wir erschöpft. Wir wollen nur noch die Räder sicher verstauen, etwas essen, uns waschen und ausrasten. Deshalb entscheiden wir uns rasch für eines der Hotels. In der Eingangsöffnung hängt ein Streifenvorhang aus Kunststoff, auf dem *Coca Cola* steht. Im Inneren ist alles weiß verfliest und strahlt im fahlen Neonlicht. Vom Innenhof aus führen schlichte Holztüren, die im Klinkenbereich schmuddelig grau sind, zu den Zimmern. Auch die scheibenlosen, vergitterten Zimmerfenster gehen in den Hof. Das Obergeschoß wird von rosa-verfliesten Säulen getragen. Es ist nicht ersichtlich, wo sich die Rezeption befindet. Und es ist niemand da, den man fragen könnte. Erst als wir zur Hintertür hinausschauen, entdecken wir eine Frau, die in einer Waschwanne auf dem Boden Wäsche wäscht. Als sie uns sieht, ruft sie einen Namen in die finstere Nacht. Aus der Dunkelheit hört man ein Schlurfen näher kommen und ein älterer Herr tritt ins Licht, das durch die offene Tür vom Innenhof nach draußen fällt. Er grüßt uns freundlich und weiß sofort, was wir wollen. „Wait me please, I get keys" (Wartet, bitte, ich hole Schlüssel), meint er und verschwindet über die schmale Stiege in den ersten Stock. Nach geraumer Zeit kommt der Chef des Hauses mit einer Handvoll Schlüssel zurück und öffnet uns ohne Eile eine Tür nach der anderen. Die Zimmer sind alle gleich und die Betten sehen bequem aus. Somit ist die Entscheidung schnell getroffen und wir schieben unsere Räder in eine der Kammern. Erschöpft lassen wir uns auf die Matratzen fallen. Die Bezüge sind schmutzig. Die Kopfpölster greifen sich fettig an und die Leintücher sind übersät mit fremden Haaren. Widerwillig mache ich mich erneut auf die Suche nach unserem Hotelier. Endlich gefunden, versteht er zwar nicht, was ich will, aber er schlurft mit mir zu unserem Zimmer. Wir zeigen ihm die schmutzigen Laken, er nickt und verschwindet. Es dauert lange, bis er wiederkommt, doch das Warten lohnt sich – er bringt zwei frische Garnituren Überzüge mit. Wir beziehen die Betten selbst. Endlich entspannen! Da klopft es an der Tür. Unsere Passdaten müssen in ein großes Buch eingetragen werden. Der Hausherr setzt sich an den kleinen wackeligen Tisch vor dem Fenster und beginnt in den Pässen zu blättern. „Wir können das für sie machen", werfen wir ein. „No problem!", mit einem breiten Lächeln wird unser Versuch, den Vorgang zu beschleunigen, im Keim erstickt. Er lässt es sich nicht nehmen, das Ausfüllen selbst zu erledigen. Name, Ausstellungsort und -datum, Gültigkeit, Adresse, Land, Familienstand, Geburtsdatum, … Wir möchten endlich unsere Ruhe, wollen aus den engen Radhosen schlüpfen, uns waschen, etwas essen. Wie lange dauert eine Ewigkeit in Afrika? – Sie dauert länger. Wir sollen bitte auch gleich bezahlen. Kein Problem, doch wie könnte es anders sein? – Es gibt kein Wechselgeld. Nach einiger Zeit steht der Hotelbesitzer wieder vor unserer Zimmertür, um uns das Restgeld auszuhändigen. Wir sinken gerade erschöpft auf die Betten, als es erneut an der Tür klopft. Mit einem entwaffnenden

Lächeln streckt uns der Hausherr Cola und Erdnüsse entgegen: *„Present for you!"* (Geschenk für euch!)

Die kleine Stadt Mzuzu liegt im nördlichen Drittel Malawis. Es gibt Radverkehr, es gibt Fußverkehr, doch es gibt kaum motorisierten Verkehr. Kinder spielen auf staubigen Plätzen. Erwachsene hocken am Straßenrand und schauen ihnen zu. Es ist Mittagszeit und der ohnehin entspannte Rhythmus des Lebens schaltet einen weiteren Gang zurück. Wir suchen und finden rasch eine Bleibe. Am nächsten Morgen sind wir zeitig bei der Pass- und Ausweisbehörde. Der Wartebereich ist voll mit Antragstellern. Einige haben Stapel von kreuz und quer übereinander gelegten Papieren in der Hand, andere wiederum nur den Reisepass. Die Frauen tragen bunte lange Kleider mit großen Blumen und Punkten. Die Männer bevorzugen ausgebeulte Anzughosen und helle Hemden. Wir fügen uns in die Schar der Wartenden ein. Am Schalter passiert erschreckend wenig. Oder man könnte auch sagen, man nimmt sich für die Kundschaft ausreichend Zeit. Der Dame mir gegenüber fallen die Augen zu. Ihr Nachbar schubst sie – sie ist an der Reihe. Mit ihrem Papierstapel in den Händen wird sie nach langer Diskussion abgewiesen. Wahrscheinlich fehlt noch ein Schreiben oder ein Stempel oder eine Unterschrift. Sie geht und wird sich vermutlich morgen aufs Neue anstellen.

Wir sind dran. Der Schalter ist so hoch, dass man auf Zehenspitzen stehen muss, um sein Gegenüber zu sehen. Der Beamte im Khakihemd wirkt gelangweilt. Ein dünner Schweißfilm auf dem Gesicht lässt seine dunkle Haut im Schein der Glühbirne, die über ihm hängt, glänzen. Hauchdünne Zettel, fast wie Seidenpapier, liegen überall herum. Sie haben alle einen Vordruck und auf den meisten sind mit Kugelschreiber Felder ausgefüllt. Der Beamte atmet tief aus und schaut uns fragend an. Hinter ihm lehnen schiefe Türme aus Papier an überquellenden Schränken, in denen Ordner in einem wilden Durcheinander gestapelt sind. Auf einem Tisch steht ein alter IBM Computer aus den Anfangszeiten der digitalen Technologie. Es ist der einzige PC im Raum und nicht in Betrieb. Wir bringen unser Anliegen vor, zeigen die beiden Behördenbriefe und unsere Pässe ohne Visum. Wortlos geht der Staatsdiener zu seinem Kollegen. Die beiden diskutieren und blicken dabei immer wieder in unsere Richtung. Dann legt man alles wieder vor uns auf das Pult und wendet sich dem nächsten Kunden zu. Was ist los? *„Wait me please."* Wir warten. Irgendwann, wir sind bereits seit Stunden hier, taucht ein neuer Kollege auf. Er nimmt sich unser an, lässt sich alles von vorne erklären und verschwindet schließlich mit unseren Pässen im Nebenraum. Bald taucht er wieder auf, und wir müssen pro Person zwei Anträge und eine Einreisekarte ausfüllen. Ach ja, und je zwei Passbilder sind erforderlich. Was für ein Glück, dass wir noch ein paar von den Fotos aus Dar es Salaam übrig haben. Sorgfältig legen

Kinder auf ihrem Schulweg

Warum nicht zwischendurch auch mal schieben?

wir alles feinsäuberlich ausgefüllt und gestapelt vor uns auf den Schalter. Ein Angestellter schnappt sich die beiden Stapel und verschwindet. Und es heißt wieder mit Geduld und Gelassenheit abzuwarten, was als Nächstes auf uns zukommt. Es ist die Rechnung in Form eines der erwähnten Seidenpapiere. Wir bezahlen umgerechnet fünfzehn Euro. Der Seidenpapierzettel flattert auf der anderen Seite des Schalters zu Boden und wir bekommen, ohne weitere Wartezeit, unsere Pässe ausgehändigt. Wir staunen nicht schlecht, als wir sehen, dass je zwei Visa eingetragen sind: Eines, das als ungültig markiert ist, für den Zeitraum von der Grenze bis Mzuzu, und das zweite, das ab sofort valid ist. Was für ein verschwenderischer Umgang mit den Visa-Aufklebern! Mit einem Bärenhunger verlassen wir das Amt. Es ist bereits später Nachmittag.

Durch das Erleben des afrikanischen Sich-für-alles-Zeit-Nehmens stellen wir die Hektik in unserer westlichen Kultur immer mehr in Frage. Wir werden in den Monaten, die wir durch den schwarzen Kontinent radeln, bewusst langsamer und geduldiger. Die Eindrücke, die wir in Afrika sammeln, lassen uns die Welt mit anderen Augen sehen und haben einen prägenden Einfluss auf unseren Reisestil. Wir versuchen, unsere „europäischen Uhren abzulegen", und beginnen, uns „afrikanisch Zeit zu nehmen".

Unter „Weiß-afrikanern"

---➤

Philipp

Von Sambia kommend, radeln wir durch den schmalen Caprivi-Streifen im Nordosten Namibias. Nach wie vor sind wir tief in Schwarzafrika. Frauen tragen Wasserkübel auf ihren Köpfen, Ziegenherden bevölkern die Straßen, Rundhütten stehen verstreut im lichten Buschwerk. Und die Armut ist allgegenwärtig. Wir treten kräftig in die Pedale und schenken dieser Szenerie keine sonderliche Beachtung – so vertraut ist uns dieses Straßenbild mittlerweile geworden: Schwarzafrika, wie wir es in den vergangenen sieben Monaten kennengelernt, akzeptieren und lieben gelernt haben.

Nachdem wir den Caprivi-Streifen hinter uns gelassen haben, stoßen wir an Namibias Seuchenzaun, der von West nach Ost quer durch das ganze Land verläuft und es förmlich in zwei Teile schneidet, die gegensätzlicher nicht sein könnten. Dieser Zaun wurde in den 1960er Jahren errichtet, um die von Büffeln übertragene Maul- und Klauenseuche unter Kontrolle zu halten. Heute ist diese Methode des Seuchenschutzes, die einen großen Einschnitt in das Ökosystem des Landes darstellt, veraltet und es werden Stimmen laut, die ein umweltfreundlicheres Wild-Management verlangen.

Wir fahren durch das Mururani-Tor, einen Durchlass in der hohen Barrikade. Auf der Südseite des Zaunes ist mit einem Schlag alles anders. Weißer Großgrundbesitz löst die schwarzen Hüttendörfer ab. Weder Wasser tragende Frauen noch Ziegenherden sind auf der Straße zu sehen, dafür brausen große Geländewagen an uns vorbei. Riesige Farmhäuser, zu denen man durch massive, wehrhafte Einfahrtstore gelangt, Supermärkte und Shoppingcenter bedeuten uns unmissverständlich: Wir sind im „weißen Afrika" angelangt. Schwarzafrika ist aus dem Blickfeld der Weißen gedrängt, in die Slums, die Ghettos, die Townships. In unserem Radalltag ist mit einem Mal alles „weiß". Wir sehen Weiße, wir sprechen mit Weißen, wir kaufen bei Weißen ein. Schwarze leeren die Abfallbehälter, kehren die Straßen und Parkplätze und schlafen nachmittags ausgestreckt auf den Wiesen der Parks. Wir haben kaum Kontakt zu ihnen. Nur die bettelnden schwarzen Kinder, die in Lumpen gekleidet sind, umringen uns vor dem Einkaufszentrum,

Durch das Mururani-Tor kommen wir in das „weiße Afrika"

Ungewöhnliche Schilder sind immer ein Foto wert; gefunden und liegen gelassen in Namibia

bei dem wir anhalten. Wir unterhalten uns mit ihnen und bringen sie durch kleine Späße zum Lachen, bis sie schroff vom Parkplatzwächter vertrieben werden und davonlaufen. Schick gekleidete weiße Menschen frequentieren das Einkaufszentrum und transportieren in großen Autos ihren Einkauf nach Hause. Vertraute, überall gleiche weiße Welt.

Die von einem Park mit hohen Bäumen umgebene Festung eines schmucken Örtchens beherbergt ein historisches Museum. Interessanterweise setzt hier die geschichtliche Darstellung Namibias erst mit dem Beginn der Herrschaft der Deutschen im ausgehenden neunzehnten Jahrhundert ein. Die Zeit davor wird nicht behandelt, obwohl, wie wir später nachlesen, die ältesten Felszeichnungen des Landes, in den Hundsbergen, 27.000 Jahre alt sind. Nach dem Besuch der Ausstellungsräume fragen wir die freundliche blonde Dame an der Kasse, ob es an der Außenseite des Museums eine Parkbank gäbe, auf der wir unsere Mittagsjause einnehmen könnten. „Parkbank? Nein, so etwas wollen wir nicht bei unserem Museum haben", antwortet sie belehrend. „Können Sie sich vorstellen, was hier ständig für schwarzes Gesindel herumlungern würde?" Nein, können wir nicht. Wir gehen und lassen uns auf einer Wiese im Park nieder. Unter dem Schattendach der hohen Bäume verbringen wir, sowie mehrere schwarze Arbeiter, eine erholsame Mittagspause.

Im „weißen Afrika" sind wir von Kommentaren, Aussagen und Ansichten der hellhäutigen Oberschicht gegenüber ihren schwarzen Mitmenschen oft schockiert und befremdet. Wir halten uns jedoch mit unserer Meinung meist zurück, wir hören zu und beobachten. Es ist spannend und teilweise surreal, die Gesellschaft der selbst ernannten Herrenrasse einer genaueren Betrachtung zu unterziehen. Vieles können wir nicht verstehen, doch versuchen wir, das „weiße Afrika", so gut es geht, zu akzeptieren. Dadurch erfahren wir die großzügige Gastfreundschaft der Weißen und bekommen Gelegenheit, ihre oft absonderlichen Ansichten kennenzulernen.

Am Ende eines extrem heißen, auslaugenden Tages stoppen wir bei einer kleinen Lodge mit Campingplatz. Die schicke Anlage gehört einer weißen kolonialdeutschen Familie. Hagere schwarze Arbeiter klauben Steine aus den Blumenbeeten und rupfen verdorrtes Gras aus den Zwischenräumen der Wegepflasterung. Sie grüßen uns nicht, als wir unsere Räder an ihnen vorbeischieben. Vielleicht, weil sie von Weißen normalerweise nicht beachtet werden. Die Lodge gehört Bärbel, einer achtzig Jahre alten Dame, und ihrer übergewichtigen Tochter Gisela. Die beiden sind begeistert von unserer Afrikadurchquerung: „Bei uns waren noch nie Radreisende, die durch ganz Afrika gefahren sind." Sie führen uns durch die parkartige Anlage, und wir entscheiden uns für ein schattiges Fleckerl, wo wir unser Zelt aufstellen wollen. Nach einer kurzen Unterredung mit ihrer Tochter

Endlose Zäune folgen
endlosen Straßen in
Namibia

Fotogene Köcherbäume lockern
das eintönige Landschaftsbild auf

meint Bärbel lächelnd: „Wir machen das anders. Ihr braucht nicht zu zelten, ihr bekommt ein Zimmer und müsst nicht bezahlen." Außerdem müssen wir versprechen, mindestens zwei Tage zu bleiben. Und Bärbel erklärt: „Damit ihr euch mal richtig erholen könnt. Ohne Neger überall." Haben wir soeben richtig gehört? Beim Verlassen des Zimmers ruft uns die alte Dame noch zu: „Zum Essen kommt ihr rüber ins Restaurant. Wir haben gute deutsche Küche! Ihr seid unsere Gäste!" An den folgenden Tagen unterhalten wir uns ausgiebig mit den beiden Frauen und erfahren, dass ihre Familie bereits Anfang des zwanzigsten Jahrhunderts in Namibia eingewandert ist und sie die zweite beziehungsweise dritte Generation in diesem Land sind. Sie sind überzeugt, dass nur durch den Fleiß der Deutschen das Land zur heutigen Blüte gekommen ist. „Der Neger hat keinen Arbeitswillen", meint Gisela entschieden. „Ihr braucht euch nur unsere Angestellten anzuschauen, die machen gerade das Nötigste und wollen auch noch Geld dafür." Wir trauen unseren Ohren nicht und können es kaum fassen, dass es tatsächlich einen so offen gelebten Rassismus gibt. An unserem letzten Abend werden wir gebeten, uns im Gästebuch zu verewigen: „Das könnt ihr gerne zum Schreiben mit ins Zimmer nehmen", meint Bärbel erst. Doch gleich darauf: „Halt! Das geht nicht, dann lesen es morgen beim Putzen die Neger. Nein, ihr müsst doch hier schreiben."

Immer wieder werden wir in Namibia und Südafrika von der Straße weg eingeladen und übernachten in den Gästezimmern der weißen Oberschicht. Oder man lässt uns auf geschniegelten Campingplätzen nicht bezahlen und spendiert uns noch ein Bier als Draufgabe. Weiß und Weiß versteht sich gut. Weiß bewundert uns und tut uns gerne Gutes, denn wir sind „Ihresgleichen". Wir werden in den beiden Ländern öfter, spontaner und großzügiger eingeladen als überall sonst auf der Welt. Die weiße Gastfreundschaft uns Weißen gegenüber ist enorm. Wir unterhalten uns viel mit unseren Gastgeberinnen und Gastgebern. Sie erzählen uns von ihrer Angst, dass das „schwarze Gesindel" doch irgendwann aufstehen wird. „Dann wird alles den Bach runtergehen", meint ein alter Farmer, der uns anhält und uns einen Sack frischer Pfirsiche schenkt. „Die Neger verstehen ja nicht, dass wir auch ein Leben lang für das, was wir besitzen, gearbeitet haben." Allerdings treffen wir keine schwarzen Großgrundbesitzer, keine Schwarzen in riesigen BMWs, keine Golf spielenden oder sich genüsslich in der Sonne aalenden Schwarzen. „Nehmt euch nur in Acht, wenn es dunkel wird", gibt uns der Großbauer noch mit auf den Weg, „die schwarze Brut mit den dicken Lippen ist gefährlich."

Am Strand des südafrikanischen Badeortes Arniston sind wir im pompösen Strandhaus der Familie Coertz zu Gast. Mutter Maria und Tochter Elli haben uns vor einem Supermarkt angesprochen und spontan zu sich eingeladen. Zwei Tage verbringen wir mit der vierköpfigen Familie in ihrem Urlaubsdomizil. Wir gehen mit der Jugend zum Surfen, Vater Johan chauffiert uns in seinem Strandbuggy durch den Ort, abends wird köstlich gespeist und es werden die besten Weine Südafrikas gereicht. Geld scheint keine Rolle zu spielen. Mit einem Glas exzellenten Cognacs in der Hand erklärt uns das Familienoberhaupt Johan, dass Schwarze in Südafrika im Schnitt mit nur einem US-Dollar pro Tag auskommen. „Wir Weiße können das nicht", meint er nachdenklich und schwenkt bedächtig sein Glas. „Ich habe drei Autos, vier Häuser, ich liebe gutes Essen und trinke teuer. Da muss ich logischerweise auch mehr verdienen." Und Tochter Elli fügt hinzu: „Es kann eben nicht jeder einen Mercedes fahren." Diese verblüffende, den Rassismus rechtfertigende „Logik" schockiert uns immer wieder aufs Neue. Und als ob es nicht schon genug wäre, legt Elli noch ein Schäuferl nach: „Die sind ja glücklich mit dem, was sie haben, sonst würden sie ja etwas ändern und richtig arbeiten. Aber das können die nicht. Das ist halt der Unterschied zu uns."

In Kapstadt sind wir im Haus von Andre und Kim, beide etwa fünfundvierzig Jahre alt, zu Besuch. Wir haben Andre bereits in Namibia kennengelernt, wo er uns zum Übernachten in sein Kanu- und Abenteuercamp eingeladen hat. Die beiden sind ein interessantes Paar. Kim ist ein alternativer Typ. Sie trägt langes, offenes Haar, bunte Blusen und Röcke und hat während der Apartheid für die Rechte der Schwarzen gekämpft. Andre ist ein ruhiger und zurückhaltender Typ und stammt aus einer erzkonservativen Familie. Sein Vater war Hitler-Fan. „Er trug aus Sympathie sogar seinen Schnauzbart im Führer-Stil", erzählt Andre und fährt fort: „Von Kindheit an wurde ich auf den Kampf vorbereitet". „Welchen Kampf?", fragen wir erstaunt. „Den Kampf gegen die Schwarzen und die Kommunisten. Früher wurden wir darauf gedrillt, die weiße Rasse mit allen nur möglichen Mitteln zu verteidigen, wenn es zur Revolte kommen sollte", klärt er uns auf. „Wir alle haben Waffen und Munition gehortet. Alle haben wir mit diesem letzten großen Kampf gerechnet." „Ich nicht", wirft Kim ein, „das habt nur ihr südafrikanischen Nazis so gemacht." Er lächelt sie an, „Stimmt. Aber damals gab es für mich nur derartige Kreise, in denen ich mich bewegte, und nur Blut-und-Rasse-Denken und -Handeln. Heute wehre ich mich dagegen." Andres neuer Kampf richtet sich nicht mehr gegen die Schwarzen und Kommunisten, sondern gegen das konservative Erbe seiner Kindheit und Jugend. Es ist ein Kampf gegen all jene Werte, an die er sein halbes Leben lang geglaubt hat. „In der Schule haben wir gelernt, dass die dümmsten Schwarzen in Südafrika leben. Warum? Ganz einfach, die Schwarzen wurden überall vertrieben und hier in Südafrika ging es einfach nicht mehr weiter. Das ist der Grund, warum sie eine schwache, dumme und heimatlose Rasse sind. So einfach war damals unsere Logik." Er lacht. Da wirft Kim ein: „Nur, damit es keine Unklarheiten gibt: Die weißen Südafrikaner sind natürlich nicht schwach

Für manche nur ein Schild, für andere eine Sitzgelegenheit

Noble Wohngegend an der Küste Südafrikas

und dumm, weil sie hierhergekommen sind, sondern stark, weil sie aus Europa kommen und dort bereits gelernt haben, hart zu arbeiten. Absurde Apartheid-Logik." Und Andre gibt noch eins obendrauf: „Wie wir alle wissen, ist Afrika die Wiege der Menschheit. Die Schlauen und Starken sind dann jedoch nach Europa gezogen. Daher ist Europa ja auch die Erste Welt." Er schaut in die Runde, dann fährt er fort: „Und wie ihr sicher erraten habt, ist der Abschaum in Afrika geblieben. Daher ist der Großteil des Kontinents „Dritte Welt". Nur dort, wo Weiße leben, nicht. Auch wieder logisch." Dann wird Andre nachdenklich und meint: „Könnt ihr euch vorstellen, dass uns Weißen in Südafrika Jahrzehnte lang diese „Wahrheiten" eingetrichtert wurden und wir davon überzeugt waren, dass es eine weiße Herrenrasse und eine schwarze Knechterasse gibt?" Er schüttelt den Kopf und fährt fort: „Und plötzlich ändert sich das politische System und du erkennst, dass das alles gar nicht stimmt. Dass alles, was du bisher gelernt hast und woran du geglaubt hast, falsch und nichtig ist. Da geht dann deine Welt unter", sagt er leise, „und mit ihr dein halbes Leben." Trotzdem ist Andre stolz darauf, dass er es schafft, umzudenken, dass er nicht, wie viele andere in diesem Land, im alten Denken stecken bleibt. Für ihn ist es harte Kopfarbeit, die er ohne die Hilfe seiner Frau Kim nicht vollbringen könnte.

Im Reich der Kängurus und Kookaburras

Valeska

Erlebnis Wald. Wo? Ganz im Südwesten Australiens, Bundesstaat Western Australia. In Perth schwingen wir uns auf die Fahrräder und verlassen die geschäftige Großstadt mit ihren gläsernen Wolkenkratzern, überfüllten Schaufenstern und gestriegeltem englischen Rasen. Raus in die Natur. Aber Vorsicht, Augen auf, denn Giftschlangen sonnen sich gerne auf der Straße!

Ein Radweg führt in die Hügel. Eukalyptuswald wächst dank Naturschutzmaßnahmen hier in fast ursprünglicher Form. Krumme Bäume mit abgebrochenen Ästen, daneben kerzengerade klassische Formen. Alle gekleidet in den Farben des Sommers: dunkles Grün, helles Waldmeistergrün, zartes Graublau, kräftiges Türkis. Die vom Tau feuchten Blätter glitzern in der Morgensonne. Noch ist es angenehm kühl. Kleine, unscheinbare braune Vögel suchen nach Futter im Unterholz aus Büschen, Farnen und scharfkantigem Schwertgras. Wind bringt die Blätter zum Rascheln. Aufgeschreckt fliegen schwarze Rabenkakadus in die Luft, lautes Krächzen über unseren Köpfen. Sie beäugen uns neugierig, bevor sie sich ein paar Baumkronen weiter auf dicke Äste setzen. Grüne Sittiche hingegen bleiben ganz gelassen. Junge Zedern, Eichen und Banksien bringen Vielfalt in die Artenliste, wobei zuletzt Genannte immergrüne Bäume und Sträucher sind, die zur Familie der nur auf der Südhalbkugel vorkommenden Silberbaumgewächse zählen. Es ist fast gespenstisch ruhig. Einzig unser angestrengtes Schnaufen durchbricht die Stille. Ein Schotterweg führt bergauf. Auf einer Lichtung, plötzlich – ein Känguru! Große Kulleraugen blicken uns an.

Mittagspause an einem kleinen Staudamm. Einladendes blaues Wasser, feinsandiger Strand. Schwarz-weiß gefiederte Magpies, wegen ihres lauten Gesangs auch Flötenvögel genannt, betteln um Picknickreste. Doch laut knatternde Motorboote stören die Idylle und lassen uns rasch wieder aufbrechen und tiefer in die Welt des australischen Waldes eintauchen.

Die Sonne steht hoch im Norden. Sommerliche Hitze trocknet das Land aus. Welke Blätter am Waldboden, zwischendrin ein paar strohige Grasbüschel. Vorbei an mächtigen, bis über 80 Meter hohen Baumriesen. Ein staunender Blick am Stamm entlang nach oben. Die silbrig-graue Rinde schält sich ab, glatte hell-orange Flächen kommen zum Vorschein wie eine neue Haut. Dieser Karri-Gigant *(Eucalyptus diversicolor)* ist möglicherweise bereits 400 Jahre alt. Er hätte uns sicherlich viel zu erzählen, wenn er könnte: Vielleicht vom Wind, der mehrere seiner Äste abgebrochen hat, von trommelndem Regen und peitschendem Sturm ... und von ständig drohenden Buschfeuern. Beim ersten sprangen durch die Hitze der Flammen die Samenkapseln auf. Geburt. Das nächste Feuer hat er nur knapp überlebt, viele seiner „Baumfreunde" wurden verzehrt. Spätere Buschbrände konnten ihm, als er schon ein mächtiger, alles überragender Baum war, kaum etwas anhaben. Doch dann kam ein gewaltiges Feuer, das ihn ausbrannte. Fast sein Tod. Heute noch eine Wunde: eine völlig verkohlte Höhle im Baumstamm. Zum Glück blieb seine „Sonnenseite" unversehrt. In den 1930er Jahren begann man, den Nachbarn des Riesen als Wachturm zu nutzen. Zwei Männer taten jeden Sommer ihren Dienst oben auf der luftigen Plattform. Sie schlugen Alarm, wenn Feuer und

Buschfeuer sind Teil des Kreislaufs ⱴ

Philipp klettert auf
einen Wachturm

Kein ganz einfacher Radweg

STEEP
DESCENT
AHEAD

Rauch gesichtet wurden. Heute klettern Touristen auf den Eisenstangen in die Höhe. Und Flugzeuge fliegen Feuer-Patrouillen.

Der Weg wird sandig und zwingt uns zum Absteigen. Schadenfroh lacht ein Kookaburra, thronend auf einem toten Ast. Dieses eigentümliche Gelächter, das einem menschlichen Heiterkeitsausbruch verblüffend ähnelt, ist sein Markenzeichen. Beliebt ist er bei den Australiern, weil er Unmengen an lästigen Insekten und giftigen Schlangen verspeist. Ein Stück weiter säumen hellgrüne, für uns exotisch anmutende Pflanzen den Pfad. Sie erinnern an kleine Hände oder Kängurupfoten und es scheint so, als würden sie sich nach den flauschigen, zart-weißen, Honigduft verbreitenden Eukalyptusblüten strecken.

Später Nachmittag. Die Zeit ist verflogen. Eine Lichtung bietet Platz für unser waldgrünes Zelt. Grasbäume stehen ringsum Wache. Etwas Fantasie formt ihre dicken, schwarz verkohlten Stämme und zotteligen Hippie-Frisur-Kronen zu kleinen Menschen. Katzenwäsche im nahen Bach und Wasser holen für die Campingküche. Wegen der Brandgefahr ist Benzinkocher statt Lagerfeuer angesagt. Stechmücken treiben uns ins Zelt. Dunkelheit schleicht sich an. Während sich die Vögel zurückziehen, kommt der strahlend helle Mond hervor. Stille. Reglos werfen die silbernen Bäume schwarze Schatten. Ein Känguru springt vorbei – ganz nah.

Und auch die Schlangen kehren kurz vor unserem Einschlafen zurück. Aber nur in unserer Erinnerung, als warnendes Symbol auf Schildern entlang des Radweges. In natura gezeigt haben sie sich uns bisher nicht.

Unsichtbarer Feind I

--->

Valeska

Die Nullarbor-Ebene. *Nullus arbor* bedeutet *kein Baum*. 1200 Kilometer führt der Eyre Highway von Norseman in Western Australia nach Ceduna in South Australia durch eine attributlose Gegend. Keine Orte, keine Stromleitungen, keine Zäune, keine Spuren von Zivilisation. Eine lange, öde Fahrt. Australier überwinden diese Distanz bevorzugt in einem Flieger. Touristen hingegen wählen die Straße. Vielleicht, um zu beweisen, dass sie die Strecke bewältigen können. Mit dem Fahrrad ist dies eine besondere Herausforderung: Elf Tage volle Kraft voraus gegen starken Wind.

Eukalyptuswald, olivgrünes Gebüsch, Ebenen mit krautartigen, salzliebenden Pflanzen ziehen vorbei. Und immer wieder Bäume. Die Bezeichnung *baumlose Ebene* scheint unpassend. Ich bastle an Alternativen in meinem Kopf: *Nullus zaunius, nullus stromleitius, Kein-Tag-ohne-Wind-Ebene, nullus deus* ... Sechs Jahre Latein und fast alles vergessen.

Fernlaster weichen vorbildlich aus. In Wohnmobilen fährt nach und nach eine Armee von älteren Leuten – einige samt ihren Schoßhündchen – vorbei und winkt freundlich. Unterhaltsam sind die Aufschriften auf den mitunter riesigen Fahrzeugen: *Midlife Cruise* (Vergnügungsfahrt im mittleren Alter), *Gipsy* (Zigeuner), *Sunchaser* (Sonnen-Jäger), *Itchy Feet* (juckende Füße, Fernweh), *Runaway Grandparents* (Ausreißer-Großeltern).

Landstrich der Extreme. Anfangs begleiten uns kühle Regenschauer durch die niedrigen Wälder. Sie bringen Gänsehaut und vor allem Gegenwind. Zäher Kampf gegen einen unsichtbaren Feind. Jeder Kilometer muss ihm abgerungen werden. Stundenschnitt und Stimmung sind im Keller. Wir gönnen uns eine Pause zum Verschnaufen unter einem Baum mit lichter Krone, die wertvollen Schutz gegen das Nass von oben bietet. Die Landschaft sieht zunehmend windgebeutelt aus. Niedrige Büsche neigen sich uns entgegen. Plötzlich ist weit und breit kein Baum mehr zu sehen, innerhalb von Stunden steigt die Temperatur auf über 45 °C, der Wind ist trocken und warm. Austrocknend. Wir verspüren brennenden Durst.

2

Im Nullarbor sind die
Distanzen groß

Gegenwind-Messung

Endzeit-Landschaft   Unentbehrliches Fliegennetz

Ringsum Endzeit-Landschaft. Verbrannte Grasbüschel auf kahler rötlich-brauner Erde. Verkohlte Baumstümpfe, vertrocknete Känguruskelette. Die Straße flirrt. Fliegen versuchen panisch, Feuchtigkeit in unseren Augen, Ohren und Nasen zu finden. Unbarmherziges Surren und Kitzeln. Sie lassen sich nicht abschütteln. Schluss! Es reicht! Keine Kraft mehr. Doch weitere endlose drei Stunden vergehen, bis wir ein *Roadhouse* erreichen.

Zwischen den Rasthäusern liegen bis zu 200 Kilometer. Sie sind seit Jahrzehnten Anlaufstellen für Leute, die unterwegs sind. Als die Straße noch nicht asphaltiert war und die Piste unendlich lang zu sein schien, konnte man dort schon kleine Werkstätten vorfinden und Benzin oder eine Mahlzeit bekommen. Noch früher waren diese Rasthäuser Versorgungspunkte für Kamel-, Esel- oder Pferdekarawanen, die Wolle von den Schaffarmen an die Küste transportierten. Hie und da kehrte ein hoffnungsfroher Goldgräber ein.

Wir betreten den klimatisierten Raum und kaufen viel zu teures Cola. Eine Zeit lang beobachten wir die spindeldürre Kellnerin mit großer Zahnlücke, wie sie jeden mit *„my love"* (mein Liebling) anspricht, staunen über die Möbel aus den 30er Jahren und wundern uns, wer all die verstaubten Souvenirs kaufen soll. Für

einen australischen Dollar können wir vier Minuten duschen. Um unsere Straßenschmutz-Sonnencreme-Mosquitospray-Schicht loszuwerden, bedarf es einer weiteren Münze. Saubere Haut – ein herrliches Gefühl, ein Highlight des Tages! Verlässlicher Wind trocknet unsere Wäsche, während wir einen Gemüse-Burger essen. Lebensmittel werden keine verkauft (*nullus einkaufus*), außer gefrorenem Toastbrot. Eine Packung für fünf Dollar. Umgerechnet fünfmal duschen. Wir nehmen trotzdem zwei Packungen mit, bevor wir das kühle Paradies verlassen und uns wieder in die hochsommerliche Realität stürzen. Sind es die wiederum angefüllten und daher schweren Wassersäcke oder noch stärkere Winde, die uns glauben lassen, am Stand zu treten? Müde suchen wir abends einen Platz zum Zelten. Fast hoffnungslos. Überall wimmelt es von Ameisen. Kein krabbeltierfreier Quadratmeter zu finden. Schnell entdecken sie den fleischigen Inhalt unserer Sandalen und beißen eifrig drauflos. Ein gnadenloser Tag geht ebenso gnadenlos zu Ende.

Nachts herrscht Windstille. Dieser Ausnahmezustand muss genutzt werden. 3 Uhr. Einpacken und los. Es ist kalt. Ein wunderbarer Gegensatz zu den glühend heißen Stunden tags zuvor. Wir genießen die Kühle der Nacht und kommen gut voran. Der Tacho zeigt 20 km/h. So schnell kamen wir schon lange nicht weiter. Die Straße saust unter uns dahin. Berauschend!

Was raschelt da im trockenen Gras? Ein rundlicher, pelziger Wombat trollt sich aus dem blendenden Licht der Taschenlampe. 5 Uhr. Bäume treten aus dem Schwarz der Nacht. Erst grau, dann farbig. Dazwischen springen unzählige Kängurus sanft und leise, als ob sie niemanden wecken wollten. Einige trinken aus kleinen Pfützen auf der Straße. Zwischen dem Gebüsch blitzt es orange-braun auf. Zwei Dingos spähen neugierig in unsere Richtung. Der größere hält stolz ein Kaninchen im Maul. Die Sonne steigt rasch am Himmel empor und vertreibt die Lebendigkeit des Morgens. Dominiert den Tag mit Hitze und Grellheit. In knalligem Gelb warnt ein Straßenschild vor Kamelen, Kängurus und Emus auf der Straße. Kamele? Hier? Auch Emu haben wir noch keinen gesichtet. Ehrlicher wäre eine Tafel, die vor Fliegen, Ameisen und Mücken aller Art warnt. Das würde in den Touristenbroschüren wohl nicht allzu gut ankommen.

Nach über einer Woche sehen wir die ersten Zäune. Farmland links und rechts der Straße. Abgeerntete Felder, trockene schwarz-braune Weideflächen, schmutzige, trostlos graue Schafe. Man kann sich kaum vorstellen, dass die Wiesen hier jemals grün sind. Wind wirbelt Staub auf und tobt über die Weite. Gegen(d)wind. Wieder überrumpelt uns ein Wetterwechsel, Abkühlung auf 17 °C und Regen. Was für ein Temperatursturz! Durchnässt erreichen wir den kleinen Ort Ceduna, das offizielle Ende der Nullarbor-Ebene. Am Campingplatz gibt es Hütten zu

Kängurus in der Morgendämmerung

mieten – mit Heizstrahler und Kühlschrank. So lässt sich das Morgen ertragen, egal ob uns Kälte oder Hitze bevorstehen. Ein Tag Ruhe. Hinter vier Wänden, den Wind, die Ameisen und die Fliegen sperren wir raus ... *nullus ventus ... nulli ameisi... nulli fliegi.*

Es herbstelt

Valeska

Während in Österreich erste Blumen sprießen und es nach Sommer zu duften beginnt, radeln wir durch die australischen Bundesstaaten Victoria und New South Wales, wo gerade der Herbst Einzug hält. Bunte Blätter fallen, Weingärten sind abgeerntet und die sonst überfüllten Picknickplätze leergefegt. Man räumt alle *barbies*, die australischen Griller, in die Garagen und sammelt die begehrten Macadamianüsse. In einem kleinen Café schlürfen etliche Leute ihren *morning tea* (Vormittags-Tee). Auch uns wärmt er nach einer herbstlich feucht-kalten Zeltnacht.

Wir besuchen Christine und Ross, ein ebenfalls begeistertes Radlerpärchen. Die beiden wohnen idyllisch am Waldrand. Unfreundliche Kälte treibt Spinnen ins wohlig warme Haus. Oh du Schreck! Da sitzt ein handflächengroßes Exemplar auf

Der Herbst beginnt ▾

der Küchentür. „Ach, die ist harmlos. Gefährlich sind kleine schwarze mit weißem Hinterteil. Die tauchen hier aber selten auf", erklärt Christine ermutigend. Trotzdem habe ich ein mulmiges Gefühl beim Öffnen der spinnenverseuchten Tür. Zum Frühstück essen Christine und Ross Toastbrot mit Vegemite, einem pikanten schwarzen Brotaufstrich mit Kultstatus. Für den durchschnittlichen europäischen Gaumen ist dieser Hefeextrakt allerdings ungenießbar. Umgekehrt wiederum erntet unser Nutellaglas geringschätzige Blicke. Doch alle gemeinsam genießen wir Milo, einen hochrangigen Favoriten unter den australischen Tea Time-Getränken. Ritualmäßig schlürft man diesen Malzkakao durch ein üppiges Schokoladenkeks, am besten von der Sorte Tim Tam. Himmlisch. Feuer flackert und Holzscheite knistern im Ofen, Regenschauer prasseln gegen die Glasscheiben. Lauschiges „zu Hause". Vor dem Fenster zwei Kängurus. Mutter mit Kleinem. Joe, so werden alle jungen Kängurus genannt, springt wild hin und her, bevor es – schwupps! – im Beutel seiner Mama verschwindet.

Wir radeln in dünnen Windjacken und träumen von Winterausrüstung, die im Moment in unserem Gepäck fehlt. In der Ferne erheben sich die Snowy Mountains. Überraschenderweise liegt bereits Schnee auf den Bergen und vor uns eine steile Passstraße. In Thredbo Village, dem australischen Miniatur-Innsbruck, erwartet uns in der Happy Wanderer's Lodge eine heiße Dusche. Am sonnigen nächsten Tag wandern wir durch Schnee – in unseren guten alten Fahrradsandalen – auf den höchsten Berg des Kontinents, den 2228 Meter hohen Mt. Kosciuszko. Alpin zeigt sich die Gipfelregion mit niedriger Vegetation, abgerundeten grauen Granitfelsen und kühlen Karseen. Kinder liefern sich begeistert Schneeballschlachten, für die meisten wahrscheinlich das erste weiße Wunder, das sie erleben. Kitschiges Bergpanorama. Rechtzeitig zum *afternoon tea* (Nachmittags-Tee) sind wir zurück im Dorf. Steve, der freundliche und eigentlich schon pensionierte Lodge-Manager, hat scones für uns gebacken. Wir verzehren das relativ trockene Milchgebäck unkonventionell mit Schlagobers und Orangen-Bananenmarmelade. Beim Tee in Schlafloser-Nacht-Stärke erzählt Steve von früher, als es noch keine Schilifte gab.

Vom Gebirge runterrollen. Kontrastprogramm für die nächsten Tage: Sydney.

Die am Rand eines herrlichen natürlichen Hafens gelegene Großstadt hat ein besonderes Flair. Nicht hektisch, sondern unbeschwert, lax und mulitkulturell. Vor dem berühmten Opernhaus wimmelt es von Touristen aus aller Welt. Traditionell bemalte Aborigines musizieren, tanzen und posieren breit lächelnd in einer Gruppe für Fotos. Ob sie das gerne machen? Ruhe wohnt im Botanischen Garten nebenan, bis auf eine Ecke, wo zahlreiche Flughunde lärmen. Kopfüber hängen die großen Fledermäuse in den Bäumen und unterhalten sich schreiend. Am Abend

Am Trampelpfad auf
Australiens höchstem Berg

Mit Steve in der Happy
Wanderer's Lodge

Ankunft in Sydney · Show in der Fußgängerzone

Herbst in Victoria

Küstenlandschaft im
Südosten Australiens

geben U2 ein Konzert im IMAX Kino. Riesenleinwand und 3D-Effekt. Es ist, als wären wir live dabei. Anschließend auf ein Bier nach Darling Harbour, ein ehemaliges Industrie- und Schifffahrtszentrum, heute Unterhaltungs- und Shoppingkomplex. Bunt beleuchtete Lokale laden mit Heizlampen zum Sitzen im Freien ein, obwohl feuchtkalte Nebelschwaden durch die Gassen wabern.

Unsere Großstadtgelüste sind rasch gestillt. Newcastle lautet unsere nächste Kontaktadresse. Wir rufen an, um die ungefähre Zeit unseres Eintreffens bekanntzugeben. Die Frage: „Wollt ihr irgendetwas Spezielles zum *Tea*?" überrascht. Sollen wir zwischen Pfefferminz- und Schwarztee wählen? Nein, mit *Tea* ist diesmal – verwirrenderweise – das Abendessen gemeint, eine Entscheidung soll zwischen Steak oder Gemüsecurry getroffen werden. Nichts leichter als das.

Wir ziehen weiter entlang der Ostküste Richtung Norden, um dem Winter zu entfliehen. In glitzernden Lagunen baden elegante schwarze Schwäne und plumpe Pelikane. Surfer paddeln in Trockenanzügen im Meer vor spektakulärer Felsküste aus rotem Sandstein und meilenlangen Sandstränden. Plötzlich werden wir von drei Jungs auf Fahrrädern überholt, ihre Surfbretter haben sie schneidig unter den Arm geklemmt. Durch den kleinen Ort namens Tea Garden fließt ein breiter Fluss ins Meer, im Mündungsbereich tummeln sich Hausboote. Fischer tragen warme Kappen, Frauen spazieren in Winterstiefeln. U2 singen aus dem kleinen Lautsprecher unseres MP3-Spielers: „*It's a beautiful day ...*" (Es ist ein schöner Tag ...).

Von Wasserloch zu Wasserloch

Philipp

Wir schauen in das gemütlich knisternde, hell flackernde Lagerfeuer. Rundum die einsame Weite des australischen Outbacks. Das dunkle Wasserloch vor uns, das Teil eines austrocknenden Flusses ist, reflektiert den Schein der Flammen. Gespenstische Schatten tanzen um unseren Lagerplatz. Die Nacht ist kalt, doch unser kleines Feuer spendet angenehme Wärme. Insekten werden durch den hellen Schein angezogen. Spinnen krabbeln aus dem Unterholz hervor. Eine Gottesanbeterin und ein paar kleine braune Skorpione schauen vorbei. Wir haben jede Menge zu tun, um die Tierchen vor dem Selbstmord in den Flammen zu retten und wieder zurück in den australischen Busch zu schicken. Wir trinken heißen

Ein Lagerfeuer gehört zum
Kampieren einfach dazu

Tee. Zu essen gibt es auf Löffelformat kurzgerissene Spaghetti mit angeröstetem Knoblauch, Sonnenblumenkernen, getrockneten Tomaten und Olivenöl. Schon seit Tagen ist das unser Standardgericht.

Bei unserem letzten Einkauf in der Kleinstadt Kununurra hatten wir sehr auf Gewicht und Volumen geachtet, denn auf der Gibb River Road im Nordwesten Australiens, einer 800 Kilometer langen Sandpiste, gibt es so gut wie keine Versorgungsmöglichkeit. Nur das Mount Barnet und das Imintji Roadhouse liegen etwa auf halber Strecke. Dort bekommt man zwar das Allernötigste und kann einen Kaffee trinken, aber richtig einkaufen kann man nicht. Als wir in Kununurra starten, haben wir Lebensmittel für zehn Tage dabei. Vorräte für weitere zehn Tage schicken wir in einem Paket mit einem Touristenkleinbus nach Mount Barnet voraus.

Wir legen Feuerholz nach. Funken schwirren in den Nachthimmel. Durch die lichten Kronen der Palmen und Eukalyptusbäume blicken wir in den endlosen Sternenhimmel der südlichen Hemisphäre. Vier helle Sterne fallen uns auf, sie bilden das bekannte Kreuz des Südens. Grillen zirpen ihr ewiges Lied in die dunkle Nacht und Frösche quaken in entfernten Tümpeln.

Es ist Juni, Trockenzeit im Norden Australiens. Die ideale Saison, um diese Strecke zu befahren, denn in der Regenzeit ist die Gibb River Road durch das Anschwellen der Flüsse nicht passierbar. Jetzt führen die meisten Flussläufe zwar noch Wasser, jedoch so wenig, dass wir sie mit den Rädern gut furten können. Durch den niedrigen Wasserstand sollten die Salzwasserkrokodile, die in der feuchten Jahreszeit flussaufwärts wandern und mit denen schon Crocodile Dundee bekanntlich seine Probleme hatte, bereits Richtung Küste gezogen sein.

Die Piste wurde in den 1960er Jahren gebaut, um Schlachtvieh von den entlegenen Farmen der Kimberley Region in den Ort Derby an die Küste zu bringen. Heute sind deutlich mehr Touristen in Geländewagen als Viehtransporter unterwegs. Doch manchmal kommt uns ein mit Rindern beladener Roadtrain, die über fünfzig Meter lange australische Variante des Sattelschleppers, auf der schmalen Straße entgegen. Das Monster donnert mit voller Geschwindigkeit auf uns zu. Wer schwächer ist, muss Platz machen – also wir. Als Dank dafür finden wir uns in einer dichten Wolke aus feinem gelbrotem Staub wieder. Für Radreisende wird sehr selten gebremst, hier und im restlichen Australien. Wir lernen jede Menge offene, gastfreundliche, locker-lustige Australier kennen. Wenn Australier jedoch in einem Auto sitzen, werden viele bei einer Begegnung mit uns zu nicht-denkenden Egoisten, die sich rüpelhaft verhalten und durch rücksichtslose Fahrweise

Eine der Furten auf der Strecke

Mit Vollgas kommt dieses Monster auf uns zu

auszeichnen. Verärgert schimpfen wir hinter jedem Fahrzeug her, das Steine und Staub aufwirbelnd an uns vorbeifegt.

Nach einer ruhigen, kühlen Nacht kriechen wir aus unseren Schlafsäcken. Der Himmel ist in helle Orange- und Gelbtöne getaucht, bis die Sonne über den Horizont blinzelt. Wind bläst durch das schüttere Blätterdach über uns und schnell klettert die Sonne höher. Haben wir einmal unseren paradiesischen Schattenplatz am Fluss verlassen, sind wir wieder der Hitze ausgeliefert. Teils ist die Gibb River Road eine Wellblechpiste, teils ist sie sandig und an einigen wenigen Stellen sogar gut befahrbar. Sie verläuft über sanfte Hügel, und trockenes Grasland breitet sich um uns aus. Vereinzelt stehen Bäume in der weiten Landschaft. Es dauert nicht lange und schon klettert das Thermometer wieder auf ungemütliche 30 °C. Erfrischende Abkühlung bieten die kleinen Bäche und Flüsse, die wir passieren und an denen wir abends unser Nachtlager aufschlagen. Entlang der Wasserläufe ist die Vegetation üppig, fast tropisch. Es sind kleine grüne Oasen im staubtrockenen Umland. Das glasklare Wasser bildet hier Pools, die verführerisch zum Baden einladen. Wann immer sich die Gelegenheit bietet, reißen wir uns die Kleidung vom Leib und stürzen uns in das kühle Nass.

Unzählige kleine Stichstraßen und sandige Nebenwege bringen uns zu grandiosen, tief in das Gestein eingeschnittenen Schluchten. Wir durchwandern die engen Klammen, in denen wir des Öfteren große „Planschbecken" und Wasserfälle finden. Es ist ein richtiges Märchenland.

Mit allen Umwegen benötigen wir acht Tage bis zum Mount Barnet Roadhouse. Der Besitzer begrüßt uns mit einer Gleichgültigkeit, die den meisten Outback-Australiern zu eigen ist. Er stellt keine Fragen. Unser vorausgeschicktes „Fresspaket" hat er jedoch aufgehoben und holt es aus seinem Lager. Wir kaufen ihm Cola und Schleckeis ab, setzen uns in den Schatten seines Hauses und füllen unsere Radtaschen mit neuem Proviant.

Die Strecke führt nun durch leicht hügeliges, offenes Weideland. Immer wieder treffen wir auf große Rinderherden. Den meisten Respekt flößen uns die mächtigen, grimmig aussehenden Stiere ein. Manchmal stehen sie mitten auf der Fahrbahn und blockieren unser Weiterkommen. Versuchen wir sie mit Zurufen und Lärm zu vertreiben, beginnen sie zu schnauben und sehen uns missmutig an. Still warten wir, bis sie sich dazu entschließen, uns den Weg freizugeben – so eilig haben wir es doch nicht.

Am letzten Tag auf der Gibb River Road bremst ein uns entgegenkommender, elendslanger Roadtrain. Staubend und schnaufend bleibt das Ungetüm vor uns

Unterwegs auf sandigen Wegen   Paradiesisch ▽

stehen. Wir halten an. Der etwa 40-jährige Fahrer mit rundem Gesicht und Schnauzer klettert aus seiner Kabine und kommt auf uns zu. Er trägt knöchelhohe Schuhe, Socken und kurze Hosen, eine langärmlige gelbe Arbeitsjacke spannt sich um seinen schwabbeligen, dicken Bauch. Gibt es Ärger? Mag er keine Radfahrer auf „seiner Straße"? Wir stellen uns auf ein Grundsatzwortgefecht ein. Aber es kommt anders: „Es tut mir leid, ich musste einfach stehen bleiben und euch aufhalten", beginnt er zu reden, während er uns freundlich die Hände schüttelt. „Ich bin mit meinem LKW seit Jahren in ganz Australien unterwegs und immer wieder sehe ich Radfahrer. Und jetzt ihr, hier in dieser gottverdammten Wüste, wo es mir sogar mit dem Truck langweilig ist." Während er interessiert unsere Räder betrachtet, spricht er kopfschüttelnd weiter: „Was ich Leute wie euch schon immer fragen wollte" – jetzt hören wir mit gesteigerter Aufmerksamkeit zu und sind gespannt – „warum macht ihr das um Himmels Willen?"

Vergesst nicht aufs Beten!

-->

Valeska

Ich sitze in Nordfinnland in einem Internet-Cafe. Nass klebt die angeblich wasserfeste Kleidung auf der Haut. Mein trübes Gemüt wird beim Lesen einiger E-Mails etwas heiterer. „Nun seid ihr schon auf großer Reise! Viel Glück, starke Arm- und Beinmuskeln, nur nette Reisebekanntschaften, mehr Sonne und weniger Regen wünschen euch Genoveva und Familie." Und Holger schreibt: „Ich hoffe ihr macht nicht schlapp! Die paar Kilometer schafft ihr noch :-)." Naja, die „paar" sind eigentlich „ein paar tausend". Wir erreichen pünktlich zur Olivenernte und zum Orangenpflücken das Mittelmeer. „Hätte nie gedacht, dass man in so (relativ) kurzer Zeit ohne treibstoffbetriebenes Fortbewegungsmittel bis Griechenland kommt! Dix Bussl, Eva!" Unser Kurs geht nach Afrika. „Servus ihr Schnellen! Da seid ihr schon richtig weit gekommen. Und wie ist es so da unten? Wird es nicht langsam heiß in euren Schlafsäcken?", fragen Stefan und Christine. Allerdings müssen sie lange auf eine Antwort warten, da wir bestenfalls in den afrikanischen Hauptstädten eine Internetverbindung finden. Wir überqueren den Äquator. „Liebe Rad-Abenteurer! Als ich mit meiner Nichte im Flugzeug über Kenia nach Johannesburg unterwegs war und aus dem Fenster ein gewundenes Wadi sah, meinte ich: Siehst du, das ist der Äquator! Sie antwortete pfiffig: Ach ja – stimmt! Die Frau vor uns blickte zweimal zu uns zurück und meinte dann: Meinen Sie das im Ernst? Sagte ich: Ja, warum? Herzliche Gratulation zum Erreichen des nullten Breitenkreises! Grüße vom alten Geo-Lehrer Rupert."

Von allein geht es nicht immer. Neben den vielen persönlichen Kontakten mit interessanten Menschen entlang der Route sind es vor allem E-Mails und Einträge auf unserer Homepage, die uns aus leichten Motivationstälern ziehen. Diese Zeichen der Anteilnahme verbinden uns mit alten und neuen Freunden zu Hause oder irgendwo auf der Welt.

„Respekt vor eurer großartigen Leistung! Ich wünsche euch, dass Ihr euer Ziel erreicht und mit eurer genialen Homepage viele Menschen ansprechen könnt, über andere Kulturen, den Luxus der Langsamkeit und die Unwichtigkeit des Krimskrams nachzudenken, mit dem wir uns so zuschütten", schreibt Ursl. Und Uwe

Immer liegen ein paar tausend Kilometer vor uns

In Europa wünschen wir uns besseres Wetter

VOR UNWETTER
UND HAGEL
VERSCHONE UNS
O. HERR

ERNEUERT VON
DER PFARRE
WENZERSDORF
ZWENTENDORF
IM JAHRE 1984

▲ **Wir erreichen den Äquator!**

bemerkt: „Für mich bodenständiges Landei ist das zwar nichts, aber mit umso größerem Vergnügen besuche ich eure Homepage!" Es tut gut zu wissen, dass der eine oder andere auf unserer Webseite schmökert. Wenn wir an einem radfreien Tag an der Homepage arbeiten, stundenlang Bilder hochladen und Texte verfassen, klärt die Sinnfrage Tante Pe: „Es ist wirklich schön, eure Berichte zu lesen." Eva kommentiert unsere Reisenews: „Die Seite mit den Superlativen find' ich gut! Aber Philipp, ein 11:4 im Hinblick auf platte Reifen … Zzz! Besser aufpassen, Bua!" Wird gemacht.

Wunderbar, wenn wir merken, dass es uns anscheinend gelingt, ein bisschen zu inspirieren: „Ich finde es großartig, dass ihr beide eure Leidenschaft zum Beruf gemacht habt und gemeinsam unternehmt, was euch Freude bereitet. Die zurückgelegte Strecke eurer Reise ist mir oft Motivation, meine eigenen Ziele mit der gleichen Leidenschaft und Beharrlichkeit zu verfolgen. Angie."

113

Unterwegs kreist Positives in meinem Kopf: „Freu mich, dass ihr den Mut zum Abenteuer so lebt. Wünsche euch, dass eure Sehnsüchte sich erfüllen und ihr gesund zurückkommt – ein viel weniger radelnder Grazer". Und auf heißer, staubiger afrikanischer Piste, versuche ich Gerhard zu glauben: „Bin sicher, ihr zieht das durch!" Ich schwitze, keuche und grolle Wolfi, dessen E-Mail mit „Hallo Schnaufdies!" beginnt. Her mit anderen Gedanken: „Vor 50 Jahren war ich mit einem uralten DKW bis nach Griechenland und auf abenteuerlichste Weise nach Oberägypten unterwegs, aber was ist das gegen eure Weltumrundung? Meine 70er-Beine würden da sicher nicht mehr in einer vernünftigen Zeit mittun. Was ist schon vernünftig? Eine Vision zu haben und sich diese erfüllen, kann es etwas Schöneres geben? Wenns ganz schön ist oder sehr hart wird, vergesst nicht aufs Beten! Hubert." Gebetsmühlenartig geht es mir durch den Kopf: „Lang lebe die milchsäurefreie Wade, der Rückenwind, das leichte Gefälle in Fahrtrichtung und die schlaglochschüttelresistente Blase! Lacht den Elementen (Wind, Regen) und deren fiesen Kumpanen (Milchsäure, Gegensteigung und Schlagloch) weiterhin heldenhaft ins Gesicht! Alex." *Good old* Alex aus unserer Heimatstadt Graz. Er hat uns sogar ein paar Kilometer begleitet – *with a good old* Waffenrad.

Die Zeit „verrollt". „Lieber Philipp! Auf dass du im neuen Lebensjahr auf mindestens genau so viel, wenn nicht mehr Radkilometer kommst, Bernd." Wir heiraten, Rainer gratuliert uns: „Mögen sich eure Wege für die restlichen Kilometer nie außer Rufweite begeben! Den Traum der Gemeinsamkeit mit diesem Projekt zu verbinden, finde ich einmalig!" Es weihnachtet. „Freundliche Adventgrüße aus dem feuchtkalten Berlin nach Südafrika. Eigentlich wollte ich euch einen symbolischen Tannenzweig senden, aber der Bildanhang will nicht klappen. Denkt euch also einen Tannenzweig mit einer Kerze und frisch gebackene Weihnachtskekse. Sabine und Dietmar." Wir versuchen es. Schon läuft uns das Wasser im Mund zusammen, doch weit und breit keine Weihnachtskekse in Sicht.

Wir radeln durch australische Buschlandschaft. Eintönigkeit und Weite bekommen eine neue Dimension. Ich habe keinen Biss. Ein Homepage-Eintrag reanimiert den müden Geist: „Da die Reise ja sicher so ihre Höhen und Tiefen hat, wollte ich euch eigentlich nur viel Glück und noch mehr Motivation wünschen! Euer neuster Fan, Lex." Danke! Dann auch noch Regenwetter an der Ostküste: „Wenn ihr beide schon so traurig in die Kamera schaut, vielleicht nützt es euch zu wissen, dass wir in der Heimat euren Ritt über die Kontinente durchaus gespannt und mit Stolz verfolgen. Alles Gute und bald besseres Wetter in und um Sydney", lässt Stefan ausrichten.

Zurück in Perth. Geschafft. „Erst mal Glückwunsch zur Australien-Runde! Jetzt der Blick nach Indien: dreimal tief ein- und ausatmen und ein ganz langes

Ab und zu beten wir   Hält Regen wenigstens jung? ∀

THE END OF
DANGEROUS ZONE

▲ Die Gefahrenzone liegt hinter uns

Ommmmm. Den Rest schüttelt ihr ab, indem ihr einfach wie immer eure Dura-cell-Beinchen strampeln lässt", schreiben Stefan und Christine. Und so manch einer hat gute Ideen für unsere Reise durch Indien: „Mit ein wenig Kleingeld mietet ihr euch einen Elefanten, packt eure Drahtesel drauf und lasst euch bis zur nepalesischen Grenze tragen. Da Ihr schon Schiff-Erfahrung am Nordpol habt, kann euch der Passgang des Elefanten sicherlich nicht über Gebühr beanspruchen, so-dass Ihr eurem Ziel emissionsfrei zu reisen, trotzdem gerecht werdet", argumentiert Maxi überzeugend.

„Passt auf euch auf und habt viel Freude! … Gutes Weiterkommen. … *Live your dreams!* … Wir denken oft an Euch. … *Take care!* … Gut Rad! … Schlauch ahoi! … *Besos y abrazos!* … Fahrt vorsichtig und seid glücklich!"

Radfahren ist kuh-l!

-------------------------------------->

Valeska

Wer am lautesten hupt, gewinnt beziehungsweise überlebt. Das ist die Verkehrsregel Nummer Eins auf Indiens Straßen. Alles fährt buchstäblich kreuz und quer. Überladene Lkw, klapprige Busse, kleine Pkw, Motor-Rikschas und Pferdekutschen. Überholt wird am liebsten in Dreierreihen, in der Kurve. Erstaunlicherweise geht es sich meistens irgendwie aus. Über die Kreuzung rollt ein Bettler. Er hat keine Beine, deshalb sitzt er auf einem Brett mit alten Kugellagern als Räder, das er mit den Händen vorwärts bewegt. Durch Straßenstaub und Schmutz. Wasserbüffel werden an ihm vorbei auf ein Feld geschoben. Er ruft „Happy journey!", als wir auf unseren bepackten Fahrrädern vorüberfahren. In jungem Grün leuch-

Auf Indiens Straßen ist
100%ige Konzentration gefragt

▲ Gut beladen

Immer besser klappt
das Essen mit den Fingern ▼

ten Reisfelder, auf denen schneeweiße Kuhreiher herumstaksen. Manche von ihnen thronen hoch in den Bäumen. Eine Gruppe von Bauern steht knöcheltief im matschigen Feldboden und ist vertieft in die Arbeit, wir bleiben ausnahmsweise unbemerkt. Keiner hebt den Kopf für den Eisvogel, der im Flug seine schönen, strahlend blauen Schwungfedern zur Schau stellt.

In Kochi: Einladung bei Priya und Jayesh. Es hieß „zum Abendessen", also sind wir um 20 Uhr da. Serviert wird gegen 23 Uhr – ganz schön spät, wenn man tagsüber hundert Kilometer geradelt ist. Es gibt *Chapati* (dünnes rundes Brot) mit *Dhal* (Linsengericht), *Alu Gobi* (Kartoffel-Karfiol-Gemüse) und *Palak Paneer* (indischer Käse mit Spinat). Kardamon, frischer Ingwer und Chili fehlen in keinem der Gerichte. Reis, den wir dringend zum Neutralisieren unserer brennenden Mägen brauchen, wird etwas später gereicht. Priya hat die Reiskörner in den Farben der indischen Flagge eingefärbt – grün, orange, weiß. Nicht aus Patriotismus, sondern aus Lust am Spielen mit Lebensmittelfarben. Wir werden ausgelacht, weil wir Reis und Saucen nicht so geschickt mischen, kneten und mit dem Daumen aus der rechten Hand in den Mund schubsen. Bei uns dauert das etwas länger. Doch Übung macht den Meister und ein paar Wochen später will uns das Essen mit Besteck nicht recht schmecken.

Coimbatore. 7 Uhr morgens, die Hähne haben erst gekräht und schon liege ich in einem halbdunklen Raum und lasse eine Ayurveda-Ganzkörpermassage mit Kräuteröl über mich ergehen. Ayurveda – das aus dem Sanskrit stammende Wort bedeutet *das Wissen vom Leben*. Diese traditionelle indische Heilkunst ist ein holistisches medizinisches System, da großer Wert auf die Harmonie von Geist, Körper und Seele gelegt wird. Zur Herstellung ayurvedischer Mittel werden neben einheimischen Pflanzen auch Dung und Urin von Rindern verwendet. Meine Masseurin ist eine sehr zierliche Frau in einem eleganten weinroten Sari. Sie spricht kein Englisch, wackelt aber freundlich mit dem Kopf, wie es in Südindien üblich ist. Sie schmiert mich mit Kräuteröl ein und knetet mit ihren kleinen Händen kräftig meine müden Radlerinnenmuskeln durch. Gerade beginne ich mich zu entspannen, da rülpst sie lautstark in den hallenden Raum. „Indien-Feeling" pur.

Freitag in Udupi, im Krishna Tempel. Gläubige kommen in Scharen gepilgert und schieben sich in einer dichten Schlange um bunte Götterstatuen. Darunter wir, zwei Neugierige. Ein herber Geruch von Räucherstäbchen und Urin füllt die Gänge. Mehrere Tempelpriester sind damit beschäftigt, die Götterbilder symbolisch zu baden, zu füttern und zu kleiden und Wünsche der Pilgerinnen und Pilger in Gebeten vorzubringen. Blumen, Reis und Zucker werden geopfert. Angebaut an den Tempel ist ein großer Kuhstall. Wieder eine Erfahrung mehr – ich bin

Tempel in Udupi

Dieser Mann lässt sich von einem Elefanten segnen

noch nie zuvor barfuß durch einen Kuhstall gelaufen! Aber Kühe sind in Indien heilig. In den alten Hinduschriften kommt die Kuh als Göttin vor, Verkörperung der Erde, der Mutter. Die Kuh ist ein Symbol der Fürsorge und Lebenserhaltung. Millionen Inder verwenden den Dung der Tiere, die auch das wichtigste Zugtier in der Landwirtschaft sind, als Brennmaterial für das tägliche Kochen sowie zum Bau von Häusern. Für mich sind in diesem Moment die stickige Luft, die Menschenmenge und der Stallgeruch zu viel. Am Hinausstürmen hindert mich plötzlich das friedliche Gesicht des Tempelelefanten. Ich gebe ihm eine Münze, damit er mit seinem Rüssel meinen Kopf segnet und danach von seinem Besitzer eine Stange Zuckerrohr bekommt.

Das sehr einfache Zimmer der letzten Nacht, mit laut bellenden Hunden vor der Tür, ist bereits Vergangenheit. Heute erreichen wir Masinagudi, einen sehr kleinen Ort. Wir erkundigen uns, ob es ein Hotel gibt. Nach längerem Überlegen nennt man uns eines und deutet die Hauptstraße entlang. Ein Stück weiter fragen wir erneut. Nun zeigt man zurück, in die entgegengesetzte Richtung. Verwirrt versuchen wir es nochmal: „Hier entlang?" – „Ja", lautet die Antwort. Zur Überprüfung wollen wir ein „Nein" beim Zeigen in die andere Richtung hören. Als die Antwort ebenfalls „Ja" heißt, werden wir stutzig. „Müssen wir nun da lang oder dort?" „Ja", vernehmen wir erneut von unserem freundlich lächelnden Gegenüber. Gut. Wir entscheiden uns einfach für jene Richtung, die weniger von Kühen blockiert ist. Endlich landen wir vor einem schäbigen Gebäude, an dem ein verrostetes Schild mit der Aufschrift *Lord Rama Hotel* baumelt. Wenig einladend. Aufgesperrt wird uns ein Hotelzimmer, das alles bisher Gesehene an Schmuddeligkeit übertrifft: Auf dem Boden liegen Brotbrösel, eine leere Colaflasche und viel Staub. Die Bettwäsche wird offensichtlich nicht nach jedem Gast gewechselt, und auf dem wackligen Nachttisch klebt eine Skulptur aus Kaugummis. Im Badezimmer fehlen Duschvorhang und Klobrille, im Spiegel sieht man sich vor lauter Zahnpasta- und Spuckspuren nicht. Die am Boden der Dusche vor sich hin gammelnden Haare zeigen eine Wochenschau der letzten Benutzer. Wir haben keine andere Wahl, versuchen auszuruhen, obwohl es uns im wahrsten Sinne des Wortes dreckig geht.

Am Markt in Mysore. Hinter Blütenbergen schauen eifrig unzählige geschäftstüchtige Verkäuferinnen und Verkäufer hervor. Ununterbrochen schreien sie ihre Angebote in die engen Gassen. Orange und gelbe Blüten, duftender weißer Jasmin und traurig aussehende rote Rosenköpfe liegen auf den Tischen. Ständig werden sie mit Wasser besprenkelt, bevor sie in großen Plastiksäcken den Käuferinnen und Käufern überreicht werden. Viele Frauen haben frische Blüten im Haar, oftmals ganze Blütenketten. Wir schlendern weiter zum Gemüsemarkt. Wieder gro-

Wir schlendern gerne durch Märkte

Heilige Kuh am Strand von Goa

ßes Staunen unsererseits, denn wohl die Hälfte der Wurzeln, Knollen, kürbisartigen Gebilde und der grünen Blätter ist uns nicht bekannt. Unbeeindruckt von der Vielfalt frisst eine herumstreunende Kuh alles, was unter die Ladentische fällt. Grünzeug, Blüten und Plastik – ratzeputz!

Arambol, Goa. Ein Sandstrand mit Kokospalmen und glitzerndem Meer – wie im Prospekt! Doch wir sind nicht allein. Junge Franzosen, Deutsche und vor allem Russen bevölkern das Paradies. Inder verirren sich kaum hierher. Bei Sonnenuntergang scheint das Strandleben aus dem Hitzeschlaf zu erwachen. Es wird gejoggt, jongliert und das chinesische Schattenboxen Taiji geübt. Oder man macht Yoga und meditiert regungslos in den Dunst der sinkenden Sonne blickend. Wie überall fehlen auch hier die Kühe nicht. Und sie sind – im Gegensatz zu dem nicht mehr so jungen Mann im String und der dünnen Russin oben ohne – ein wirklich gutes Fotomotiv. Die alten Hippies haben sich von dem Trubel längst zurückgezogen. Irgendwo am untersten Ende des Strandes sitzt ein Mann mit grauen Dread-Locks und trommelt verträumt vor sich hin …

Jai Guru Deva Om – Dank dem göttlichen Lehrer

-->

Philipp

In Coimbatore, einer Zweimillionenstadt im Süden des indischen Subkontinents, sind wir durch einen Kontakt bei einer riesigen Firma, die unter anderem Autoteile und Reinigungsmaschinen herstellt, eingeladen. Der Hauptfirmensitz befindet sich an einer stark befahrenen Straße und ist von einer hohen Mauer umgeben. Am Tor erwartet uns der Pförtner bereits und wir dürfen das Firmengelände betreten. Hinter uns schließt sich die Tür, der rastlose Verkehr Indiens bleibt draußen. Trotzdem hört man permanentes lautes Hupen. Wie ein Tinnitus tutet es unaufhaltsam in meinem Kopf. Wir erfahren vom Portier, dass das Unternehmen neben vielen anderen Produkten auch Autohupen herstellt. Ein paar davon werden gerade im Eingangsbereich einem Dauertest unterzogen. Dieses Hupkonzert könnte in der indischen Straßenrealität nicht besser klingen.

Es dauert nicht lange, da werden wir vom Firmengründer und einem seiner engsten Mitarbeiter begrüßt und zu unserem Zimmer begleitet. Erst sind wir erstaunt, dass wir auf dem Firmengelände einquartiert werden, aber bald erkennen wir, dass es auf dem Areal nicht nur industrielle Anlagen gibt. Neben einigen Fertigungshallen stehen etliche Bürogebäude, in einer parkähnlichen Anlage das pompöse Wohnhaus des Konzernbesitzers sowie ein betriebseigenes ayurvedisches Krankenhaus mit angeschlossenem Gästehaus. Hier werden wir in einer kleinen Wohnung untergebracht. Vor unserer Bleibe zwitschern Vögel in den Bäumen und es ist beinahe unnatürlich still. Selbst das Tuten der Hupentestanlage ist weit genug entfernt und nur als schwaches Gejammer hörbar. Maximale indische Stille.

Am nächsten Morgen steht Jagdish, der Importdirektor der Firma, vor unserer Tür und stellt sich uns als Guide für den heutigen Tag zur Verfügung. Es dauert nicht lange und schon sitzen wir in einem großen Toyota Van, ohne zu wissen, wohin unser Ausflug führt. Shiva, der Chauffeur, manövriert den Wagen, gekonnt einmal auf der linken, dann wieder auf der rechten Fahrbahn fahrend, durch das

Typisches Straßenbild in Indien

Freunde

immerwährende Gedränge auf den Straßen. Der Verkehr in Coimbatore gleicht einem Perpetuum mobile, alles ist ständig in Bewegung. Regellos, chaotisch, rücksichtslos und gefährlich. Wenn ich auf meinem Drahtesel sitze, komme ich damit gut zurecht. Das Radeln in diesem unüberschaubaren Getümmel macht mir sogar Spaß. Es ist spannend, erfordert jede Menge Konzentration, und Adrenalin wird ausgeschüttet. Im Auto fühle ich mich hingegen unwohl. Die Geschwindigkeit ist für das regellose Chaos zu hoch und ich wünsche mich auf mein Rad zurück. Wir verlassen die Stadt in Richtung Osten und rumpeln über holprige kleine Straßen in das bewaldete, hügelige Umland. Die klebrige Schwüle Indiens ist im Wagen nicht spürbar, da die Klimaanlage auf Hochtouren arbeitet, meine Zehen in kleine Eisklumpen verwandelt und mich frösteln lässt. Ich genieße die Kälte auf eine seltsame masochistische Weise, denn ich weiß, dass diese „angenehme Qual" zu Ende sein wird, sobald wir das Auto verlassen. Ich empfinde die Fahrt als nahezu surreales Erlebnis: Abgeschirmt von der Umwelt sitze ich bei arktischen Temperaturen im luxuriösen Ambiente eines Neuwagens und blicke durch die Scheibe des Fahrzeugs hindurch nach Indien. Das Land zieht wie ein Film an uns vorbei. Es geht durch Palmenhaine und vorbei an halb verfallenen, von Pilz und Schimmel geschwärzten Häuserreihen, in denen Menschen, die kaum etwas besitzen,

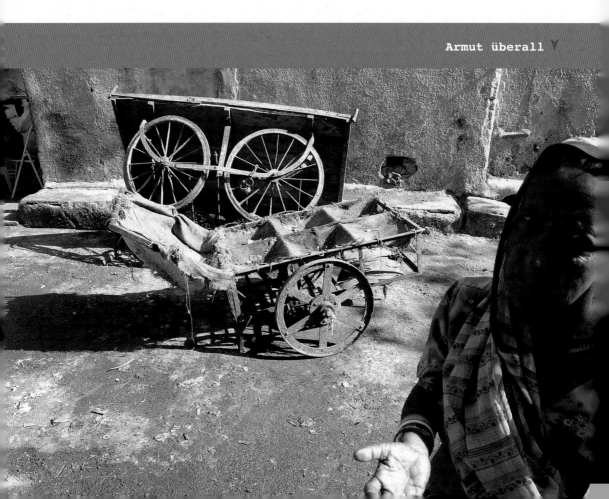

leben. Ein Elefant wird neben der Straße mit Hilfe eines dicken Schlauches gewaschen. Radfahrer haben ihre Drahtesel mit riesigen undefinierbaren Blättern beladen und kommen nur schwankend voran. Müll säumt die Straße. Ein Mann in Lumpen schleppt einen großen weißen Sack mit sich herum. Er sammelt Plastikflaschen und Getränkedosen, für die er bei Recyclingstellen ein bisschen Geld bekommt. Fahrzeuge wirbeln Staub auf und hüllen bunt gekleidete Mädchen, die in einem Wasserloch neben der Straße Wäsche waschen, in eine gelbbraune Wolke.

Plötzlich sind wir am Ziel. Das *Isha Yoga Center* ist eingebettet in eine hügelige grüne Landschaft. Es ist ein riesiger Komplex, bestehend aus Meditationsräumen, Unterkünften, Restaurant, Shop, Schule und vielem mehr. Europäer, Amerikaner, Asiaten und Afrikaner bilden ein buntes Völkergemisch innerhalb des Tempelkomplexes. Einige von ihnen wandeln mit verklärten Blicken lautlos an uns vorbei und schlagen den Weg zum Haupttempel ein. Das muss der „Weg der Erleuchtung" sein. Andere wirken geerdeter. Sie sind noch im Diesseits zu Hause und Teilnehmer von Yogakursen oder Seminaren. Und dann gibt es Touristen, die – so wie wir – nur kurz zu Gast sind und mit großen Augen das Geschehen im Aschram betrachten. Die große Anlage ist sauber und gepflegt. Offene, helle Räume und gemütliche Ecken mit Sitzpölstern laden zum Verweilen ein. Holz, Lehm, Bambus und Schilf wurden verbaut und strahlen Behaglichkeit aus. Das Essen im Restaurant ist vegan und bio. Westlicher Standard und ein alternativer indischer Touch beherrschen den Aschram.

Guru Jaggi Vasudev, in unseren Breiten als *Sadhguru* (Sad = Wahrheit und Guru = religiöser Lehrer) bekannt, hat das *Isha Yoga Center*, diesen „Tempel aller Religionen", zwanzig Sommer nach seiner Erleuchtung in den 90er Jahren errichten lassen. Er ist einer der indischen Gurus, die es eine Zeitlang in den Westen verschlagen hat. Dort verbreitete er seine Lehren und sammelte etwas „Kleingeld".

Unser Guide Jagdish kommt immer wieder einmal hierher, um Kraft in der Meditation zu finden. „*It is a magic place* (Es ist ein magischer Platz)", flüstert er, als wir in Richtung Tempel spazieren. „Hier treffen sich alle Religionen unter einem Dach". Ich bin skeptisch. Das Allerheiligste dieses Ortes ist das *Dhyanalinga*, ein schwarzer phallusartiger Stein mit einem Quecksilberkern. Ein *Linga* ist das Symbol des Hindugottes *Shiva* und vereint sowohl dessen schöpferische als auch zerstörerische Kraft. Wir treten in den kuppelförmigen Tempel ein. Ich will versuchen, Kraft und Energie des *Dhyanalinga*, das sich der Mitte der Halle befindet, zu erfahren. Schweigend bewege ich mich langsam um das Allerheiligste des *Isha Yoga Centers*. Das Licht ist schummrig, es herrscht absolute Stille. Ich setze mich in eine der Meditationsnischen, die in die Wand eingelassen sind, und beobachte, wie sich die übrigen Leute verhalten. Sie sitzen mit aufrechtem Oberkörper und geschlossenen Augen bewegungslos im Lotussitz. Ihre Hände liegen auf den Knien, die Handflächen sind geöffnet und nach oben gerichtet. Diese Haltung sieht für mich ausgesprochen ungemütlich aus. Ich versuche, es ihnen gleich zu tun, scheitere jedoch am Lotussitz und begnüge mich mit dem altbekannten Schneidersitz. Trotzdem schmerzt im Nu mein Hinterteil und meine Knie haben keine Lust, die verschränkte Position beizubehalten. Meine geschlossenen Augen beginnen zu blinzeln und versuchen zu erkennen, wer gerade an mir vorbeiwandelt. Fehlt mir die Konzentration oder funktioniert der schwarze Stein nicht? Ich sitze in meiner Koje und betrachte mit einer gewissen Bewunderung, wie die Leute bewegungslos und mit zufriedenem Gesichtsausdruck in den kleinen Nischen sitzen. In meinen Gedanken ziehe ich einen Vergleich zum Knien in Kirchen. Immer schon war ich fasziniert, wie lange und mit welcher Konzentration Gläubige in dieser Position verweilen können. Meine Knie taten jedes Mal bereits nach Sekunden weh und meine Füße wurden unruhig. Auf einmal löst sich meine innere Spannung und die Höhen und Tiefen unserer bisherigen Weltreise ziehen wie ein Film an mir vorüber. Ich wende mich an das Universum, an Gott und bemerke, dass ich bete. Mit einem erhabenen Gefühl stehe ich nach einiger Zeit langsam auf und verlasse den Tempel aller Religionen. „Und?", fragt Jagdish aufgeregt, als wir wieder beim Auto sind. „Ich glaube, es hat funktioniert", gebe ich zur Antwort und füge nach kurzem Überlegen hinzu: „Es hat gut getan."

Am nächsten Tag radeln Valeska und ich weiter. Vierzig Kilometer nördlich von Coimbatore kommen wir nach Mettupalayam und machen bei der *Satchidananda Jothi Nikethan Matric Higher Secondary School* Halt. Eine elitäre Internatsschule, die von der oben erwähnten Firma in Coimbatore finanziert wird. Die Firmenleitung hat uns zur alljährlichen Gründungsfeier der Schule eingeladen. Als Gründer der Schule gelten allerdings nicht die finanzkräftigen Industriellen, sondern *Guru Sri Swami Satchidananda Maharaj*, der auch als *Sri Gurudev* (Sri = heilig, Guru = religiöser Lehrer und Dev = Gott) bei seinen Anhängern und Nachfolgern bekannt ist. Nach seiner Erleuchtung führte ihn sein Weg in den europäischen Westen und vor allem nach Nordamerika. 1969 hielt er die Eröffnungsrede des Woodstock Festivals, was ihn schlagartig bekannt machte. In den USA machte er Karriere und ließ in den 80er Jahren seinen größten Aschram im Bundesstaat Virginia erbauen, der als *Light of Truth Universal Shrine* beziehungsweise unter dem Namen *Satchidananda Aschram Yogaville* bekannt ist. Bei den Lehren von *Guru Sri Swami Satchidananda Maharaj*, wird uns in der Schule erläutert, handelt es sich um keine konkrete Religion, sondern um eine Religion aller Religionen. Nachdem seine Yogazentren rund um den Globus in vielerlei Hinsicht auf westli-

che Klientel ausgelegt sind, ist unser Erstaunen groß, dass die Schule in Mettupalayam allein den Indern gewidmet ist.

Der Direktor läuft eilig herbei, als wir unsere Räder durch das große Einfahrtstor
des Campus schieben. Er schüttelt uns, über das ganze Gesicht strahlend, herzlich
die Hände und führt uns in das Gästehaus über den Administrationsräumen, wo
wir einquartiert werden. Im Zimmer nebenan ist ein Yogalehrer untergebracht,
der uns einen Stapel Fotos zeigt, auf denen er in unvorstellbaren, verknotet aussehenden Yogapositionen abgelichtet ist. Auf jedem der Bilder lächelt er entspannt
in die Kamera. „Es ist mir ein Rätsel, wie man durch solche Verrenkungen zu
innerer Ruhe und Erleuchtung gelangen kann. Für mich sieht das eigentlich nur
nach Qualen aus", lasse ich ihn wissen. Er lacht nur und meint: „Du musst es einfach zulassen." Vielleicht hat er recht? Doch nach der für mich abschreckenden
Bilderserie haben weder mein Körper noch mein Geist Lust auf einen Versuch.

129

Das eigentliche Schulgebäude und der dazugehörige Innenhof sind gefüllt mit Menschen. Durch die Klassenzimmer drängt sich der gesamte großfamiliäre Anhang von über 600 Schülerinnen und Schülern. Einige Lehrer führen uns durch die einzelnen Räume. Sie stellen uns allen wichtigen Leuten vor und wir schütteln Hände, führen Smalltalk und kommen aus dem Lächeln und interessiert Nicken gar nicht mehr heraus. In den Klassenzimmern präsentieren Kinder ihre Projekte zu den Fächern Chemie, Physik, Kunst und Mathematik, an denen sie in den letzten Wochen gearbeitet haben. Bei jedem Projektstand stellt sich ein Kind kerzengerade vor uns hin und beginnt, wie aus der Pistole geschossen, uns die erarbeiteten und gut einstudierten Ergebnisse zu präsentieren. Die uns begleitenden Pädagogen nicken wohlwollend. Wir tun es ihnen gleich und zeigen Interesse. Faszinierend ist ein kleines Mädchen mit einer unglaublich tiefen, lauten Stimme. Sie erklärt uns alles, was wir schon immer über unser Sonnensystem wissen wollten, und ist darauf bedacht, dass wir auch wirklich aufpassen. Enthusiastisch und temperamentvoll gestikulierend bringt sie uns ihr Fach, über das sie genau Bescheid weiß, näher.

Für uns befremdend ist es in dem Raum, wo das Thema Verteidigung präsentiert wird. Schüler in Militäruniformen salutieren bei unserem Eintreten und stellen mit Spielzeugpanzern, -soldaten und -kampfjets Kriegssituationen und Schlachten nach. „Richtig marschieren lernen sie bei uns auch", erklärt uns einer der Lehrer stolz. Unsere Begeisterung hält sich in Grenzen und ich frage mich, ob der 2002 verstorbene *Guru Sri Swami Satchidananda Maharaj* hinter diesem Training stehen würde?

Als wir das Schulgebäude verlassen, kommen wir in der Eingangshalle an einer großen gläsernen Box vorbei, in der sich eine lebensgroße Wachsfigur von *Guru Sri Swami Satchidananda Maharaj* im Lotussitz befindet. Blumengirlanden schmücken den Schrein. Der alte bärtige Mann mit orangem Umhang und einem friedlichen Gesichtsausdruck begrüßt und verabschiedet alle, die hier ein und ausgehen.

Abends führt man uns in die große Veranstaltungshalle, die zum Bersten mit Besuchern gefüllt ist. Für uns sind Plätze in der ersten Reihe zwischen den VIPs reserviert. In unseren schlabbrigen Reiseklamotten sitzen wir zwischen herausgeputzten Herren und Damen aus Wirtschaft und Bildungswesen. Der Lärmpegel in der Halle ist enorm. Ungezwungen unterhalten sich die Leute über zwei Sitzreihen hinweg miteinander, während auf der Bühne ein Redner nach dem anderen seine lange Ansprache in *Indlisch* (Englisch, das durch die indische Betonung und den Sprachrhythmus stark geprägt ist, Übersetzungsfehler aufweist und daher Sinnfehler beinhaltet) hält. Plötzlich fallen unsere Namen. Ich zucke

In der Satchidananda Jothi Nikethan Matric Higher Secondary School

Beeindruckende Vorführung

zusammen. „Hast du verstanden, was er gesagt hat?", frage ich Valeska. Ihre Antwort ist ein Befehl: „Aufstehen!" Wir erheben uns, drehen uns grüßend herum und lassen uns beklatschen.

Nach dem Wer-hält-die-längere-Rede-Teil dieser Veranstaltung folgt ein eindrucksvolles Kulturprogramm, das sich sehen lassen kann. Mit größter Perfektion agieren die Kinder und Jugendlichen auf der Bühne und alle Abläufe sind erstklassig einstudiert. Das Können der jungen Menschen beeindruckt uns zutiefst. Traditionelle Tänze werden in prachtvollen Kostümen aufgeführt. Die Mädchen tragen bunte, glitzernde Kleider, sind geschminkt und mit Nasenringen und Armreifen geschmückt. Die Jungs haben im Gegensatz dazu relativ schlichte Kleidung an. Weiße Anzüge mit roten und goldfarbenen Gilets. Jeder Schritt und jede Handbewegung werden mit voller Konzentration exakt ausgeführt. Andere Schülergruppen zeigen Yogapositionen oder bauen mit ihren Körpern Menschenpyramiden. Bei Theateraufführungen spielen Kinder hinduistische Göttersagen nach. Sie sind beispielsweise als die Gottheiten Shiva und Krischna verkleidet. Sogar die Erleuchtungsgeschichte von *Guru Sri Swami Satchidananda Maharaj*, dem Gründer der Schule, wurde schauspielerisch aufbereitet und wird auf der Bühne dargestellt. Die im Eingangsbereich des Schulgebäudes stehende Wachsfigur des alten, vollbärtigen Mannes mit den langen Haaren und dem sanften Blick ist mit einem Mal wieder aus Fleisch und Blut und verbreitet seinen Segen über das gespannt lauschende Publikum.

Bevor wir am nächsten Morgen aufbrechen, werden wir in den campuseigenen Tempel geführt. Er ist den Gottheiten *Saraswati* (Göttin der Weisheit und der Gelehrsamkeit) und *Lakshmi* (Göttin des Glücks, der Liebe, der Fruchtbarkeit, des Wohlstands, der Gesundheit und der Schönheit) geweiht. Ein Yogi und der Schuldirektor segnen uns und machen uns einen *Tika* (hinduistisches Segenszeichen aus Pulverfarbe) auf die Stirn. Sie hängen Blumenketten aus weißen Blüten auf unsere Fahrradlenker, und als wir aufsitzen, werden wir mit Blütenblättern bestreut. Wir empfinden ein Gefühl der Harmonie, als wir das Gelände der *Satchidananda Jothi Nikethan Matric Higher Secondary School* verlassen. *Guru Sri Swami Satchidananda Maharaj* entlässt uns mit Wohlwollen aus seiner Welt. Langsam bewegen wir uns die steile kurvenreiche Passstraße hinauf in die Nilgiri-Berge. Die Blumenketten auf unseren Drahteseln schaukeln im Takt unserer Tritte, die Farbe des *Tikas* beginnt, aufgeweicht durch den Schweiß, den uns die Anstrengung aus den Poren treibt, über unsere Gesichter zu laufen. Entgegenkommende Fahrzeuge schneiden mit quietschenden Reifen die engen Kurven der schmalen Straße und ziehen eine Duftspur von zu heißen Bremsbelägen hinter sich her. Die Insassen aller an uns

Mit einem Tika auf
der Stirn

Auch auf den Straßen durch das
Gebirge haben wir Zuschauer

vorbeifahrenden Busse, Lastwagen, Autos und Mopeds drehen sich nach uns um. Es muss wohl wegen der Strahlenkränze sein, in die uns die verschiedenen Gurus „aller Religionen" in den letzten Tagen gehüllt haben. *Jai Guru Deva Om* – Danke dem göttlichen Lehrer!

Urlaub in Wanderschuhen

---➤

Valeska

Ich kann endlich aufatmen, als wir nach 140 Kilometern und neun Stunden Fahrt im Dorf Syabru Besi ankommen. Obwohl unser nepalesischer Fahrer schwungvoll die kurvenreiche Straße meistert, bergab mit Vorliebe auskuppelt und bergauf statt mit Handbremse lieber mit einem unter den Reifen gelegten Stein anfährt, erreichen wir heil den Startpunkt unserer Wanderung. Wir wollen – gemeinsam mit Philipps Eltern – das reizvolle Langtang-Tal nördlich von Kathmandu erkunden. Zu Fuß wohlgemerkt. Über zwei Jahre im Fahrradsattel – unser Hinterteil schreit nach Urlaub!

Während der ersten Tage ist der Weg sehr trocken und Wind bläst uns Staub ins Gesicht. Stetig geht es in einem steilen Kerbtal bergauf, durch das sich ein türkiser Gebirgsbach über große Felsblöcke stürzt. Wir genießen die Stille, die nur von Vogelgezwitscher oder unseren eigenen Gesprächen unterbrochen wird. Das ist wirklich Urlaub von unserem Fahrrad-Alltagsleben, in dem uns fast ständig Straßenlärm begleitet.

Wir haben unsere Wanderetappen so geplant, dass wir jeden Abend ein kleines Dorf erreichen. Wenn wir in einer dieser Siedlungen eintrudeln, tönt es freundlich „*Namaste!*" (nepalesische Begrüßung) aus allen Ecken und es kommt zu einem richtigen „G'riss" der Lodge-Besitzer um uns, da in der Vorsaison nur wenige Leute Trekkingtouren unternehmen. Alle Gebäude sind aus Holz und stehen auf Steinsockeln. Die Zimmer sind mit einfachen Holzbetten und Matratzen ausgestattet – mehr nicht. Und die auf einem unübersehbaren Schild angepriesene *heiße Solardusche* hat ihr bisschen Heißwasser bereits dem vor uns angekommenen Wandersmann zuteilwerden lassen. Erfreulicherweise hat jede Lodge einen gemütlichen Gemeinschaftsraum, der mit einem kleinen Holzofen beheizt wird. Ein idealer Platz, um die Wanderkarte zu studieren, Tagebuch zu schreiben, Spiele zu spielen oder einfach nichts zu tun und die Seele baumeln zu lassen.

Nach zwei Tagen wird das Tal plötzlich breiter, wir verlassen den mit Languraffen bevölkerten Wald und wandern durch höher gelegenes Weideland. Über einen

Zu Fuß unterwegs
in Nepal

Die Tochter des Lodge-Besit-
zers flicht Valeska einen Zopf

Blick in die Küche

Während die Mama kocht, liegt ihr
Baby vor dem Haus in der Sonne

Bach sind zwei aus Holz geschnitzte Gebetsmühlen gebaut, die durch die Kraft des Wassers ständig gedreht werden. Sie stechen uns sofort ins Auge, als bunte, schmucke kleine Kunstwerke in der sonst braunen Landschaft. Doch unser Blick ist heute vor allem auf den das Tal beherrschenden Langtang Lirung gerichtet, einen pyramidenförmigen Siebentausender, der in seinen höheren Bereichen vergletschert ist.

Wir erreichen das Dorf Langtang auf 3430 Meter Seehöhe. Die kleinen Steinhäuser stehen, nur von schmalen Gassen getrennt, eng beisammen. Im Erdgeschoß befindet sich der Stall, darüber der Wohnraum und die Küche. Die Dächer sind mit Holzschindeln gedeckt, die mit Steinen beschwert sind. Als wir bei einem Fenster vorbeigehen und (zugegeben etwas neugierig) hineinlugen, sehen wir eine vor ihrem Webstuhl am Boden sitzende Frau, die uns die Zunge entgegenstreckt. Ich hatte gelesen, dass dies eine freundliche Geste sei und die tibetischen Volksgruppen im Norden Nepals sich auf diese Weise begrüßen. Trotzdem ein befremdender Anblick.

Beim Weitergehen spüre ich die ungewohnte Höhe und gerate rasch außer Atem. Jeder Schritt ist ermüdend, obwohl der Pfad nur sehr langsam ansteigt. Ablenkung

Ein Yak beim Grasen

Wir genießen das Wintergefühl

von der Anstrengung gibt es jedoch genug: Mani-Steine mit eingeritzten Gebeten säumen den Weg über karge Weiden, Yaks in allen Farben – braun, schwarz, weiß – grasen in der Ferne, ein Greifvogel kreist über uns, zwei Einheimische überholen uns flotten Schrittes, … Wir befinden uns mittlerweile in einer richtigen Hochgebirgslandschaft mit viel Fels und wenig Vegetation. Unglaublich, dass es in dieser Höhe Dörfer gibt. Ohne die Yaks wäre ein Leben hier unvorstellbar. Sie liefern Milch, Fleisch und Wolle, ihr Dung wird zum Befeuern der Öfen verwendet, daneben dienen sie als Arbeits- und Tragtiere. Unterwegs probieren wir bei einem Bauern frisches Yak-Joghurt mit Honig und ein Stück Yak-Käse, der wunderbar würzig schmeckt. Wir erreichen gerade noch rechtzeitig, bevor es zu schneien beginnt, das höchstgelegene Dorf im Langtang Tal, Kyanjin Gompa. Herrlich! In den letzten zwei Jahren sind wir immer mit dem Sommer mitgeradelt und mussten oft große Hitze ertragen. Wie gut tut uns nun dieses Kontrastprogramm. Verträumt schauen wir aus dem Fenster in das Schneetreiben und lächeln den Kindern zu, die geschäftstüchtig versuchen, den vorbeiwandernden Touristen Wollhauben zu verkaufen. Wir haben bereits zwei erstanden.

Krankheits-
geschichten

---→

Valeska

„… und passt gut auf euch auf!" „Kommt gesund zurück!" Ja, machen wir … versprochen … natürlich, es kann immer was passieren … wir passen schon auf …

Wir und unsere Fahrräder sind auf Herz und Nieren geprüft und durchgecheckt, jetzt gilt es also „nur noch", die Welt zu erobern und die vor uns liegenden fünf Jahre und voraussichtlich 80.000 Kilometer an Leib und Seele unbeschadet zu überstehen.

Wie für unsere Fahrräder führen wir auch für uns ein Reparatur-Kit, sprich eine Erste-Hilfe-Box, mit. Damit sind wir in der Lage, viele „Wehwehchen" selbst zu beheben, denn nicht immer ist ein Arzt in der Nähe, wenn es irgendwo zwickt. Außerdem halten wir es für ratsam, uns von den medizinischen Einrichtungen einiger Länder auf unserer Route fernzuhalten beziehungsweise sie nur im äußersten Notfall in Anspruch zu nehmen. Desinfektionsmittel, Schmerztabletten, ein Breitbandantibiotikum, Kohletabletten gegen Durchfall, ein Magenberuhigungsmittel, Antihistaminika, eine Wund- und Heilsalbe sowie kühlende Cremes führen wir unter anderem immer mit. In der Regel bleibt diese reichlich gefüllte Medikamentenbox geschlossen und wir kontrollieren jedes halbe Jahr, ob Salben oder Tabletten ablaufen und erneuert werden müssen.

Ganz obenauf in einer Radtasche verstauen wir das Verbandszeug, um es jederzeit griffbereit zu haben und bei einem Sturz oder Unfall nicht erst lange danach suchen zu müssen. Zum Glück bleiben wir all die Jahre von einem Verkehrsunfall verschont. Zu brenzligen Situationen kommt es allerdings häufig, einmal wird Philipp sogar von einem Kleinbus gestreift. Alles in allem gelingt es uns ganz gut, die jeweilige Verkehrssituation richtig einzuschätzen und uns bei der Gratwanderung zwischen Sich-Durchsetzen und Nachgeben entsprechend zu verhalten.

Eines sonnigen Tages in Kanada, es ist der erste heiße Tag seit langem, beschließt Philipp, ausnahmsweise ohne Helm zu fahren. Es gibt so gut wie keinen Verkehr und darum rollen wir nebeneinander einen Hügel hinunter. Da entdeckt Philipp

▲ Von Kopf bis Fuß verletzt · Mobile Krankenstation ▼

eine kleine Spinne auf meiner Schulter und will sie wegschubsen. Dabei kommen sich unsere Räder beziehungsweise unsere Radtaschen zu nahe, verhaken sich ineinander, und er stürzt kopfüber auf die Straße, während ich mit dem Schrecken davonkomme. Philipps Kopfwunde sieht auf den ersten Blick böse aus, doch zum Glück handelt es sich „nur" um eine tiefe Schürfwunde. Diese sowie großflächige Abschürfungen an Armen und Beinen müssen gereinigt und verbunden werden. Und mit einem Schlag sind alle unsere Kompressen und Verbände aufgebraucht. Bis zur nächsten Siedlung mit einer Apotheke sind es mehrere Tagesetappen. Zufällig befinden wir uns in einem Gebiet, in dem gerade heftige Waldbrände toben. Über neunzig Feuerwehrleute sind im Einsatz und versuchen sowohl vom Boden aus als auch mit Hilfe von Hubschraubern aus der Luft, das Feuer unter Kontrolle zu bringen. Entlang des Highways sind mobile Stationen eingerichtet, wo die Feuerwehrleute untergebracht sind. In der Einfahrt einer dieser Stationen steht ein Krankenwagen. Hier können wir um Hilfe bitten. Wir klopfen an. Ein großer, von Kopf bis Fuß tätowierter und im Gesicht mehrfach gepiercter, stämmiger Kerl öffnet die Tür. „Was gibt's?", fragt er brummig. Philipp erzählt ihm von seinem Missgeschick und bittet ihn um Pflaster und Verbandsmaterial. „Lass mal sehen!" Ohne lange zu fackeln, entfernt er auch schon den mittlerweile an der Wunde angetrockneten Verband von Philipps Kopf. „Uh!", entfährt es dem Hünen. Er winkt Philipp in seine „Werkstätte" und macht sich an die Arbeit. Danach reinigt und verbindet er penibel und professionell Philipps Wunden und entlässt uns mit einer großzügigen Menge an Pflastern und Mullbinden zum Wechseln. Wir schämen uns ein bisschen dafür, dass wir dem Burschen auf Grund des ersten Eindrucks diese spontane Hilfsbereitschaft und Feinfühligkeit nicht zugetraut haben.

Manchmal helfen weder die mitgeführten Pillen und Salben noch Pflaster und Verbände, sondern nur noch ein Arztbesuch oder der Weg in ein Krankenhaus. In Afrika interessiert sich Philipp zum Beispiel besonders für Zahnärzte. Gleich zweimal fällt ihm eine Plombe aus einem Zahn, einmal in Ägypten und einmal in Sambia. Er hat insofern Glück, als wir uns beide Male gerade in größeren Städten aufhalten, somit wird er von ausgebildeten Fachkräften auf vertraute Art behandelt und nicht vom Medizinmann eines Dorfes abseits jeglicher Zivilisation.

Absolut machtlos sind wir gegen Durchfallattacken. Da bewährt sich wieder einmal unser Reisemittel, das Fahrrad. Man kann jederzeit stehenbleiben und im wahrsten Sinne des Wortes seinem Bedürfnis nachgehen, im Gebüsch, im Straßengraben, hinter Felsen und – wenn gar nicht anders möglich – auch im Park. Eine außergewöhnlich lange, von hohem Fieber und Kreislaufproblemen begleitete „Dünnpfiffphase" zwingt mich in Indien schließlich dazu, ein Krankenhaus aufzusuchen. Nicht irgendeines, sondern das vom Herbergenbesitzer empfohlene.

Alle Türen zu den großen Krankenzimmern stehen offen. Wir sehen die Kranken in ihren Betten auf fleckigen, gelblichen Leintüchern liegen, umgeben von unzähligen Verwandten, die sich um die Verpflegung ihrer kranken Angehörigen kümmern. Der Boden ist schmutzig und den Wänden sieht man an, dass sie seit vielen Jahren nicht mehr gestrichen worden sind. Die Atmosphäre ist bedrückend. Und doch haben diese Kranken hier vermutlich großes Glück, dass sie in einem Hospital behandelt werden können. Am liebsten würde ich auf der Stelle umdrehen, aber mein instabiler Kreislauf und mein durch die Krankheit geschwächter Körper hindern mich daran. Wenig später fühlt Dr. Bhandari meinen Puls, tastet meinen Bauch ab und stellt mir einige Fragen. Ein Stuhltest wird gemacht, eine Blutabnahme verweigere ich. Am folgenden Tag erhalte ich den Befund: bakterielle Infektion. Und schon erstellt der wortkarge Mann im gelblichen Kittel eine Liste von Medikamenten, die ich besorgen und in den nächsten Tagen einnehmen soll. Fünf an der Zahl. Fragen meinerseits sind nicht erwünscht, Erklärungen scheinen nicht sein Fachgebiet zu sein. Was Diagnose und Medikation anbelangt, sind wir äußerst skeptisch. Darum rufen wir eine Freundin in Österreich an – sie ist Ärztin. Sie rät mir, möglichst keines der verordneten Medikamente einzunehmen, denn die Diagnose stünde auf wackeligen Beinen. Dr. Bhandari – die Umbenennung

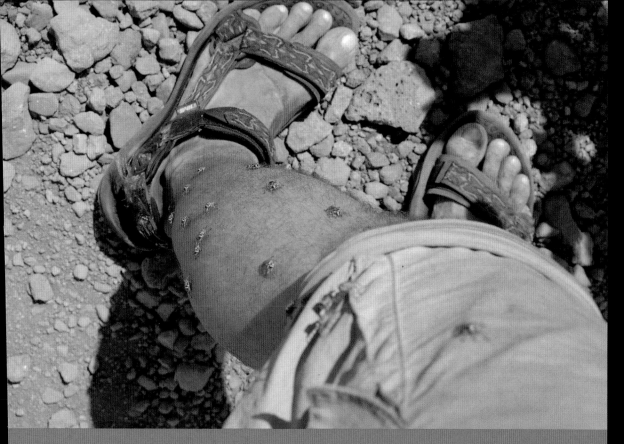

Valeska ist krank   Philipp ist krank

auf Dr. Larifari drängt sich mir förmlich auf – hat mir neben Elektrolytlösung und Laktobakterien drei verschiedene Antibiotika – zwei davon in einer praktischen Kombi-Tablette – und ein Antipsychotikum verschrieben. Also befolge ich den Rat unserer Freundin und ziehe mehrtägige Bettruhe einer Überdosis an Medikamenten und vor allem der Behandlung einer nicht vorhandenen Psychose vor.

Noch einmal ist Indien Schauplatz einer Krankheitsgeschichte. Diesmal ist Philipp das Versuchskaninchen. Druck im Hals, Husten und zunehmendes Schwächegefühl sind die Symptome seiner mysteriösen Krankheit. Obwohl er nicht wirklich Schmerzen hat, scheint es sich um eine äußerst hartnäckige Entzündung im Halsbereich zu handeln. Da sich keine Besserung einstellt, konsultieren wir mehrere Ärzte, die ihn nach gründlicher Untersuchung alle stirnrunzelnd betrachten. Keiner von ihnen stellt eine eindeutige Diagnose. Antihistaminika, verschiedene Antibiotika und Vitaminspritzen – nichts hilft. Philipp bleibt schwach und leidet unter einem ständigen Würgegefühl. Sein Zustand bessert sich nicht. Ganz im Gegenteil. Nach drei Wochen buchen wir einen Flug nach Hause und Philipp sucht umgehend einen HNO-Arzt auf. Die Untersuchung bringt bereits nach wenigen Sekunden Klarheit: chronische Mandelentzündung. „Die Mandeln müssen sofort raus. Hast du morgen Zeit?" Ja, hat er.

Bei weiteren Krankheitsfällen versuchen wir immer, die am modernsten ausgestattete und somit meistens auch teuerste Klinik ausfindig zu machen, weil wir dort die beste medizinische Versorgung zu finden hoffen. So etwa in Ecuador, wo mich abermals ein heftiger Durchfall erwischt. Ich bekomme ein Antibiotikum verschrieben und zwei Tage später sitze ich wieder auf dem Fahrrad. Auch in Peking, wo mir Philipp eines Nachts ohnmächtig in die Arme kippt, suchen wir nach dem fortschrittlichsten Spital der Metropole. Dort werden von Ärzten und Laboranten in blütenweißen Kitteln mit modernsten Geräten umfangreiche Untersuchungen durchgeführt. Und am Ende kuriert das richtige Medikament die Harnwegsinfektion innerhalb weniger Tage.

Modernste Untersuchungsmethoden und höchst Erfolg versprechende Heilverfahren stehen heute zur Behandlung vieler Krankheiten zur Verfügung. Das heißt, Gesundheit beziehungsweise deren Wiedererlangung oder zumindest eine Steigerung der Lebensqualität durch gesundheitliche Besserung kann man bis zu einem gewissen Grad kaufen. Doch dass das nur für einen kleinen Teil der Menschheit gilt, wird uns auf unserer Reise immer wieder drastisch vor Augen geführt. Wir haben das Glück, zu den Privilegierten zu gehören. Aber fair ist das ganz und gar nicht.

Sofa frei?

---→

Valeska

Ah, herrlich! Ich stehe unter der heißen Dusche, meine kalten Zehen beginnen zu kribbeln und aufzutauen. Während der letzten Tage vom Regen geplagt, sind wir jetzt froh, uns bei der polnischen Familie Wasylewicz aufwärmen zu können. Wir bleiben zwei Tage und schauen uns Breslau/Wrocław bei grauem Novemberwetter an. Die Tochter Agnieszka, eine begeisterte Radfahrerin, sitzt mit uns stundenlang bei heißem Tee, wobei wir Erfahrungen austauschen. Kennengelernt haben wir die Familie über die *Warmshowers-Liste* aus dem Internet. Diese Webseite versucht, Radreisende zusammenzubringen. Radfahrbegeisterte können sich dort eintragen und bieten Leuten, die mit dem Rad unterwegs sind, ihre Gastfreundschaft an. Diese kann sich durch einen kostenlosen Zeltplatz im Garten, eine Mahlzeit, eine heiße Dusche, ein freies Sofa oder ein Gästezimmer ausdrücken.

Etliche Monate später kommen wir bei einer Gastfamilie in Windhoek, Namibia, an und sind froh, dass aus der „warmen Dusche" diesmal kaltes Wasser zur Abkühlung kommt, denn draußen herrschen brütende 40 °C. Mit Johan und Margiet fachsimpeln wir auch sogleich über Fahrräder und Ausrüstung.

Die gleichen Prinzipien der Gastfreundschaft und des Kulturaustausches werden in den Webauftritten von *Couchsurfing* und *Hospitalityclub* präsentiert. Bei diesen handelt es sich nicht um eine Gemeinschaft von Radreisenden, sondern generell um Leute, die einerseits gerne reisen, und andererseits gerne Besuch bekommen. Wer sich dort anmeldet, kann rasch Freundschaften mit Menschen aus aller Welt schließen und auf diese Weise in vielen Ländern einen kostenlosen Schlafplatz finden. „Wie, ihr übernachtet bei Wildfremden?", fragt uns unsere Familie besorgt. Manchmal ja. Dennoch ist die Sache relativ sicher, da alle Beteiligten nach einem Treffen Kommentare auf die genannten Webseiten stellen. Bevor man sich zum Kaffee trifft, mit jemandem eine Stadt besichtigt, zum Essen einlädt oder bei jemandem übernachtet, kontaktiert man die jeweiligen Personen über E-Mails und telefoniert. Somit bekommt man ein Gespür für die „Wildfremden". Vertrauen, nicht Skepsis gegenüber anderen Menschen ist bei dieser Form des Reisens notwendig.

Zugegeben: Anfangs hatte auch ich ein mulmiges Gefühl und war ein wenig unsicher. Doch nach einigen schönen Erfahrungen beginnen wir, mehr und mehr

Gebrauch von dieser Form der Kontaktaufnahme zu machen. Dadurch ist es möglich, viele unterschiedliche Menschen kennenzulernen: In Serbien treffen wir Vasko, einen Übersetzer und wunderbaren Gesprächspartner, mit dem wir seit unserem Besuch in E-Mail-Kontakt stehen. In Thessaloniki zeigt uns Alexis, ein junger Eisenbahner, den Weg, indem er mit seinem Motorrad vor uns quer durch die Stadt fegt. Wir kommen kaum nach. In Australien lernen wir dank Internet etliche Radfahrfreaks und einmal sogar Aborigines kennen. Die 50-jährige Merylene begleitet uns aus Brisbane auf ihrem Fahrrad sogar sechzig Kilometer und hinterlässt bei uns einen tiefen Eindruck, weil sie wirklich Hardcore-Umweltschützerin ist. Sie hat als Einzige weit und breit keine grüne Wiese rund um ihr Haus, sondern nur Steine und dazwischen ein paar vertrocknete, braune Grasbüschel, weil sie gegen die Wasservergeudung durch Rasenbewässerung ist. Und selbstverständlich hat sie auch kein Auto. Sie ist der Kontrapunkt zu dem ebenfalls sympathischen Chris, der uns mit seinem Vehikel stundenlang spazieren fährt in der Gegend von Bundaberg, das ungefähr 350 Kilometer nördlich von Brisbane liegt, wo Zuckerrohrfelder an eine traumhafte Küste grenzen. Fleur wiederum lädt in ihr Strohballenhaus ein, Ta kocht uns thailändisches Essen, John erzählt von seiner verstorbenen Frau ...

Bei Marlynda und Bob in
Bitterfontein, Südafrika

Bei Buling und Craig
in Guilin, China

Bei einer indischen Groß-
familie in Kochi, Indien

Bei Stefanie und Terry
in Cromwell, Neuseeland

Bei Ek und seiner Mutter
in Mersin, Türkei

Bei Eva und Woyteck in
83-Mile-House, Kanada

Bei Jenny und Stewart
in Comet, Australien

Bei Luther und seiner vierjährigen Tochter in Emerald, Australien

Bei Clare und Andy in Gympie, Australien

„Couchsurfing. Ja, hab' ich davon gehört. Das ist was für die Jugend!", meint eine Bekannte. Ganz und gar nicht! Das Spannende daran ist, dass Leute aller Altersgruppen mitmachen. In Olmütz/Olmouc schafft der 19-jährige Jakub für uns Platz zum Übernachten in einem Meditationszentrum und wir plaudern bis in die späten Abendstunden. Andere Gastgeberinnen und Gastgeber sind im Alter unserer Eltern und genießen es, uns zu verwöhnen, oder wollen die Freundlichkeit, die ihre eigenen Kinder in anderen Ländern erfahren durften, auf diese Art zurückgeben. Und wir genießen es natürlich, ab und zu verwöhnt zu werden. Unser Wahl-Opa wird Steve, ein agiler Pensionist, mit dem wir zwei Tage in den Snowy Mountains in Australien verbringen. Er geht mit uns wandern und kocht für uns verschiedene australische Spezialitäten. Wir decken ihn zu, als er hinter dem großen Glasfenster in der Sonne nach dem Essen ein Nickerchen hält.

Es sind diese stillen, persönlichen Momente fernab von lärmenden Besuchermassen bei Sehenswürdigkeiten, die als wertvolle Mosaiksteine in unserer Erinnerung bewahrt bleiben. Verschiedene Kulturen und Gesellschaftsstrukturen öffnen sich uns, Türen in das Alltagsleben der Leute werden aufgestoßen, die anders Reisenden vielleicht verschlossen bleiben. Wie lebt, denkt, arbeitet und isst man in dem jeweiligen fremden Land? Will man Antworten auf diese Fragen, findet man sie eher an Küchentischen oder auf Wohnzimmercouches als in unpersönlichen Hotelzimmern.

Ob in Polen, Griechenland, Israel, Ägypten, Südafrika, Australien, Indien oder sonst wo – die Herzlichkeit, Gastfreundschaft und Hilfsbereitschaft, die uns entgegengebracht werden, sind überwältigend. Egal, ob wir Wäsche waschen müssen, Internetzugang benötigen, Tipps zur Routenplanung brauchen oder vom Flughafen abgeholt werden wollen – alles kein Problem. Als Philipp in Indien erkrankt, werden wir von Vanaja und Govin eingeladen, so lange zu bleiben, bis Philipp sich erholt hat. Es werden drei Wochen daraus und eine richtige Freundschaft.

Für uns ist es eine bereichernde Erfahrung, Einblick in viele Gesellschaftsformen zu bekommen und ein Teil von so vielen Familien auf der Welt zu werden. Wir fühlen uns bei unseren „Ersatzfamilien" immer wohl. Bei unserer Abreise schenken wir gerne ein unterwegs irgendwo gekauftes Gästebuch, hinterlassen einen Eintrag mit Foto und eine Einladung. Uns ist klar: Wenn wir eines Tages sesshaft sind, werden wir offene Türen für (Rad)Reisende aus aller Welt haben. Und wir werden ein ziemlich großes Sofa brauchen.

Echt bärig

Valeska

Frühling in Alaska. Wir radeln aus Anchorage raus, raus aus der Stadt – rein in die Wildnis, aus der Abenteuerträume bestehen. Frisches Grün überall, da die Blätter der Birken austreiben und das Gras sprießt. Löwenzahn in knalligem Gelb neben der Straße, Sonnenschein, klare Luft und weite Sicht – ein herrlicher Tag! Es herrscht Vorsaison im hohen Norden, und der berühmte Denali Nationalpark steht in dieser Woche nur Radfahrerinnen und Radfahrern offen. Nix wie hin! Anfangs geht es leicht bergauf durch Nadelwald, bis wir nach ein paar Stunden auf eine grandiose Berglandschaft stoßen. Hasen und Erdhörnchen hopsen umher und gackernde Schneehühner sitzen kurioserweise auf Baumspitzen. Größeres Getier lässt sich vorerst nicht blicken.

Wegen der großen Braun- und Schwarzbärendichte (Bären, nicht Beeren!) ist es hier beim Campieren wichtig, dass man das Kochen, die Lebensmittellagerung und das Zelten räumlich trennt. Wir bereiten deshalb die Mahlzeiten etliche Meter vom Schlafplatz entfernt zu und lagern Vorräte gut eingepackt weit weg vom Nachtlager, damit die pelzigen Gesellen nicht durch Nahrungsdüfte zu uns gelockt werden. Im Park muss man seine Lebensmittel sogar in spezielle, bärensichere, runde Container stecken, die auf dem Rad allerdings etwas sperrig sind. Angenehme Nachtruhe soll uns ein in Anchorage extra erstandener elektrischer Bärenabwehrzaun verschaffen, den wir um unser Zelt aufstellen. Trotz all dieser Maßnahmen kriecht ein mulmiges Gefühl mit in den Schlafsack. Kaum liegen wir – theoretisch einschlafbereit – da, vernehmen wir auch schon die ersten Geräusche. Ein Tier schleicht herum, ganz eindeutig. Was tun? Am liebsten im Boden versinken – leider unmöglich, denn der Boden ist noch gefroren. Da hilft nur eines: Der Gefahr ins Auge blicken. Vorsichtig schieben wir die Zeltplane beiseite: Da steht eine grasende Elchkuh.

Am nächsten Tag führt uns die Straße weiter in die Höhe, in alpine Landschaft, wo noch Schneereste vom Winter auf den schattseitigen Hängen liegen. Wir befinden uns über der Baumgrenze und haben somit fantastische Aussicht auf die Umgebung. An den Berghängen sehen wir weiße Flecken – Dallschafe, die sich in den Felswänden wohl fühlen. Um die nächste Kurve geradelt – da stehen ein paar dieser schneeweißen Klettermeister mitten auf der Straße und posieren gar nicht

Essensgerüche können
Bären anlocken …

Fantastische Aussicht

Bärensicherer Behälter

scheu für Fotos. Abends schlagen wir unser Lager nahe bei einem noch zugefrorenen See auf, im Hintergrund leuchten die schneebedeckten Berge. Dass es an der Zeit ist, schlafen zu gehen, sehen wir nur auf der Armbanduhr. Es ist immer noch taghell und erst gegen 23 Uhr verzieht sich die Sonne für ein paar Stunden hinter den Horizont. Für Taschenlampen haben wir keine Verwendung, sie sind mittlerweile in unseren Radtaschen tief hinunter gewandert. Richtige Dunkelheit gibt es um diese Jahreszeit im hohen Norden nicht. Dafür Natureindrücke rund um die Uhr. Wir hören ein Plätschern vom See her. Planscht da ein Bär? Nein, ein Biber schwimmt in einem eisfreien Kanal und beäugt uns neugierig. Nach einer Weile patscht er mit seinem breiten Schwanz kräftig auf das Wasser, bevor er wieder abtaucht.

Heute unternehmen wir eine Wanderung auf einen kleinen Berg, um die Schönheit der Landschaft einmal aus anderer Perspektive zu betrachten. Da es beim Losgehen schon 18 Uhr ist, lasse ich meine Sonnenbrille im Zelt. Ein Fehler. Ein paar Stunden lang knallt mir die Sonne ins Gesicht. Oben angekommen, blinzle ich gegen das grelle Licht auf den in dem breiten Tal unter uns mäandrierenden Fluss. Dessen Ufer säumt hoher Nadelwald, der bereits am Fuße der Berge in einen Krüppelwald übergeht. Unser Aussichtspunkt, ein felsiger Berg, ist in seinen Klüften mit winzigen rosa und gelb blühenden kleinen Blümchen bewachsen.

Leider haben wir zu wenig Lebensmittel dabei, um bis ganz an das Ende der Parkstraße radeln zu können. Schweren Herzens drehen wir um. Jedoch auch unsere Rückfahrt bringt schöne Naturerlebnisse. Wir beobachten zwei Grizzlybären beim Spazieren in einem breiten Flussbett. Zwischendurch spielen sie und graben im Schotter nach Wurzeln. Die beiden faszinieren uns, weil sie uns durch ihre stämmigen Körper, ihre kräftigen Pranken und ihre massiven Köpfe ordentlich Respekt einflößen und gleichzeitig dennoch einen drolligen Eindruck machen. Ein Stück weiter entdecken wir eine kleine Karibuherde. Wald- und Graslandschaften ziehen vorbei. Radfahren wird zur Meditation. Schon lange habe ich aufgehört, während des Radfahrens ans Radfahren zu denken. Meine Gedanken sind mit allen möglichen Themen beschäftigt, nur nicht mit dem Treten an sich. Und das ist gut so. Ganz automatisch betätige ich die Pedale. Weite Tagesetappen und hohe Berge machen richtig Spaß. Die Anstrengung ist zur Gewohnheit geworden und existiert in ihrer Urform gar nicht mehr. Wenn ich ein paar Tage Pause mache, dann kribbelt es immer leicht in den Füßen. Die Bewegung ist zur Sucht geworden. Die üblichen sechs bis acht Stunden pro Tag im Sattel müssen sein. Sonst fühle ich mich nicht wohl. Anstrengung ist kaum spürbar, Gedanken schweifen ab. Dann stoppt meine Träumerei plötzlich ein schwarzes Etwas zwischen den Sträuchern neben der Straße. Ein Schwarzbär. Er hat uns ebenfalls bemerkt und

Pure Wildnis   Elektrischer Bärenabwehrzaun

hebt den Kopf, frisches Gras hängt ihm aus dem Maul. „Schaut ihm nicht in die Augen und erschreckt ihn nicht", lautet der Rat, den uns ein Nationalparkwärter für derartige Situationen mit auf den Weg gegeben hat. Mit einer Hand am Pfefferspray und dem Herz in der Hose heißt es, am Bären vorbeizuradeln, obwohl meine Oberschenkel butterweich sind. So sehr sie wie Teddys aussehen, steht man hier doch rund neunzig Kilogramm schweren, im Frühjahr hungrigen Allesfressern gegenüber. Der Bär schaut uns erst regungslos nach, um dann unbeeindruckt am Straßenrand in die Gegenrichtung davonzutrotten. Wir genießen es, alle diese Tierbegegnungen allein und ungestört erleben zu dürfen, denn erst in ein paar Tagen beginnt die offizielle Saison im Nationalpark. Dann fahren täglich etliche Busse voll Touristen durch den Park und machen einsame Tierbegegnungen beinahe unmöglich.

Am Parkeingang geben wir unsere bärensicheren Container zurück und biegen auf den Highway in Richtung Fairbanks ein. Wir strampeln lange Tage und können uns am Wald, den vielen Seen, den Bergen und den Tieren gar nicht satt sehen. Ein Kojote läuft für ein paar Kilometer neben uns her, so als wolle er mit uns plaudern. Er hätte bestimmt viel Interessantes zu berichten über den langen, harten Winter – jetzt, wo es wieder Frühling wird. Wir „fliegen" dahin, das Radeln geht uns ganz leicht von der Hand, besser gesagt den Beinen, da wir überglücklich sind, wieder im Norden unterwegs sein zu können, in der Wildnis, nahe der Natur, unter der nimmermüden Sonne.

Bei Arnie

Valeska

Es „waschelt". Wassermassen ergießen sich über Sacramento, die Hauptstadt Kaliforniens. Starker Wind treibt den Regen waagrecht in alle Richtungen und reißt Blätter und ganze Äste von schwankenden Bäumen. Niemand geht bei diesem Wetter freiwillig außer Haus, doch wir haben einen Termin, von dem uns kein Regensturm abhalten wird: 15.30 Uhr – Treffen mit Arnold Schwarzenegger!

Von unserer Unterkunft – bei einer amerikanischen Familie mit österreichischen Wurzeln – werden wir von unserem Gastgeber Michael in die Innenstadt gefahren und vor dem State Capitol abgeliefert. Das im griechisch-römischen Stil erbaute, elegante Gebäude steht in einem sehr gepflegten Park. Durch diesen laufen wir im Eiltempo zum Eingang, um nicht klitschnass zu werden. Zwar tragen wir regendichte Jacken, doch Gummistiefel und Regenhosen fehlen.

Beim Betreten des Gebäudes werden wir einer Sicherheitskontrolle unterzogen. Man durchleuchtet unsere Rucksäcke und schickt uns durch den Personenscanner. Das wars dann schon, wir befinden uns im Erdgeschoß des Kapitols. Nach ein paar Schritten schauen wir uns an und wissen sofort, dass wir beide keine Ahnung haben, wohin wir gehen müssen. In der Aufregung haben wir vergessen zu fragen. Ich gehe zurück und erkundige mich bei einem Sicherheitsbeamten nach dem Büro des Gouverneurs. „Dort vorne nach links." Ein bisschen muss sich das Sicherheitspersonal gewundert haben, dass zwei Leute in abgetragenen Zip-Hosen und verbeulten Regenjacken ins Herz des State Capitol wollen. Ich fühle mich *underdressed*, doch das „kleine Schwarze" hatte in meinen Radtaschen keinen Platz. Wir gelangen zu einer Doppeltür, über der in großen goldenen Lettern *Arnold Schwarzenegger* geschrieben steht. Davor posieren fotogen das kalifornische Wappentier, ein Braunbär aus Bronze, und ein Sheriff in khakifarbener Uniform. Man darf jederzeit Bilder aufnehmen, das Betreten der Räume hinter der Tür ist nur ausgewählten Personen erlaubt. Wir erklären dem Sheriff, dass wir einen Termin haben, und er lässt uns ein.

Eine Dame hinter einem Schreibtisch fragt nach unseren Namen, bittet uns, Platz zu nehmen, und greift zum Telefon, um uns anzumelden. Kurz darauf wird eine Tür geöffnet und eine junge Frau namens Jessica heißt uns willkommen. Sie führt

Auf dem Weg zum State Capitol in Sacramento ▼

uns einen langen Gang entlang, der mit allerhand Sehenswertem geschmückt ist: Rechts hängen Porträts aller bisherigen Gouverneure von Kalifornien, links jene der dazugehörigen First Ladies. „Die First Ladies-Wand wurde von Maria Shriver, der Gattin Arnold Schwarzeneggers, ins Leben gerufen", erklärt uns Jessica. In mehreren Vitrinen werden Geschenke politischer Gäste sowie Mitbringsel von Auslandsreisen zur Schau gestellt. Ein Stück weiter hängen amerikanische Flaggen, ganz am Ende des Ganges hängt eine kalifornische Fahne von historischem Wert. Darunter steht eine aus Eisen zusammengeschweißte Skulptur – ein Hund als Terminator auf einem Motorrad. Gleich ums Eck lächelt uns Arnold entgegen – von Plakaten, auf denen er mit dem Slogan *„You will be back!"* (Du wirst zurückkommen!) für den Tourismus in Kalifornien wirbt. Dann folgen Bilder aus verschiedenen Lebensabschnitten des *Gouvernators*, wie er hier gerne genannt wird. Wir gelangen in das Vorzimmer von Arnolds Büro, wo uns zwei seiner Chefsekretärinnen freundlich begrüßen. Von einer der beiden werden wir umarmt, während sie sich besorgt erkundigt: „Ihr seid bei dem Wetter wohl nicht mit dem Fahrrad hierhergekommen?" Wir sollen uns setzen, da der Gouverneur beim Mittagessen sei. Sie bietet uns etwas zu trinken an, was wir dankend ablehnen. Ich bin mittlerweile etwas nervös und will schließlich nicht riskieren, im falschen Augenblick in den *Restroom* (auf die Toilette) zu müssen.

Wenige Minuten später erscheint ER, hinter ihm einige Sicherheitsbeamte. Etwas zaghaft nähern wir uns, als Arnold winkt und meint: „Kummt's nua eina!" Und schon stellt er uns in steirischem Dialekt mit amerikanischem Akzent Fragen zu unserer Reise. Durch welche Länder wir bereits geradelt sind, wohin es geht, wie viele Kilometer wir bisher gefahren sind, wo wir immer übernachten und was unsere Eltern dazu sagen – das alles interessiert ihn. Und als Bestätigung, dass man seinen eigenen Weg gehen soll, erzählt er: „Mei Mutter hot imma gsogt, dass i wos Gscheits oabeiten sull und ned nua Bodybüdan und Fülme mochn!" Gut, dass er nicht auf sie gehört hat. In dem kleinen Besprechungszimmer steht eine Büste von Ronald Reagan, Bilder, gemalt von amerikanischen Ureinwohnern, hängen an der Wand, auf einem Tisch liegt in einer mit rotem Samt ausgekleideten Box eine Filmrequisite, das Conan-Schwert, und auf einem anderen Tisch stehen Weintrauben und Kekse. Insgesamt eine sehr gemütliche Atmosphäre. Ich hatte mir die Räumlichkeiten viel unpersönlicher vorgestellt und bin überrascht, mit wie vielen netten bedeutungsvollen Kleinigkeiten diese eingerichtet wurden. Die kostbaren Minuten verfliegen, ein Fotograf schießt noch einige Erinnerungsbilder von uns und dem Gouverneur, und schon müssen wir uns wieder verabschieden – schließlich hat sich „unser Arnie" um das Wohlergehen von 38 Millionen Kaliforniern zu kümmern. „Mochts as guat und danke fias Vorbeischaun!", verabschiedet uns Arnie.

Zu Besuch bei Arnold
Schwarzenegger

Wir werden durch das
State Capitol geführt

Während wir auf die signierten Fotos warten, genießen wir einen „Gouverneurs-kaffee". Er schmeckt vorzüglich, vor allem, weil die Anspannung nachlässt und wir langsam realisieren, dass wir soeben wirklich dem wohl berühmtesten Auslands-steirer, Weltstar und Gouverneur von Kalifornien die Hand geschüttelt haben! Er hat ungezwungen drauflos geplaudert, sympathisch. Auf Amerikanisch wür-de man in so einem Augenblick sagen: *„Arnold rocks!"* (frei übersetzt: Arnold ist Spitze!). Wir stehen wieder im Regen, der Wind pfeift noch immer und ein Mann betrachtet fassungslos sein Auto, auf das gerade ein Baum gekracht ist. Alles wie in einem Actionfilm, allerdings in einem, in dem wir soeben eine kleine Nebenrolle spielen durften.

Stadt der Engel

Valeska

Los Angeles, kurz L.A. Das bedeutet in Spanisch *Die Engel*. Mir kommt der Name etwas zu romantisch vor für einen Ballungsraum, in dem ungefähr vier Millionen Menschen leben. Dabei ist L. A. nur eine von vielen Städten (Anaheim, Irvine, Glendale, Huntington Beach), die gemeinsam die *L.A. Metropolitan Area* bilden, welche ungefähr achtzehn Millionen Einwohner zählt und sich über 12.000 Quadratkilometer erstreckt. Wir wollen da mit dem Fahrrad durch. Ob das eine gute Idee ist? Obwohl wir schon durch andere Großstädte wie Athen, Kairo, Kapstadt, Sydney und Delhi geradelt sind, habe ich trotzdem ein flaues Gefühl im Magen. Los Angeles ist mehrere Nummern größer.

Positiv überrascht uns ein Radweg, auf den wir im Norden der Metropole, in Santa Monica stoßen. Er führt direkt am Sandstrand entlang und wir können uns somit vom Großstadtrummel fernhalten. Palmen, Rettungsschwimmer-Häuschen, wie man sie aus einschlägigen TV-Serien kennt, und in der Ferne das glitzernde blaue Nass, in das es Badenixen, Surfer und wild lebende Strandhunde gleichermaßen zieht. Kilometerweit radeln wir bei strahlendem Sonnenschein an endlosen Stränden entlang. Auf den Fußgängerpromenaden herrscht buntes Gedränge: Feine Damen, coole Jungs, Möchtegern-Muskelmänner, merkwürdige Figuren. Hier verbringen alle ihre Freizeit. Alles Mögliche sowie Unmögliche wird an kleinen Ständen verkauft, ebenso wie Eis, Kleidung und Aufkleber mit lustigen Sprüchen. Mein Favorit: *Girls can do anything!* (Mädchen können alles!) – dieses Pickerl ziert seit damals mein hinteres Kotblech. Wir reißen uns los vom Staunen und Schauen, denn bis in den Süden der Stadt zu unseren österreichisch-bulgarischen Freunden ist es noch weit. Am Nachmittag wird es so richtig voll am Strand: Surfer queren ständig den Radweg, Radfahrer überholen uns, Rollerblader machen sich breit. Auf den Volleyballplätzen wird gepritscht und gebaggert. Viele der Spieler sind lustigerweise verkleidet. Da schlägt ein blauer Zwerg auf, dort blockt ein Marienkäfer – Engel entdecken wir jedoch keine. Die Zahl der kalifornischen Klischee-Frauen in knappen Badetangas bleibt gering, viel mehr stechen uns zahlreiche Obdachlose ins Auge. Die Arbeitslosigkeit ist hier so hoch, dass ganze Familien auf der Straße, besser gesagt am Strand leben. Trauriges Bild. Wir schaffen es kurz vor Einbruch der Dunkelheit – rund um den Hafen, über unzählige Ampelkreuzungen, ein Stück am Highway, Autofahrer verwünschend – nach Costa Mesa, einem von 110.000 Menschen bewohnten „kleinen" Vorort. Hier befindet sich unserer Quartier für die nächsten Tage. Wir sind heute über hundert Kilometer gestrampelt und haben dabei nur einen kleinen Bruchteil der Metropole kennengelernt.

„Was müssen wir uns unbedingt anschauen?", fragen wir unsere Gastfamilie zum Thema *Sightseeing*. „Naja, eigentlich gibt es da nicht so viel. Hollywood, Downtown, Disneyland – den Strand seid ihr schon entlanggeradelt ...", wird uns etwas ratlos geantwortet. Wie, so eine Riesenstadt und Sehenswürdigkeiten gibt es nicht wie Sand am Meer? Das können wir kaum glauben und machen uns auf den Weg in den Großstadtdschungel. Mit einem geliehenen Auto fahren wir auf verschiedenen Autobahnen, die sich wie Lianen durch den urbanen Dschungel schlängeln. Sechs Spuren führen in jede Richtung, daher geht es trotz viel Verkehr gut vorwärts. Ganz links außen gibt es die Fahrgemeinschaften-Spur, die nur von Autos benutzt werden darf, die mit mindestens zwei Personen besetzt sind. Da sind wir richtig – und fahren meist allein auf dieser Spur. Gewöhnungsbedürftig ist, dass generell auf den Autobahnen links und rechts überholt wird. Schutzengel steh uns bei!

Gute zwei Stunden (!) dauert unsere innerstädtische Anreise bis zu den ersten Sehenswürdigkeiten. Zuerst steht *Bel Air* auf dem Programm. Wir fahren das Nobelviertel ab, da es zu Fuß kaum bewältigbar ist. Es ist berühmt für seine enorme Dichte an Filmstars und deren Traumhäuser. Allerdings bleiben diese meist hinter Mauern verborgen. Zu sehen sind die prunkvollen Einfahrtstore. Als nächstes rollen wir den *Mulholland Drive* entlang, eine Straße mit schöner Aussicht auf weitere Luxusvillen, grüne Parkanlagen und einen Teil der Großstadt. So gelangen wir direkt nach Hollywood, einem weiteren überbewerteten Stadtviertel. Wir sehen die Sterne auf dem Gehsteig, Hand- und Fußabdrücke der Stars, doch ansonsten ist es hier, wenn man sich die paar Touristen und verkleideten Filmfiguren (Spiderman, Barney, Star Trek Figur – Engel waren wieder weit und breit keine zu sehen) wegdenkt, recht unbelebt und viele der Gebäude wirken heruntergekommen. Letzter Pflichtprogrammpunkt: *Downtown*, die Wolkenkratzer des Banken- und Geschäftsviertels. Ein wenig entnervt finden wir endlich nach einigen Fehlversuchen die richtige Abfahrt von der Schnellstraße. Doch auch hier gibt es außer dem spektakulären Gebäude der *Walt Disney Concert Hall* nichts, was uns besonders beeindruckt. Wir bekommen langsam das Gefühl, dass unsere Freunde recht haben und L.A. nicht übermäßig viel Sehenswertes zu bieten hat. Zum Sonnenuntergang fahren wir auf einen Aussichtsberg zum *Griffith Observatorium*. Von hier haben wir einen tollen Blick auf das berühmte Hollywood-Schild am benachbarten Hügel, aber vor allem auf die gesamte Metropole. Nichts als Häuser, soweit das Auge reicht. Jetzt bin ich sprachlos und meine, die wahre Faszination dieser Stadt entdeckt zu haben. Los Angeles ist weder schön noch hässlich, jedoch

Auf dem Strandradweg an der Küste von L.A.

Venice Beach ▼

Spiderman legt sich ins Zeug   **Hollywood**

typisch amerikanisch mit Wolkenkratzern, Einfamilienhäusern und Schachbrett-
planung, vor allem aber RIESIG! Eine Mega-Metropole von galaktischer Größe.
Das ist sehenswert.

Zurück geht es wieder über etliche Autobahnen. Wir stehen im Stau und „dürfen"
die *rush hour*, Stoßverkehrszeit, live miterleben. Im Schneckentempo schleichen
wir vorbei an unzähligen Wohnvierteln, Tankstellen, Restaurants, Lagerhallen,
Fast-Food-Ketten, … Einkaufszentren erstrahlen in weihnachtlicher Beleuchtung.
Sterne, Weihnachtskugeln und -bäume leuchten in allen Farben von Dächern, La-
ternen und Palmen. Und über dem Eingang eines Shoppingkomplexes stehen sie
endlich: Zwei riesige Leuchtengel. Es gibt sie also doch, die Engel von L.A.

Aussteigen oder davon träumen

--→

Philipp

Wir sind zu Gast bei Elizabeth, einer schlanken, braunhaarigen Amerikanerin um die fünfzig, in ihrer Wahlheimat, der Baja California. Die mexikanische Halbinsel ist die Verlängerung des US-Bundesstaates Kalifornien in Richtung Süden. Das Klima ist hier äußerst trocken und die hügelige Landschaft vielerorts fast menschenleer. Übermannsgroße Saguaro-Kakteen, Orgelpfeifenkakteen und die kaktusartigen Cirios-Bäume mit ihren charakteristischen langen, nach oben hin immer dünner werdenden Stämmen recken sich in den wolkenlosen Himmel und prägen die Vegetation der Halbinsel. Elizabeth wohnt in El Juncalito, einem kleinen Dorf am Golf von Kalifornien. Von den zweiundvierzig Einwohnern sind fünfzig Prozent Amerikaner. Ihr gepflegtes, zweigeschossiges „Zwergenhaus" hat Charakter – wie auch die Häuschen der Nachbarn. Aussteigercharakter. Es ist mit Schilf gedeckt, die Außenwände sind lila, die Ecksäulen und Stützen für das Dach hellgrün. Rundum stehen Schatten spendende Bäume und Büsche. Im Erdgeschoß befinden sich eine kleine Toilette und eine Küche mit Gasherd. Darüber gibt es ein winziges Schlafzimmer und einen gemütlichen, schilfüberdachten Balkon, von wo aus man auf das türkise Meer der Juncalito-Bucht blickt. Kolibritränken, hängende Behälter mit Zuckerwasser, schaukeln im kühlenden Meereswind. Die kleinen Vögel fliegen mit einer enormen Flügelschlagfrequenz surrend hin und her und laben sich an dem süßen Energietrunk, während sie buchstäblich in der Luft stehen. Neben dem Haus befindet sich ein überdachter Vorplatz, wo Elizabeths uralter, weißer Suzuki Vitara parkt. Weiter hinten am Grundstück ist ein noch älterer, nicht mehr fahrtauglicher Wohnwagen für die Ewigkeit abgestellt – das Gästezimmer und unsere Bleibe für die nächsten Tage.

Dieser Fleck hat etwas Paradiesisches, aber auch etwas Rudimentäres. Die wenigen Fenster des Hauses haben anstelle von Glasscheiben straffgezogene Plastikfolien. Es gibt keinen Strom, obwohl die Hochspannungsleitung gleich hinter dem Ort verläuft. Lediglich eine kleine Solaranlage sorgt für die Elektrizität im Haus, und so muss man ständig daran denken, so wenig Strom wie möglich zu verbrauchen. Wäschewaschen ist ein eigenes Kapitel: Wenn es Wasser gibt, was

Aussteigerin Elizabeth   Buntes Wohnhaus

nicht immer der Fall ist, muss dafür der Generator angeworfen werden. Er tuckert ohrenbetäubend laut stundenlang vor sich hin. Und wenn es nicht gerade der eigene ist, dann hat bestimmt einer der Nachbarn einen dieser lärmenden Motoren in Betrieb. Ende der Idylle.

Wir fragen Elizabeth, warum sie ihrer Heimat den Rücken gekehrt hat. „Das Leben in den USA kann ich mir nicht leisten. Mexiko ist billig", erklärt sie, „und es wohnen ohnehin genügend Amerikaner hier, da bin ich nicht alleine." Ob sie sich vorstellen kann, irgendwann wieder zurückzugehen? „Vorstellen schon, aber dazu fehlt mir das nötige Kleingeld", antwortet die Aussteigerin und mit ein wenig Wehmut in der Stimme fährt sie fort: „Es ist schade, denn meine Kinder leben in den Staaten." Sie schaut nachdenklich aufs Meer hinaus, dann lächelt sie. „Aber egal, hier ist das Leben einfach und ungezwungen. Ich kann einen Tag oder auch länger einfach hinaus aufs Meer schauen und die Zeit vergehen lassen. Es herrscht kein gesellschaftlicher Druck, weil es niemand gibt, der mir vorhält, dass das verschwendete Stunden sind, da ich in dieser Zeit kein Geld verdiene." Wir können sie gut verstehen.

Auf unserem Weg entlang der Baja California nach Süden treffen wir immer wieder Nordamerikaner. Nicht alle sind wie Elizabeth aus dem westlichen Gesellschaftssystem ausgestiegen. Viele leben in ummauerten Enklaven, in aus dem Boden gestampften Schickimicki-Ortschaften. Protzige Villen, große Swimmingpools, noble Geschäfte und pompöse Hotelanlagen mit Golfplätzen drängen sich aneinander und nehmen ein paar der schönsten Fleckchen der Halbinsel in Beschlag. Mexikaner leben hier keine. Als Putz- und Bedienungspersonal sind sie allerdings gerne gesehen. Sie verdienen bei den reichen Ausländern mehr als mit ihrer Landwirtschaft. Wir lernen keinen einzigen der vermögenden Hausbesitzer kennen. Hinter Mauern gefangen und in großen Autos eingeschlossen, suchen sie keinen Kontakt zu den Einheimischen und schon gar nicht zu Radreisenden.

Eines Abends radeln wir gerade durch einen verschlafenen, staubigen Ort und suchen nach einer günstigen Bleibe, als uns ein etwa 40-jähriger, schnauzbärtiger Typ aufhält, der an einem klapprigen blauen Kombi lehnt. Paul hat sein altes Leben in den USA hinter sich gelassen. Er war im Aktiengeschäft tätig und seiner Einschätzung nach gut im Rennen, als er plötzlich das Gefühl hatte, etwas zu versäumen. Er gab alles auf, kaufte sich den billigsten und ältesten Wagen, den er finden konnte, und fuhr einfach los – auf der Baja California nach Süden. Schon seit Monaten lebt er im Auto, wäscht sich ausschließlich im Ozean und versucht, mit so wenig wie möglich auszukommen. Er bittet darum, für uns kochen zu dürfen, und bereitet uns auf seinem kleinen Gaskocher ein schmackhaftes Mahl zu.

Es dauert nicht lange und schon serviert er uns Naturreis mit Gemüse und Käse, darüber Salatdressing aus der Flasche. Immer wieder lädt Paul Leute, die er unterwegs kennenlernt, ein und kocht für sie. Das ist sein Hobby. Er erzählt, wie glücklich er sei, frei von fast allem Materiellen zu sein und jeden Tag nur das zu tun, worauf er gerade Lust habe. Seit er losgefahren ist, ist das Leben für ihn so einfach, wie noch nie zuvor. Wir fragen, wohin er eigentlich fahren wolle. „Keine Ahnung", schmunzelt er, „das überlege ich mir jeden Tag erst, wenn ich in der Früh den Wagen starte".

Wir befinden uns ungefähr in der Mitte der Halbinsel, auf einer langen hügeligen Etappe, und strampeln durch eine malerische, trockene Halbwüstenlandschaft. Unzählige Truthahngeier sitzen auf meterhohen Cardon-Kakteen. Andere Sukkulenten und Trockenheit liebendes Gestrüpp wachsen büschelweise und polsterartig zwischen grobem rötlichem Schotter. Da hält ein größerer PKW mit einem Seekajak am Dach neben uns. Der junge Mann aus Seattle reicht uns frische Wein-

175

trauben, die er gerade im letzten Ort gekauft hat. Er erzählt, dass er nur acht Tage Zeit hat, um im Golf Kajak zu fahren. Dann muss er wieder retour, 3200 Kilometer nach Norden.

An einem der Strände, wo wir zelten möchten, stoßen wir auf Gesellschaft. Ein paar Wohnwagen, allesamt ältere Modelle, und ein Campinganhänger stehen am hinteren, schöneren Ende der kleinen Bucht. Nur einer davon sieht bewohnt aus. Hier lernen wir Liz und Edward aus Utah kennen. Sie haben sich vor und um ihren Wohnanhänger für die nächsten Monate gemütlich eingerichtet. Unter einem Schatten spendenden Vorzelt befinden sich Kühltruhe, Kocher, Wasservorräte und Lebensmittel. Der Boden ist mit sauberen Planen ausgelegt, auf denen ein Klapptisch und mehrere Sessel stehen. Am Dach ihres Campinganhängers befinden sich Solarpanelen. Wir sind gerade erst dabei, uns nach einem geeigneten Fleck für unser Zelt umzuschauen, da laden sie uns schon zu sich ein. Kurz darauf sitzen wir mit einem kühlen Bier in der Hand mit ihnen am Tisch und unterhalten uns. Liz und Edward sind in Pension und flüchten jedes Jahr vor dem Winter in den USA. Fünf Saisonen fahren sie schon auf die Baja California und bleiben jedes Mal mindestens ein halbes Jahr an „ihrem" Strand. Viel passiert hier nicht. Edward fischt gern und Liz kümmert sich um den Haushalt oder liest. „Bald werden die Besitzer der restlichen Wohnwagen kommen. Da wird es uns dann manchmal fast zu eng", erzählen sie uns. Aber jetzt ist noch niemand hier und sie freuen sich über die Abwechslung, Gesellschaft zu haben. Wir schlagen unser Zelt neben ihrem „Winterlager" auf, kochen und essen miteinander und genießen am nächsten Morgen beim gemeinsamen Frühstück einen herrlichen Sonnenaufgang über dem kalifornischen Golf. Dann heißt es Abschied nehmen. „Ihr wisst, wo ihr uns findet", meint Edward, als er uns die Hände schüttelt. „So lange wir noch können, werden wir hierher kommen." Alles klar.

Weiter im Süden, in Puerto Escondido, einem kleinen, natürlichen Hafen, der durch eine große Halbinsel vom Golf von Kalifornien abgeschirmt ist, gibt es freien Internetzugang. Wir wollen diese Möglichkeit nicht auslassen, wieder einmal unsere E-Mails zu lesen und mit der Welt zu Hause in Kontakt zu treten. Puerto Escondido, ein seltsamer Ort. Die überbreiten, sauberen Straßen sind bereits um die schicke Hafenanlage schachbrettartig angelegt – offensichtlich der erste Schritt zur Erschließung einer neuen Villenkolonie. Noch steht aber kein einziges Wohnhaus. Die Hafengebäude sind für mexikanische Verhältnisse viel zu geschniegelt und modern. Alles ist sauber und makellos weiß. Aus Mexiko kommen hier wieder einmal nur das Putzpersonal, die Gärtner und die Straßenkehrer. Etliche kleine und große Jachten ankern in der Bucht oder liegen am Pier. Mit „How are you?" (Wie geht's?), begrüßen uns Nordamerikaner im Vorbeigehen. Winterflüchtlinge

▲ Zu Besuch bei Liz und Edward

und Aussteiger. Jeder scheint hier größten Wert auf sein Image zu legen. Die einen sehen mit ihren weißen Bundfaltenhosen und rosa Pullundern aus, als hätten sie soeben Golf gespielt, die anderen dürften gerade von der *Schatzinsel* oder aus *Taka-Tuka Land* kommen oder für längere Zeit mit dem Piraten *Dotterbart* auf See gewesen sein. Bei ihnen fehlt nur die obligatorische Augenklappe und man würde sie für waschechte *Freibeuter der Meere* halten. Wir freunden uns mit Ray, einem Typen aus der „Piratengruppe", an. Die Haut seines nackten Oberkörpers ist sonnengebräunt und ledrig. Er ist um die sechzig und sehr mager. Sein langes, schütteres Haar ist zu einem Zopf zusammengebunden. Um seinen Hals baumelt eine goldene Kette mit einem Anker. Seine abgeschnittenen Jeans trägt er mit einem auffällig breiten, alten Ledergürtel. Es ist Vormittag und Ray sitzt in einem kleinen Restaurant vor einem der Bootsanleger beim Bier und quatscht uns an. Wir holen uns zwei Cola und setzen uns zu ihm. Er scheint hier der Kopf der „Piratengruppe" zu sein. Immer wieder kommen „Golfspieler" und „Piraten" vorbei, die ihn nach seiner Meinung zu Ankerstellen und Fischplätzen fragen. Ray kennt sich aus. Er genießt ganz offensichtlich seine Rolle als „Herr des Hafens" und gibt bereitwillig Auskunft. Vor einigen Jahren ist er geflüchtet. Geflüchtet von allem, was er zu Hause in den USA jemals hatte: Frau, Kinder, Haus und Job. Jetzt wohnt Ray auf einer Segeljacht und verdient sein Geld damit, dass er Touristen zum Fischen in entfernte Buchten mitnimmt, Schiffe repariert und gelegentlich Boote nach Kalifornien überstellt. Sein Leben ist einfach, überschaubar und stressfrei. Wenn es keine Arbeit für ihn gibt, und das ist, wie er sagt, meistens so, dann hängt er am Hafen rum, tratscht mit Leuten, die vorbeikommen, trinkt das eine oder andere Bier und lässt die Tage vergehen. Während wir mit ihm plaudern, rinnen vier Doseninhalte des alkoholischen Hopfengetränks seine Kehle hinunter.

Die traurigste Persönlichkeit auf unserer Fahrt durch die Baja California lernen wir im Norden kennen. Wir queren die Grenze von den USA nach Mexiko bei Tijuana. Tijuana ist nicht nur einer der meist frequentierten Grenzübergänge der Welt, sondern auch ein heißes Pflaster, was den Drogenschmuggel betrifft. Nicht selten kommt es in den Straßen der staubigen Stadt zu Schießereien zwischen den rivalisierenden Kartellen. Auf holprigen Straßen verlassen wir die am Grenzzaun klebende Großstadt. Der nördliche Teil der Baja California ist nicht sehr schön. Er ist schmutzig, staubig, verkehrsreich, die Orte sind heruntergekommen. Hier wurde uns ein Kontakt vermittelt, und wir besuchen Matthew. Von der viel befahrenen Hauptstraße zweigen wir in eine schlaglochübersäte Gasse ab. Noch ein Stück geht es bergauf, bis wir Matthews Haus erreichen. Auf den ersten Blick wirkt es ungepflegt. Auf den zweiten erkennt man, dass es am Zusammenfallen ist. Der Gartenzaun ist schief und teilweise umgekippt. Im Garten liegt unter hohen Palmen Unrat. Die Wände des einstmals billig gebauten Spanplatten- und Gipskartonhauses sind morsch, haben Löcher und bräuchten dringend einen Anstrich. Türen klemmen oder sind erst gar nicht vorhanden. Im Inneren des Hauses hat sich einiges angesammelt. Auf alten Sofas, Sesseln und Regalen stapeln sich Zeitungen und Bücher, alte Wäsche türmt sich in den Ecken und leere Zigarettenpackungen liegen überall herum. Der Fernseher läuft. Matthew ist ein riesiger Mann um die fünfzig. Neben ihm wirken wir fast wie Zwerge. Sein Haar ist kurz, grau und schütter, sein Bart stoppelig. Er trägt einen orangen Sweater und eine alte blaue Trainingshose. Seine Bewegungen sind langsam und er atmet schwer. Jeder Schritt scheint ihm Schmerzen zu bereiten. An einer Wand des Wohnzimmers lehnt ein Rennrad. Früher ist er bei Triathlons angetreten, heute hat das Rad für ihn nur noch nostalgischen und sentimentalen Wert. Wir wollen ihn eigentlich zur Infrastruktur der vor uns liegenden Strecke befragen, hören aber seine persönliche Geschichte. Während er beinahe eine ganze Flasche Mezcal, einen mexikanischen Schnaps, trinkt, erfahren wir viel über seinen traurigen „American

Einer der vielen Strände
der Baja California

Dream". Matthews Leben ist die Kehrseite des gerne glorifizierten amerikanischen Traums, und die Realität vieler finanzschwacher US-Bürger. Als Matthew jung war, hatte er nicht nur sportliche Visionen, sondern auch sein eigenes kleines Business, mit dem er groß werden wollte. Er verkaufte Eis und organisierte Caterings. „Eigentlich ist es mir ganz gut gegangen, ich hatte genügend Geld zum Leben und meine Geschäfte liefen bestens". Er stöhnt vor Schmerz, rückt in seinem Polstersessel etwas höher und gießt sich ein weiteres Glas Mezcal ein. „Doch dann bekam ich massive gesundheitliche Probleme". Seine Wirbelsäule war irreparabel abgenutzt. Er konnte seine Arbeit nicht mehr ausführen und musste seine Geschäfte aufgeben. Mehrere Jahre war er in ärztlicher Behandlung, eine Operation konnte er sich nicht leisten. Lange Zeit wurde er auf Morphium gesetzt, doch nichts besserte sich. Dann schlug ihm das amerikanische Gesundheitssystem die Tür vor der Nase zu, denn er konnte für seine ärztliche Betreuung nicht mehr bezahlen. Versicherungen und Banken nahmen ihm sein Haus. „Ich war absolut am Ende", schnauft er schwer atmend, „Amerika lässt dich fallen, wenn du zur Wirtschaft nichts beitra-

179

gen kannst." Zum Glück hatte er sich zu Zeiten, in denen er noch Geld verdiente, dieses kleine Grundstück mit baufälligem Haus gekauft. Das konnte ihm niemand nehmen. Es ist sein Zufluchtsort und sein Ein und Alles. Matthew weiß, dass das Anwesen am Zusammenbrechen ist, aber er träumt davon, sein Haus eines Tages herrichten zu können. Drei Jahre lebt er bereits in Mexiko, gemeinsam mit seiner zappeligen Hündin Terra. Sie ist seine Ansprechpartnerin und hört sich geduldig sein Jammern und Wehklagen an. Trotz Matthews beeindruckender Körpergröße und -fülle ist er ein extrem „weicher Typ". Er liebt Tiere, er tut Menschen gerne Gutes, er lädt uns ein und kocht für uns. Abends blicken wir gemeinsam mit ihm über die Dächer der Nachbarhäuser auf den Pazifik und genießen den prächtigen Sonnenuntergang.

König der Stiefel

Valeska

„Fahrt ihr mit Clips?", will man von uns Fahrradweltreisenden des Öfteren wissen. Es geht darum, ob wir Schuhe verwenden, die man in die Pedale einhaken kann. Uns stellt sich im Moment eine ganz andere Frage, da wir Cowboystiefel erstanden haben: Sollen wir uns Sporen kaufen, um mit unseren Drahteseln schneller voranzukommen?

Obwohl man jeden Tag darin rumläuft oder – wie in unserem Fall – damit in die Pedale tritt, macht man sich kaum Gedanken darüber, wie Schuhe eigentlich hergestellt werden. Na gut, vom Schuster und seinem Leisten hat man gehört, aber um einmal den ganzen Prozess zu sehen, vom rohen Stück Tierhaut bis zum fertigen Schuh, mussten wir erst nach Mexiko reisen.

In León, der Lederhauptstadt des Landes, gibt es etwa 600 Gerbereien, 1500 Schuhfabriken und ganze Stadtviertel voller Lederwaren- und Schuhgeschäfte. Wir lernen den aus Deutschland ausgewanderten Lederhändler Herbert kennen, der uns in zwei Gerbereien führt. Gewöhnungsbedürftig ist der Anblick großer Maschinen zum Entfleischen und Spalten der eingesalzenen Häute. In riesigen hölzernen Fässern werden sie danach mit verschiedenen Gerbstoffen behandelt, in kleineren gefärbt. Nach dieser Prozedur wird das Leder gestreckt, getrocknet, geglättet, teilweise mit Farbe besprüht und poliert. Nach allen diesen Arbeitsschritten hat man erst das Rohmaterial zur Schuhproduktion. Das sogenannte Sohlenleder wird in eigenen Fabriken hergestellt, die sehr dicke Häute von großen Bullen verarbeiten. Während wir von einer Gerberei zur nächsten fahren, frage ich, wie es mit dem Abwasser aussieht und ob es hier in Mexiko Umweltauflagen für diese Zunft gibt? „Ja, es gibt ebenso Gesetze wie in Europa. Wenn die Polizei allerdings Druck machen würde, damit diese eingehalten werden, tja, dann wäre hier niemand auf der Straße, sondern alle hinter Gittern!", antwortet Herbert lachend.

Wie man Leder in Schuhe verwandelt, erfahren wir vom „mexikanischen König der Stiefel", Luis Torres Diaz, dem Besitzer einer der erfolgreichsten Stiefelfabriken des Landes. Im Bürobereich und in den Schauräumen seiner Fabrik stehen kleine bunte Holzhäuser, Antiquitäten, alte Sättel, Wagenräder etc. Man taucht

Drahtesel-Cowgirl und -Cowboy   Sohlenleder wird aufgehängt ▼

Luis Torres Diaz —
König der Stiefel

Vaqueros, Cowboys

hier in den wilden Nordwesten Mexikos ein, in die Kleinstadt Caborca, in der es früher einmal so ausgesehen haben soll. Nach ihr ist die Firma benannt, die Luis' Vater 1942 gegründet hat. Er begann damals damit, eigenhändig hergestellte Schuhe zu produzieren. Das Geschäft lief – und bald besser, als er sich 1978 auf eine besondere Kundschaft spezialisierte: Die Cowboys, hier als Vaqueros bezeichnet. Gehören doch die Stiefel neben Hut, ledernen Beinkleidern und Lasso zu den wichtigsten Ausstattungsstücken dieser Berufsgruppe. Luis erzählt: „Als ich die Firma übernahm, begann ich sofort, eine viel modernere Linie einzuschlagen." Ja, das passt zu ihm. Er ist ein innovativer, sympathischer Mann, Mitte 50, mit längerem grauem Haar, in Jeans und einem schwarzen Sweater, der die Aufschrift Liberty Biker (frei übersetzt: Freiheit auf zwei Rädern; wobei ein Motorrad gemeint ist) trägt.

Wir machen einen Rundgang durch seine Fabrik und schauen einigen der 250 Angestellten bei der Arbeit zu. Hier wird Leder zugeschnitten, dort auf die Leisten genagelt, weiter hinten mittels verschiedener Maschinen durch Hitze und zum Teil durch Kälte in Form gebracht. „Wie entstehen diese abstehenden Punkte im Leder?", frage ich einen der Arbeiter. „Die sind bereits so vorhanden, das ist Strau-

Echtes Babykrokodilleder

Schauraum in der Firma Caborca ▼

ßenleder!", erwidert er. Wenig später können wir fachkundig Kalbs-, Ziegen-, Schafs-, Schlangen-, Leguan- und Krokodilleder auseinanderhalten. Am anderen Ende der Werkshalle hängt über der Tür ein glitzerndes Bild der Jungfrau Maria von Guadalupe, der vielverehrten Patronin Mexikos. Unter den Augen der Madonna verlassen zurzeit 800 Stiefel pro Tag das Werk.

Wir schlendern weiter in den Schauraum. Die Vielfalt der Modelle beeindruckt uns, und von der Vorstellung, Cowboystiefel seien meist braun, müssen wir uns verabschieden. Aufdringliches Grün, schreiendes Gelb, betörendes Türkis und feuriges Rot füllen die Regale. Nicht weniger außergewöhnlich sind die Muster, die manuell eingestanzt werden: Chinesische Drachen, Totenköpfe, Cowboys, Schmetterlinge und sogar ein Abbild der Jungfrau von Guadalupe. Luis' Tochter Maria entwirft die flippigsten Modelle. Sie möchte eines Tages die Firma übernehmen und – auf unser Bitten – den Export nach Österreich erweitern. Welche Linie wählt der König der Stiefel für seine eigenen Füße? „Am liebsten sind mir die bequemen und dennoch modischen Paare. Ja, das geht, heutzutage können wir Cowboystiefel gleichzeitig haltbar, en vogue und komfortabel herstellen", wirbt er zufrieden. „Somit werden sie nicht nur von den echten *Vaqueros* getragen, sondern sind ebenso beliebt bei Motorradfreaks, Alltagscowboys und Stadtmenschen. Übrigens erstehen Madonna, Liz Taylor, Sienna Miller und Taylor Swift ihre Fußbekleidung auch bei mir", lässt er uns wissen.

Ich muss zugeben, dass ich in der Einleitung geschummelt habe, denn zum Um-die-Welt-Radeln sind Cowboyboots leider nicht geeignet. Deshalb schicken wir unsere erstandenen Traum-Stiefel gut verpackt nach Österreich und schlüpfen zurück in unsere ausgelatschten Sandalen.

Zauberhafte Zeremonie

Valeska

Auf einem kleinen Bauernhof in Guatemala flackert in einer Tonschüssel ein wohlriechendes Feuer. Es knacken die kleinen Hölzchen und wir hören die Knacklaute der Sprache Quiché, in der gebetet wird. „Die Zahl Vier beschreibt die Eckpunkte unseres Universums, das wir uns als riesiges Viereck vorstellen. Verbinden wir nun die Mittelpunkte der Geraden dieses Quadrates miteinander, entsteht ein Kreuz", erklärt der Maya-Priester. „Das Kreuz war bei uns schon ein heiliges Symbol, lange bevor die Spanier kamen", fährt er fort, während er Zucker in die Feuerschüssel streut. Die Maya-Götter ernähren sich von wohlriechenden Aromen und Blütenduft, deshalb werden bei den Riten zum Beispiel Harze, Honig, Kräuter und Schokolade verbrannt. Die heutige Zeremonie findet speziell für uns statt – die Maya-Familie heißt uns damit willkommen und bittet die Götter, uns auf der Reise zu beschützen.

Vor wenigen Stunden waren wir angekommen und die vielen Kinder von diesem Hof hatten uns winkend mit selbst gebastelten Österreich-Fahnen aus Papier empfangen. Sie bestaunen unsere bepackten Fahrräder und sind von den lauten Hupen begeistert. Wenig später schaut ein bekanntes Gesicht ums Eck: die Kärntnerin Caroline Jernej, eine ehemalige Studienkollegin, begrüßt uns mit ihrem Mann Julio Sapón, der dieser vielköpfigen Großfamilie entstammt. Man reicht uns Wasser und frisches Obst, danach machen wir einen Rundgang über das Hofgelände. Die kleinen Häuser sind eigentlich nur bessere Lehmhütten mit Dächern aus Tonziegeln und Wellblech. Dazwischen laufen Schafe, Hühner, ein paar Truthähne und Hunde. Es gibt einen Brunnen, aber kein fließendes Wasser. Einige Schritte entfernt befindet sich ein Plumpsklo, von dem aus man einen schönen freien Blick auf die umliegenden Mais- und Bohnenfelder hat. In einem der einfachen Häuser leben Caroline, Julio, seine Schwester Lucia und deren zwei Kinder in einem einzigen – nicht unbedingt großen – Raum. „Erschreckt's nicht!", sagt Caro, als sie uns „das Bad" zeigt, eine aus Holzbrettern und Plastikplanen gebastelte Duschkammer. Vor fünf Jahren entstand dieser bis dahin für die Familie unbekannte „Luxus".

Großfamilie Sapón

Waschgelegenheit

Bereits 2001 hat sich Caroline in das Land Guatemala und seine Kultur verliebt. Sie war als Geografiestudentin auf einer Zentralamerika-Exkursion und „von den Begegnungen mit den Menschen, die so bescheiden und herzensgut waren, irrsinnig bewegt!", erzählt unsere Freundin. Ein Jahr später kehrte sie zurück, schrieb ihre Diplomarbeit, lernte Spanisch und wurde mehr und mehr in den Bann der andersartigen Kultur und Gesellschaft gezogen. Sie erlebte die Ungerechtigkeiten zwischen den zwei großen ethnischen Gruppen des Landes, den *Indígenas* (so werden die direkten Nachkommen der Maya bezeichnet) und den *Ladinos* (= Mestizen, die aus der Vermischung von Einheimischen und spanischen Weißen entstammen bzw. nicht mehr die Maya-Kultur leben), und begann sich für die Gleichberechtigung der Maya einzusetzen, indem sie bei verschiedenen Menschenrechtsprojekten mitarbeitete. Im Jahr 2005 heiratete sie den Guatemalteken Julio Sapón in einer typischen altüberlieferten Hochzeitszeremonie der Maya. Ihren Hauptwohnsitz haben die beiden mittlerweile in Kärnten.

Die Großfamilie Sapón lebt auf 2300 Meter Seehöhe in der Nähe von Quetzaltenango, der zweitgrößten Stadt Guatemalas. Tomaten- und Zwiebelanbau sind ihre Lebensgrundlage. Am Markttag im Nachbarort Salcajá besuchen wir Catarina und

Maria bei ihrem Stand, wo sie eifrig mit dem Verkauf des Gemüses beschäftigt sind. „Heute haben wir schon alle Zwiebeln verkauft, aber es gibt viele Tomaten im Angebot und die Preise sind tief. Normalerweise ist es umgekehrt", erzählen sie. Wir schlendern mit Caroline durch die schmalen Marktgassen. Berge von Obst und Gemüse werden angeboten, dazwischen Töpfe, Kleidung, Seifen, Werkzeug, etc. Die meisten Frauen tragen Tracht, die aus einem langen gewickelten Rock (*corte*), einer bunten und kunstvoll bestickten Bluse (*huipil*) und einem breiten, handgewebten Gürtel (*faja*) besteht. Zusätzlich verwenden sie ein großes Tuch (equ'bal), in das sie ihre Kinder oder den Einkauf einwickeln. Nachdem wir uns an der Farbenpracht des Marktes sattgesehen haben, kehren wir zurück zum Hof, wo Julios Bruder Francisco arbeitet. Er sitzt hinter einem großen hölzernen Webstuhl und produziert einen bunten Stoff. Flink bewegt er das hölzerne Weberschiffchen, in dessen Innerem die Spule mit dem so genannten *Schussfaden* befestigt ist. Das Muster, das entstehen soll, ist bereits in den Faden eingefärbt: Rot, Schwarz und Grün lassen schon Vögel erkennen. Es handelt sich nicht um irgendein Federvieh, sondern um den *Quetzal*, den schillernden kleinen Nationalvogel mit seinen typisch langen Schwanzfedern. Seit 4 Uhr früh sitzt Francisco bei dem Handwerk, das er von seinem Vater gelernt hat und welches er wiederum an seinen Sohn weitergibt. Bis in die späte Nacht ist er fleißig, denn morgen kommt der Händler und der Stoff muss fertig sein.

Caroline und Julio haben den Verein „Guatemalahilfe zur Selbsthilfe – *Winaq pu wi Utzilal*" gegründet, mit dem Ziel der Verbesserung der Lebenssituation der Maya. Zum Zeitpunkt unseres Besuches arbeiten sie an einem mehrjährigen Regionalförderungsprojekt in der Heimatregion der Familie, das vom Entwicklungspolitischen Beirat des Landes Kärnten und der katholischen Aktion „Bruder und Schwester in Not" unterstützt wird. Der Fahrweg, auf dem wir zu den bescheidenen Häusern gelangten, wurde aus diesen Mitteln mitfinanziert. Er bedeutet eine wesentliche Erleichterung für die Kleinbauern beim Abtransport ihrer Waren zu den umliegenden Märkten. Wir begleiten Caroline und Julio beim Einkauf von „Schulstartpaketen" für Kinder besonders bedürftiger Maya-Familien. Im Dorf kommen wir an einem kleinen Bach vorbei, der zur landwirtschaftlichen Bewässerung sowie als Viehtränke dient und an dem Frauen Wäsche waschen. Dieses Tal wird mit Bäumen bepflanzt, damit es sein ursprüngliches Aussehen und der Bach seine einstige Wassermenge und Sauberkeit zurückerhält. Ein weiteres Projekt betrifft die Mülltrennung im Dorf. Es sollen dafür etliche Sammelbehälter aufgestellt und in den Boden einbetoniert werden, damit sie nicht über Nacht verschwinden. „Anfangs waren die Dorfobersten ganz begeistert von dem Projekt, doch im Moment bremsen einige, auf deren Grund wir die Tonnen errichten wol-

Catarina und Maria
beim Tomatenverkauf

Francisco am Webstuhl

Albina Gregoria umwickelt Maismasse mit Maiskolben-
blättern. Die „Päckchen" werden Tamales genannt

len. Ich werde also nichts überstürzen, erst mit der Aufklärungsarbeit beginnen,
und nach und nach werden wir die Tonnen aufstellen. Ein paar Familien werden
mit dem Mülltrennen beginnen und hoffentlich wird im nächsten Jahr das ganze
Dorf mitmachen", sagt Caroline hoffnungsvoll.

Abends sitzen wir alle in der Küche, eine Katze springt über den Lehmboden und
auf dem Holzofen stehen große Töpfe, aus denen es wunderbar duftet. Man isst
vor allem Mais, der in *Tortillas* (Fladen) und *Tamales* (Knödel) verarbeitet wird,
und schwarze Bohnen. Fleisch ist nicht alltäglich, da es teuer ist. Zur Feier des
Tages und zu Ehren der Gäste werden heute *Chuchitos* (mit einer würzigen Sauce
gefüllte *Tamales*) serviert. Dazu gibt es *Atol*, ein Getränk, das aus Reiswasser und
pürierten Kochbananen besteht. Das traditionelle Essen schmeckt uns und der
ganzen Familie. Danach macht der 10-jährige Tojil Hausaufgaben, die 12-jährige
Juana „hoppalt" ihren kleinen Bruder, und die 8-jährige Ixmucané sitzt satt in
der Ecke und beäugt uns neugierig. In der Dunkelheit fällt kaum auf, wie alt und

klapprig die wenigen Möbel aus Holz sind. Doch jedes Mal, wenn jemand von der langen Bank aufsteht, wackelt sie so sehr, dass ich befürchte, dass an meinem Ende der Holzfuß herausfällt.

Zwei von Julios Brüdern sind Maya-Priester und Seher. Am Ende der Zeremonie liest einer aus dem Feuer: „Ihr müsst euch in Acht nehmen, ich sehe Gefahren auf euch zukommen. Andererseits sehe ich, dass ihr mit viel Willensstärke euren Weg gut fortsetzen werdet und eure Ziele verfolgen könnt." Seine Sätze stimmen mich nachdenklich. Philipp sieht das gelassener und meint: „Glaubst du wirklich, dass man aus den Bewegungen der Flammen die Zukunft lesen kann?" … Vielleicht?

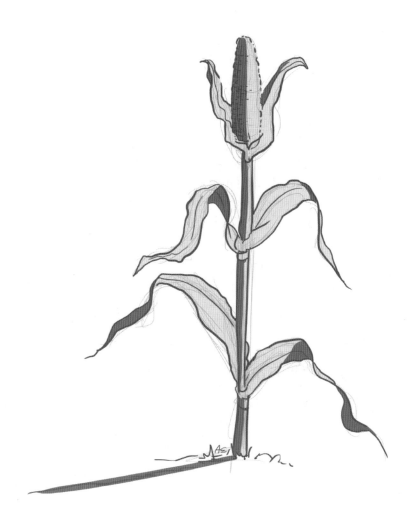

Wir bleiben wachsam

--→

Philipp

Vorbei an kleinen windschiefen Hütten mit Wellblechdächern, in denen kinder-
reiche Familien hausen, kriechen wir langsam auf einer sich windenden Straße
hinaus aus dem Becken, in dem Guatemala Stadt liegt. Klapprige Überlandbusse
quälen sich ebenfalls den Hügel hoch und hüllen uns in eine schwarze Wolke aus
Dieselruß. Hektik und Lärm der Großstadt lassen wir hinter uns. Bald sind wir
wieder im dörflichen Guatemala, das uns in den vergangenen Wochen ans Herz
gewachsen ist. Die Menschen sind gastfreundlich und das Land ist wunderschön.
Grüne Täler, hohe Berge, gemütliche Dörfer.

Wir verlassen das Hochland und kommen ins Tiefland. Es wird schlagartig heiß
und die Vegetation üppig und grün. Sogar der Menschenschlag verändert sich.
Waren die Leute in den höheren Lagen uns gegenüber offen, betrachten uns hier
die Dorfbewohner, an denen wir vorbeifahren, skeptisch. Die Landschaft ist
flach, wir kommen abwechselnd durch Wald und Ackerland. Ein Bauer, der einen
schlabbrigen Hut trägt, stützt sich vor seiner Hütte auf eine Flinte und blickt uns
nach. Er sieht aus wie ein Cowboy aus dem Wilden Westen.

Abends steigen wir neben einer wenig befahrenen Straße in einem mittelmäßigen
Hotel, aber mit großem Garten und Pool, ab. Die Zimmer umgeben halbkreisför-
mig die Grünanlage und das Schwimmbecken. Bei der Ankunft begrüßt uns eine
Gruppe von vier Männern in engen Jeans und drei Frauen in Spaghettiträger-Klei-
dern. Im Wasser planschen kreischend einige Kinder, während die Erwachsenen
barfuß auf dem Rasen stehen und Bier trinken. Sie sind vergnügt, gut gelaunt
und vermutlich auf Urlaub. Einer der Männer trägt einen ledernen Pistolengurt.
In der Hand hält er einen Revolver und spielt mit der Trommel, indem er sie immer wieder mit der Handfläche dreht, wie ein Westernheld, der auf seinen großen
Auftritt wartet. Ein zweiter Mann stützt sich lässig auf eine Pumpgun und nickt
wohlwollend zu uns herüber, als wir die Räder vor unserer Zimmertür abladen.
„Phu! Mit diesen Leuten sollten wir uns besser anfreunden", meint Valeska, nachdem die Zimmertür hinter ihr ins Schloss gefallen ist. Wir waschen uns den Stra-
ßendreck des Tages ab, dann setzen wir uns ins Freie vor das Zimmer und trinken

Tee. Die freundlichen „Waffenbrüder" belegen den Raum neben uns. Ich plaudere mit ihnen – weniger aus Interesse, vielmehr um mich, wie Valeska vorgeschlagen hat, mit ihnen gutzustellen. Sie haben vor, im nächsten Dorf Abend zu essen, und wollen uns mitnehmen. Ich lehne dankend ab. Ihre schwere Bewaffnung und ihr Bierkonsum behagen mir nicht. Als es dunkel wird, steigen die Familien in ihre großen schwarzen Pritschenwagen. Mit Gewehr und Revolver bewaffnet starten die Männer die Motoren und brausen los. Wir sehen uns verwundert an und um, aber wie es scheint, sind wir die Einzigen am Platz, denen dieses Verhalten etwas seltsam vorkommt.

Nur wenige Schritte von unserem Zimmer entfernt, befindet sich an der Straße ein gemütlich aussehendes Lokal. Hier wollen wir essen. Drei Männer in Boots, Jeans und mit Cowboyhüten sitzen an der Bar. Sie sehen „extra-cool" aus. Im Clint-Eastwood-fragt-nicht-schießt-gut-Stil, wie die Wiener Band Drahdiwaberl einst sang, tragen sie großkalibrige, glänzende Revolver an den Hüften. „¡Hola amigos! ¿Cómo estáis?" (Hallo Freunde! Wie geht's?), begrüßen sie uns zuvorkommend, als wir die Gaststätte betreten. Hier gehört das Tragen von Schusswaffen anscheinend zur Alltagskleidung der Männer. Außerdem, und ich denke wieder an Clint Eastwood, kann man ja nie wissen, was an so einem langen Abend noch alles passieren kann. Vielleicht muss man sich noch mit *dem Guten, dem Bösen* oder gar dem *Hässlichen* – aus dem Spaghettiwestern *Zwei Glorreiche Halunken* von 1967 – duellieren?

Der bereits etwas beschwipste Besitzer des Restaurants nimmt vergnügt unsere Bestellung auf. „*Gringos* (hellhäutige Ausländer) sehen wir hier nicht oft", meint er leicht schwankend. „Die Jungs an der Bar laden euch auf ein Bier ein. Was wollt ihr essen?" Die Cowboys an der Theke nicken freundlich zu uns herüber. Sie inspirieren meinen Essensgusto – ein großer Teller mit Bohnen, die ich dann laut schmatzend und rülpsend à la Bud Spencer und Terence Hill im Italowestern „*Vier Fäuste für ein Halleluja*" in Windeseile mit einem großen Holzlöffel in mich hineinstopfen könnte, wäre lecker. „Bohnen gibt's leider keine", meint der Hausherr und fährt fort: „Wir hätten Spaghetti." Das passt irgendwie nicht zum Land, aber trotzdem dazu. „Ja, bitte. Zwei große Portionen."

Jenseits der Grenze, in El Salvador, nimmt die Waffendichte im öffentlichen Leben noch um einiges zu. Sogar vor schäbigen Mittelklassehotels stehen schwerstbewaffnete Wächter. Ihre Gewehre lehnen an den Türrahmen und Rezeptionstheken. Vor Supermärkten und kleinen Einkaufszentren zählen wir bis zu zehn Pumpgun-tragende Sicherheitsbeamte. Es ist nicht klar, ob wir uns hier sicher oder unsicher fühlen sollen. Doch irgendwie knistert es in El Salvador in der Luft. Einige

Male stoppt uns die Polizei und meint: „Bleibt auf dieser Straße besser nirgends stehen, bis ihr im Zentrum seid. Haltet nicht, wenn jemand versucht, euch zu stoppen." Oder ein anderes Mal heißt es: „Fahrt keinesfalls durch dieses Viertel. Es ist gefährlich. Nehmt die Hauptstraße, dann kommt ihr sicherer in die Innenstadt."

In der Kleinstadt Santa Rosa de Lima suchen wir nach einer Unterkunft und finden ausschließlich ungepflegte Stundenhotels. Wir haben uns bereits daran gewöhnt, dass es in Mittelamerika meistens möglich ist, Zimmer nur für kurze Zeit zu belegen. Die Leute leben in Großfamilien und auf engstem Raum zusammen. Möchte man zu zweit etwas Privatsphäre genießen, ist dies fast nur in einem Hotel möglich. In Santa Rosa de Lima sind die Etablissements allerdings unter jeder Kritik. Ein Junge verfolgt uns auf unserer Suche und nervt mit dem ewig gleichen Satz „I go with you to Panama!" (Ich komme mit euch nach Panama!), den er wie eine steckengebliebene Schallplatte ständig wiederholt. Vielleicht war es ein Fehler, sich mit ihm zu unterhalten und ihm zu erzählen, dass wir nach Panama fahren. Zu spät! Langsam wird es dämmrig und die Geschäftsleute beginnen eilig ihre Waren, die sie tagsüber auf die Gehsteige gestellt haben, wieder in den Läden zu verstauen. Türen werden geschlossen und versperrt, Fensterläden dicht gemacht und die Straßen leeren sich. Auch unser junger Begleiter ist plötzlich verschwunden. Niemand will hier nach Sonnenuntergang noch auf der Straße sein – wir auch nicht. Unsere Entscheidung für ein Hotel ist gefallen und wir schieben die Räder in einen hoch umzäunten Vorplatz, von dem aus es direkt in die Zimmer geht. Gelangweilt und beinahe widerwillig zeigt uns eine sehr korpulente, junge Frau unser Zimmer. Im Bett hat offensichtlich schon jemand übernachtet. DVDs liegen am Boden. Das Bad ist unappetitlich und Klopapier gibt es keines. Unser leichter Protest stößt auf Achselzucken und einen Gesichtsausdruck, den wir mit „Mir doch egal, ihr könnt ja eh wieder gehen" übersetzen. Mittlerweile ist es stockfinster geworden und die Gassen sind menschenleer. Es bleibt uns nichts anderes übrig, als uns für die Nacht einzurichten. Von Anfang an kommt es uns hier ungewöhnlich ruhig vor. Bald stellen wir fest, dass keine weiteren Gäste in dem dreistöckigen Gebäude sind. Im Hof ist alles dunkel, in den Gängen und Stiegenhäusern ebenfalls. Sollte hier nicht, wie es in dieser Gegend üblich ist, irgendwo ein Nachtwächter sein? Man hat uns einfach allein gelassen. Das Tor zur Straße ist abgeschlossen – wir sind eingesperrt! Mit einem Mal fühlen wir uns überhaupt nicht mehr wohl. Jeder in dieser Straße muss gesehen haben, dass wir hier abgestiegen sind und alleine gelassen wurden. Mit unseren kleinen Pfeffersprays neben dem Bett verbringen wir eine unruhige Nacht, in der wir jedem Geräusch lauschen. Was, wenn uns jemand überfallen oder kidnappen will? In dem großen Gebäude sind wir völlig allein, es würde uns niemand hören. Doch nichts von alledem passiert. Wir wer-

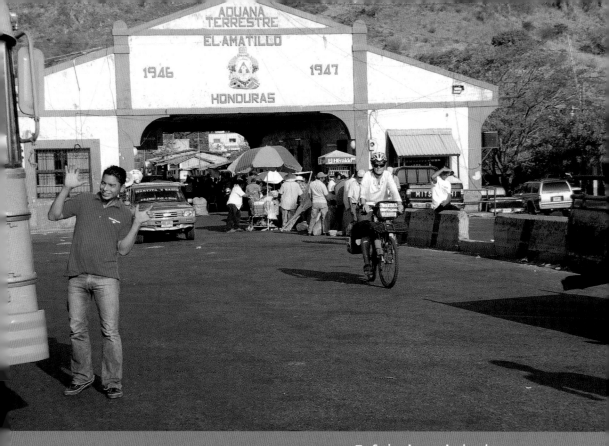

An der Grenze zu Honduras

Erfrischung bei einem
Mini-Geschäft

den weder überfallen, noch gekidnappt. Im Morgengrauen taucht die junge Frau vom Vorabend wieder auf und öffnet das Tor. Sie würdigt uns keines Blickes. Wir tun es ihr gleich und verlassen grußlos die merkwürdige Herberge.

Vor der Grenze nach Honduras halten wir in einem kleinen Straßendorf und trinken bei einem Standler ein erfrischendes Cola. Während wir gemütlich vor der kleinen Verkaufsbude auf einer Bank im Schatten sitzen, stoppt auf der gegenüberliegenden Straßenseite ein alter blauer Minibus. Aus der Beifahrertür springt ein schwarzgekleideter Mann in Militärstiefeln und mit einer Pumpgun. Kurz steigt es mir heiß auf. Ein Überfall? Vielleicht will man uns entführen? Doch in den nächsten Sekunden klärt sich die Situation auf. Breitbeinig stellt sich der Bewaffnete mit dem Gesicht zur Straße vor das Auto. Er ist kein Gangster, sondern ein Bewacher! Gespannt verfolgen wir das Geschehen. Augenscheinlich wird hier etwas Wertvolles an den kleinen Laden gegenüber geliefert. Der Fahrer steigt aus, geht um seinen Wagen und öffnet die Ladeklappe. Der Kleinbus ist vollgestopft mit – Klopapierrollen!

Wir reisen ohne Probleme in Nicaragua ein. Das Land präsentiert sich sonnig und trocken. Windhosen wirbeln Staub auf. Aus dem Vulkan San Cristobal steigt Rauch empor. Menschen winken uns zu. Die Stimmung ist um vieles gelöster als in den Ländern, durch die wir gerade gekommen sind. Um Grundstücke und Häuser schlingt sich weniger Stacheldraht und es gibt weniger Mauern. Die Zahl der bewaffneten Männer nimmt endlich wieder ab. Wir sind entspannter unterwegs, bleiben aber dennoch vorsichtig. In Nicaragua sind die Verbrechensrate und Gewaltbereitschaft ebenfalls überdurchschnittlich hoch. In der Hauptstadt Managua haben wir eine Kontaktperson. Der Jesuitenpriester Pablo unterrichtet an der *Universidad Central Americana* und verspricht, für uns zu sorgen, wenn wir in die Stadt kommen. Sein Pfarrhof befindet sich am Campus. Es ist ein schönes, großes Gebäude mit herrlich schattigem Garten. Bereits beim Ankommen malen wir uns aus, wie wir hier gemütlich einen radfreien Tag mit Lesen und Teetrinken verbringen werden. Doch Pablo hat für uns andere Pläne. Er sagt, er werde uns in Villa Austria bei einer Familie unterbringen. Das klingt auch nicht schlecht – wir lieben es, mit Menschen in Kontakt zu kommen. Ein wenig werden wir stutzig, als uns Pablo verbietet, mit den Rädern zur Gastfamilie zu fahren. Wir müssen sie im Pfarrhof abstellen und werden chauffiert, was uns eigentlich gar nicht recht ist. Lange rollen wir, in einem neuen, weißen VW sitzend, auf breiten Straßen durch dichten Verkehr. Bei jeder Ampel stürzen sich Schwadronen von Autoscheibenputzern auf die anhaltenden Fahrzeuge und schrubben drauflos. Unsere Windschutzscheibe wird viermal poliert. Wir zweigen in weniger befahrene, holprige Seitengassen ab. Leute sitzen am Straßenrand und schauen uns nach.

Aufgeweckte Kinder
in Nicaragua

In der Innenstadt von
Granada, Nicaragua

Mitteleuropäer in schicken Autos scheinen sich selten hierher zu verirren. Immer schmäler werden die Straßen, immer schlechter der Belag und immer ärmer die Viertel. Wir sind bereits eine halbe Ewigkeit unterwegs und wollen wissen, wohin wir fahren. Nach einer *Villa Austria* sieht es hier auf jeden Fall nicht aus. Pedro, unser Fahrer, spricht kein Wort Englisch und viel zu schnell und undeutlich Spanisch, als dass wir es mit unseren Anfängerkenntnissen verstehen könnten. Trotzdem bringen wir in Erfahrung, dass wir zuerst zu einer Schule namens *Ottakring* fahren und erst anschließend zu unserer Gastfamilie. Die Schule befindet sich in einem slumartigen Stadtteil und ist heute bereits geschlossen. Schade, denn Pedro wollte uns diese „Sehenswürdigkeit" gerne zeigen. Kleine, mit Wellblech überdachte Häuschen stehen hier dicht an dicht. Fenster und Türen sind vergittert. Die Gassen sind nicht asphaltiert, staubig und vermüllt. Sie sind so eng, dass wir mit unserem großen Auto kaum um die Kurven kommen. Im Schneckentempo kriechen wir vorbei an Kindern, die in den Gassen Ball spielen. In Hauseingängen sitzen Erwachsene und plaudern. Übergewichtige Männer mit nackten Oberkörpern und korpulente Frauen in kurzen, engen Hosen. Es ist eine Gegend, in die wir uns alleine nie gewagt hätten. Jetzt sind wir doch froh, chauffiert zu werden. „Wir sind da", lächelt Pedro. „Das ist Villa Austria." Er hält vor einer eisernen Eingangstür. Eine dunkelhäutige, afro-karibisch aussehende, mollige Frau Mitte vierzig mit schwarzen, kurzen Wuschelhaaren kommt uns entgegen und begrüßt uns freundlich. Gioconda trägt pinke Shorts, Badeschlapfen und ein schlabbriges braunes Träger-Shirt mit weitem Ausschnitt. Sie hat zwei Söhne, Leonardo und Jorge, und eine Tochter, Karla. Karla ist ein hübsches, ebenfalls auffällig dunkles, 22-jähriges Mädchen mit langen, lockigen Haaren. Sie hat ein Baby, Oswaldo, und wurde, wie auch ihre Mutter, von ihrem Mann verlassen. Giocondas Sohn Jorge ist ein stattlicher Kerl Mitte zwanzig. Er hat weder Frau noch Nachwuchs und sieht in seiner Dreiviertelhose, dem weißen Trägerleibchen und dem stylish gestutzten Bart aus wie ein Latinorapper. Leonardo, ihr zweiter Sohn, spricht nicht viel. Er ist mit Dora-Maria verheiratet, die ihrerseits ebenfalls sehr wortkarg ist. Sie haben zwei aufgeweckte, quirlige Kinder im Volksschulalter, Violeta und Carlos. Insgesamt leben hier also acht Personen. Alle begrüßen uns mit Händeschütteln vor der Haustür. Wir werden hineingebeten und treten in einen schummrigen Vor- und Wohnraum. Die offene Tür ist die einzige natürliche Lichtquelle. Ein Fernseher steht eingeschaltet in der Mitte des Zimmers. Mehrere Sessel, ein Sofa und ein Esstisch stellen neben zwei Kühltruhen die restliche Einrichtung dar. Drei kleine Schlafzimmer schließen an diesen Raum an. Die Türen sind zusammengenagelte Bretter, deren braune Lackierung abblättert. Durch die winzige Küche, in der sich neben einem zweiflammigen Gasherd Gewürzgläser, Geschirr und mehrere große Alutöpfe befinden, tritt man in einen kleinen betonierten Innenhof. Hier sehen

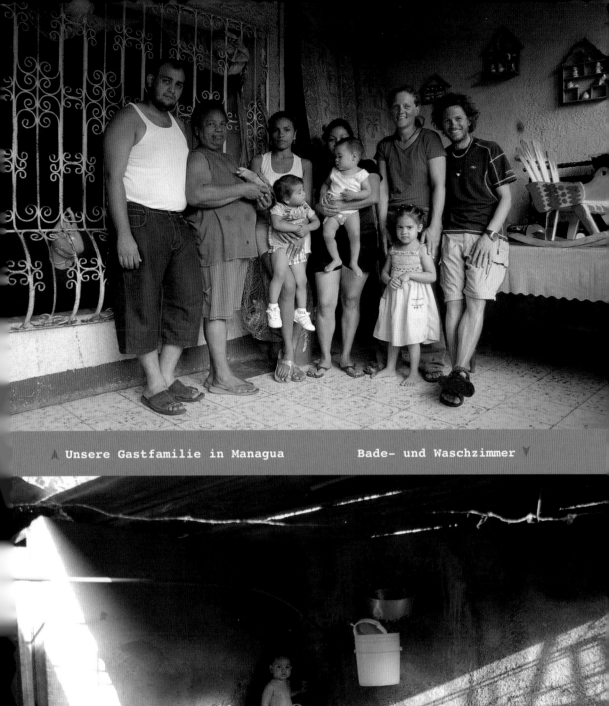

Unsere Gastfamilie in Managua   Bade- und Waschzimmer ▼

wir erst, wie das Häuschen konstruiert ist. Es besteht aus Betonwänden, auf denen Eisenträger liegen, die ein Wellblechdach halten – das ist alles. Im Hof gibt es in einer Ecke ein betoniertes Waschbecken. Hinter einer Brettertür ist eine Toilette, die mit einem Eimer zu spülen ist. Im Kämmerchen daneben befindet sich eine „Kübeldusche". Der Hof ist Abstellraum für ein Gitterbett, das im Moment nicht gebraucht wird, sowie für Bretter, Eisenteile und große Plastiktonnen, in denen in der Regenzeit Wasser gesammelt wird.

Wir werden herzlich aufgenommen und bekocht. Teetrinkend und plaudernd vergeht der Abend, während im Fernsehen südamerikanische Seifenopernstars um die Wette flirten. Die Familie lebt vom Verkauf von Eis, das sie in ihren zwei großen Gefriertruhen produziert. „Kaum jemand in dieser Gegend besitzt einen Kühlschrank, und so brauchen sie von uns Eis, um ihre Lebensmittel zu kühlen", erklärt uns Gioconda. Immer wieder klopft es an der eisernen Tür. Eis und Kleingeld wechseln Besitzer. Neugierig lugt ihre Kundschaft zu uns herüber und Gioconda gibt gerne Auskunft über ihre exotischen Gäste. Die Kinder springen aufgeweckt durch das Eingangs-, Wohn-, Ess-, Fernseh-, Eisproduktions- und Spielzimmer und kommen durch unsere Anwesenheit erst so richtig in Fahrt. Jorge spricht ein wenig Englisch, doch reicht es kaum für ein Gespräch aus. Tapfer Spanisch sprechend kämpfen wir uns durch den Abend und bringen Gioconda, Karla und Co. aufgrund unserer vielen Grammatik- und Ausdrucksfehler oft zu herzhaftem Lachen. Von der Familie erfahren wir viel über den ärmlichen Stadtteil im Osten Managuas. *Villa Austria* hat nichts mit einem schicken großen Schloss à la Schönbrunn mit parkähnlichem Garten zu tun. Die Infrastruktur wie Kanalisation und Straßenbeleuchtung wurde und wird mit Hilfsgeldern aus Österreich geschaffen. Daher der Name. Mit dem Wiener Gemeindebezirk Ottakring besteht eine Bezirkspartnerschaft und so wurde auch die Schule, an der wir zuvor gehalten hatten, mit Geldern aus Wien finanziert. Außer, dass Österreich ein kleines und anscheinend reiches Land in Europa ist, weiß niemand aus der Familie etwas über Valeskas und meine Heimat. Aus unseren Radtaschen zaubern wir wieder einmal unser kleines Fotoalbum hervor. Wir zeigen unseren Gastgebern Bilder von Österreich: Landschaften, verschneite Berge, Altstädte und Wälder. Langsam wird es spät und für uns ist es an der Zeit, ins Bett zu gehen.

Vom Hof aus treten wir in ein kleines Zimmer, in dem wir übernachten. Es gehört Klara, die mit ihrem Baby für die heutige Nacht zu ihrer Mutter gezogen ist. An der Wand hängt ein großer Spiegel, auf dem Schränkchen darunter türmt sich Schminkzeug, in einer Ecke am Boden liegen alte Spielsachen. Irgendwo knattert ein Motorrad, sonst ist alles still. Von einem großen Poster über unserem Bett lächelt sanft ein strahlender Jesus.

Schlafplätze I

Valeska

Fünf Jahre unterwegs, das bedeutet 1825 Mal schlafen – nur wo?

Wir sind bereits dreieinhalb Jahre auf Radtour, das sind 1244 Nächte, in denen wir einen Schlafplatz finden mussten – in Europa, Afrika, Australien, Indien und jetzt Amerika. In Managua, der Hauptstadt von Nicaragua, sind wir bei einem Jesuitenpater eingeladen, einem Freund von Freunden aus Mexiko. Das Problem – wo übernachten wir heute – ist gelöst. Nicht immer hatten wir es so einfach. Wenn wir zurückdenken, kommen uns allerhand Schlafplätze in den Sinn. Unbequeme, komfortable, abenteuerliche, wunderschöne und gemütliche.

In Nordeuropa machte uns der Wintereinbruch mit oftmals dichtem Schneefall zu schaffen, der unsere Campingpläne im wahrsten Sinne des Wortes einfror. Da tauchte ein finnischer Pfarrer namens Tuomas wie ein Engel am spätherbstlichen Horizont zwischen schneeträchtigen grauen Wolken auf. Er zückte Mobiltelefon und Notizbuch, setzte sich ins beheizte Auto und ließ uns ein paar Minuten im Ungewissen in der Kälte stehen. Kurz darauf herzerwärmende Neuigkeiten: Im nächsten Ort kenne er den Priester und wir wären dort herzlich willkommen. Nach weiteren drei Stunden Radfahrt bei Minusgraden erreichen wir den kleinen Ort mit dem besagten Priester. Der Gemeinschaftsraum im hinteren Bereich der Kirche wird uns zum Übernachten angeboten, der bewegliche Raumteiler zum Gebetsraum zugezogen und die Tür zur „Kirchenküche" aufgesperrt. Auch für unsere nächste Etappe sorgt Tuomas vor. Wir dürfen bei seinen Freunden übernachten, in einem beheizten Wohnwagen im winterlichen Garten. In dem wäre es gemütlich warm gewesen, wäre ich nicht bei meinem nächtlichen Klogang in der Dunkelheit über das Stromkabel gestolpert und hätte ich dabei nicht den Stecker gezogen und dadurch die Wärmezufuhr unterbrochen.

Wenn wir an Nobelhotels vorbeiradeln, kommen uns manchmal Gedanken wie: „Ach wie schön wäre es doch, uns hier einzuquartieren. Ein ruhiges, sauberes Zimmer, der Duft frischer Bettwäsche, heißes Wasser, ein leckeres Frühstück" – man wird ja noch träumen dürfen. Leider sind Übernachtungen in derartigen Häusern in unserem Langstrecken-Radlerbudget nicht drin. Sparsamkeit macht aber erfinderisch. Wissend, dass wir Weihnachten in Belgrad verbringen werden, schicken

wir mehreren erstklassigen Hotels ein E-Mail und fragen an, ob sie uns für eine Nacht sponsern. Für Philipp wäre es zusätzlich ein Geburtstagsgeschenk, da er am 24. Dezember geboren ist. Ein paar Tage vor Weihnachten erhalten wir eine Antwort vom Hyatt Regency Belgrade Hotel: Eine Zimmerreservierung vom 24. auf den 25. Dezember zum Nulltarif, signiert vom Manager des Fünfsternehotels.

Gegen Mittag erreichen wir das Luxushotel am Stadtrand und strampeln die überdachte, sternenhimmelartig beleuchtete Auffahrt hinauf. Der Portier schaut uns verdutzt an, es kommt wahrscheinlich eher selten vor, dass jemand per Fahrrad anreist. An der Rezeption weiß man aber Bescheid, und schon halten wir einen Zimmerschlüssel in der Hand. Unser Zimmer ist in hellem Gelb gehalten und ein guter Kontrast zum verregneten Belgrad. Wie werden wir uns diese warme Bleibe verdienen müssen? Will man Werbefotos mit uns machen? Wird ein Journalist kommen? Nichts dergleichen passiert, wir bekommen den Manager nicht einmal zu Gesicht.

Winter-Camping in Finnland

Heute steigen wir einmal nobel ab

Am nächsten Morgen steht ein schmackhaftes Frühstücksbuffet im Hotelrestaurant bereit. Mit frischen Obstsäften, verschiedenen Brot- und Käsesorten, Omeletts und ganzen Kuchenbergen werden mehr als alle Wünsche erfüllt. Eifrig eilen die Serviermädchen in eleganter Kleidung von Tisch zu Tisch und füllen Kaffeetassen. Etwas *underdressed* sitzen wir unter den sehr chic gekleideten Leuten im Frühstückssaal und schauen hinaus in den Schneeregen. Kurz darauf radeln wir in regenfester Kluft durch ein graues Belgrad, weiter nach Südosten. Zurück in der Realität. Ausgeträumt.

Erst in Griechenland und der Türkei ist das Wetter zum Zelten warm und trocken genug. Oliven-, Orangen- oder Zitronenplantagen bieten uns Quartier. An den großen Hotels radeln wir tagsüber vorbei. Wissend, dass unsere Zeltplätze zwar keine Badewanne und keine dicken Matratzen bieten, doch bestimmt die schönsten Aussichtspunkte, Lagerfeuerromantik und eine Atmosphäre der Freiheit, die wir lieben, wie in Ägypten, wo wir unser Lager häufig unter einem beeindruckenden Sternenhimmel mitten in der Sahara aufgeschlagen haben. Wunderbare Einsamkeit und Stille. Ringsum nur Sand oder Stein. In dem ersten Ort, den wir im Sudan besuchten, Wadi Halfa, gab es eine Übernachtungsmöglichkeit in einem Hotel. Kein Hotel im europäischen Sinn, sondern afrikanisch pur. Man schläft dort auf Pritschen, bestehend aus einem Eisengestell und einer geflochtenen Liegefläche. Sorgfältig aufgereiht steht eine neben der anderen im Freien, wartend auf müde Reisende. Daneben gibt es stickig-heiße, sehr einfache Zimmer in den flachen Lehmgebäuden. Wir erkannten gleich, dass der luftige Hof, in dem die Temperatur nachts wenigstens von 50 auf 30 °C abkühlt, die bessere Wahl ist.

In anderen Ländern wie Äthiopien, Tansania, Sambia und Malawi sehnen wir uns nach den Pritschen im Hof, wenn wir in einem der schmuddeligen Hotelzimmer sitzen. Barlärm und laute Musik hindern uns am Schlafen. Erwähnenswert sind die zirpenden Kakerlaken, die uns mit ihrer Lautstärke und Hartnäckigkeit ganz schön den Nerv ziehen können. Kaum drehen wir jedoch voller Jagdgelüste das Licht an (falls es Strom gibt), verstecken sie sich in den Ritzen, um jeder zielstrebig geschwungenen Sandale zu entkommen. Die Lösung heißt: Oropax.

Auf einer hotelfreien, nicht asphaltierten Strecke in Nordkenia lernen wir weitere originelle Schlafstätten kennen. Freies Campieren ist nicht ratsam, denn Banditen treiben fast täglich ihr Unwesen in dieser Gegend. So übernachten wir in einem Polizeicamp, das aus ein paar Hausruinen besteht und einer – uns luxuriös erscheinenden – Buschdusche, die in einer Art Wellblechkabine salziges Bohrwasser spendet. Der Hof einer Missionskirche, ein andermal ein von unzähligen Fledermäusen bevölkerter Schulraum bieten uns ebenfalls Unterschlupf. Der erste offi-

Herrliche Einsamkeit
in Ägypten

„Schickes" Hotelzimmer im Sudan ⌄

zielle Campingplatz, auf den wir in Kenia stoßen, wird von zwei Massai bewacht. Ausgerüstet mit Speer, Pfeil und Bogen schreiten sie das völlig offene Gelände ab, erzählen uns von ihren Kämpfen gegen Löwen und zeigen stolz ihre Narben. Genug Stoff für unangenehme Träume.

Am Malawisee entdecken wir einen kleinen Campingplatz mit runden Strohhütten. Im Inneren ist es drückend heiß, deshalb ziehen wir die Betten kurzerhand vor die Hütte in den Sand. Ein wunderschöner Abend. Nahe dem Wasser liegen mehrere Einbaum-Kanus der Fischer, im Hintergrund setzt sich die Sonne mit einem eindrucksvollen knallorangen Abgang in Szene. Kinder baden im See, der, vom Wind aufgepeitscht, hohe Wellen schlägt. Als es dunkel ist, können wir von unseren Strandbetten aus in der Ferne die kleinen Lichter der Fischerboote schaukeln sehen.

In Australien campieren wir meist problemlos „im Busch". Doch eben nicht immer. Einmal weckt uns ständiges Rascheln und Knacken aus dem Gebüsch. Die Geräusche kommen aus allen Richtungen. Wir sind mitten in einer Kuhherde gelandet! Tagsüber liegen die Tiere faul im Schatten und sind fast nie zu sehen, abends werden sie aktiv. Sind Kühe nachtblind? Hoffentlich trampeln sie nicht über unser Zelt. Wir knipsen die Stirnlampen an, scheppern mit den Kochtöpfen und können sie schließlich in die Flucht schlagen.

Für uns sind offizielle, gut ausgestattete Campingplätze – Zelt an Zelt, Wohnwagen an Wohnwagen – keine Alternative, sondern eine Notlösung, wenn mal wieder eine Dusche oder bei Dauerregen ein Unterstand notwendig ist. Positiv überraschen uns die Campingplätze in Kanada und den USA. Hier ist genug Land vorhanden, dementsprechend weitläufig und großzügig angelegt sind solche Übernachtungsplätze.

In Zentralamerika sind billige Unterkünfte, Hospedajes, angesagt. Ein Tag an der feuchtheißen Küste Costa Ricas geht zu Ende. K.o. und verschwitzt vom Radfahren suchen wir im kleinen Badeort Uvita nach einer Unterkunft. Die Jugendherberge bietet günstige Zimmer an, doch es sieht dort sehr nach Party aus. Nichts für uns, wir suchen weiter und stoßen auf ein kleines, gepflegtes Hotel. Sägelärm lässt uns aufhorchen, eine Tischlerei steht auf demselben Gelände. Was für eine eigenartige Geschäftskombination. In Richtung Berge ist eine Ökolodge angeschrieben: Cascada Verde, grüner Wasserfall. Das klingt nach Ruhe. Wir folgen der Schotterstraße aus dem Ort und finden mitten im Wald einen großen Bau aus Stein, Holz und Bambus. Tim, ein ausgewanderter US-Amerikaner, führt uns durch sein Reich. Küche und Gemeinschaftsraum befinden sich im nach außen völlig offenen Erdgeschoß. Nach Hausbrauch ziehen wir unsere Schuhe aus und steigen barfuß

Schlafplatz vor einer
Kirche in Kenia

Unsere Bleibe am Malawisee

über die Holztreppe in den ersten Stock, wo sich die Zimmer befinden. Auch hier wurde beim Bauen kein Glas verwendet, ein paar Bambusstäbe bilden die Fensterrahmen. Es ist mucksmäuschenstill im Haus, auf dem Meditationsdeck findet eine Yoga-Klasse statt. Für die schlichte Unterkunft wird ein stolzer Preis verlangt. Da es bereits dunkel wird, bleiben wir trotzdem. Wir sind froh, diese Oase der Stille mitten in einem Stück tropischen Regenwaldes gefunden zu haben.

Wie so oft, kommt es doch anders. Sobald die Yogaeinheit zu Ende ist, werden die Nachteile des „Bio-Hauses" hörbar. Das sehr junge US-amerikanische Publikum schwatzt und feiert. Wir ziehen uns in eine Ecke zurück und plaudern mit einem Wiener Masseur, der jedes Jahr für ein paar Monate hier arbeitet. Bereits um neun landen wir mit gesunder Radlermüdigkeit im Bett. Eine Stunde später weckt uns laute Musik, die auf unser Bitten abgedreht wird. Gegen Mitternacht trudelt eine weitere Partygruppe lautstark johlend ein. Verärgert greifen wir zu unseren Ohrstöpseln und versuchen wieder einzuschlafen. Erst in der Früh, als wir die Stöpsel herausnehmen, können wir die Geräusche der Natur hören: Vogelgezwitscher und Gesang der Zikaden – eine wunderbare Klangkulisse. Wir hätten gute Lust, uns bei den Krachmachern der letzten Nacht zu revanchieren, stattdessen gehen wir aufs Yogadeck, blicken in die Ferne aufs Meer und genießen die Ruhe.

Hellhörige Ökolodge

Wir fahren los – ins Ungewisse. Jeder Tag beinhaltet die Spannung: Wo werden wir heute schlafen? Und 581 Nächte liegen noch vor uns ...

Das achte Weltwunder

Valeska

Panama-Stadt ist ein großes Etappenziel auf unserer Route von Alaska nach Feuerland. Gut die Hälfte der Strecke ist geschafft! Die Metropole bildet für uns den südlichsten Punkt am nordamerikanischen Kontinent, denn hier geht es nicht weiter. Ende des Landweges. Der berühmten *Panamericana* fehlen an dieser Stelle rund hundert Kilometer Strecke. Diese Lücke ist unter dem Namen *Darién-Hindernis* bekannt. *Darién* ist eine sumpfige Urwald-Provinz Panamas im Grenzgebiet zu Kolumbien, wo es zwar einige Pfade und mit Booten überquerbare Flüsse gibt, jedoch bleibt man diesem von Guerilla-Aktivitäten beherrschtem Gebiet besser fern.

Wir erreichen Panama-Stadt ⅄

Genau umgekehrt verhält es sich mit dem Schiffsverkehr: Wenige Kilometer von Panama-Stadt entfernt, liegt ein ingenieurtechnisches Meisterwerk, der Panamakanal. Diese achtzig Kilometer lange, künstlich angelegte Wasserstraße verbindet den Atlantik mit dem Pazifik und erspart Schiffen den gefährlichen Umweg um das Kap Hoorn und die Südspitze des amerikanischen Kontinents. In dem modernen Besucherzentrum an den Miraflores-Schleusen stillen wir unseren Wissensdurst dieses „achte Weltwunder" betreffend.

Die Franzosen begannen 1881 mit den Arbeiten am Kanal. Es sollten 120 Millionen Kubikmeter Gestein ausgehoben werden. Planungsmängel, falsche geologische Untersuchungen, technische Schwierigkeiten und Pannen führten allerdings 1889 zur Aufgabe des Projektes. Bis zu diesem Zeitpunkt waren bereits 22.000 Arbeiter in der Sumpflandschaft an Gelbfieber und Malaria gestorben. Ungefähr ein Sechstel des Kanals war fertiggestellt. 1902 wurde der Gesamtkomplex an die USA verkauft. 386 Millionen investierte US-Dollar, acht Baujahre und weitere 5600 verlorene Menschenleben später, erfolgte am 15. August 1914 die erste Durchfahrt durch den Panamakanal. Seit Dezember 1999 wird die Wasserstraße von der panamaischen Kanalbehörde *Autoridad del Canal de Panama* verwaltet.

In einem Navigationssimulator können wir im Zeitraffer durch den Kanal fahren. Ruck, zuck geht es durch die drei Schleusen, dazwischen über den künstlich angelegten Gatun-See und durch Engstellen der Wasserstraße. Von mehreren Schleusen werden die Schiffe über die kontinentale Wasserscheide gehievt: Sechsundzwanzig Meter hinauf über das Meeresspiegelniveau und auf der anderen Seite wieder hinunter. In fünf Minuten düsen wir somit von Ozean zu Ozean, in der Realität benötigen Schiffe im Schnitt acht bis zehn Stunden für die Durchfahrt. An diesen Simulatoren speziell ausgebildete Kanalpiloten gehen an Bord jedes Schiffes und übernehmen das Steuer.

Kernstück des Besucherzentrums sind mehrere Aussichtsplattformen, von denen man einen guten Überblick auf das Geschehen in den Miraflores-Schleusen hat. Unter vielen anderen Touristen können wir aus nächster Nähe beobachten, wie ein großes Containerschiff – seitlich von kleinen Zahnradlokomotiven mittels Stahlseilen stabilisiert – in die erste Ebene einfährt. Sobald die hinteren Schleusentore geschlossen sind, füllt sich die Schleuse mit Wasser und hebt so das Schiff um acht Meter an, damit es in die zweite Schleusenkammer einfahren kann. Zuerst werden die mittleren Schleusentore geöffnet und das Schiff gelangt auf die zweite Ebene. Sobald die Tore hinter dem Schiff wieder geschlossen sind, füllt sich die zweite Schleuse mit Wasser und das Schiff wird um weitere acht Meter angehoben. Schlussendlich fährt der Ozeanriese in den künstlich angelegten Miraflores-See.

Ein Containerschiff in den
Miraflores-Schleusen

Decksarbeiter ▾

Das Schauspiel dauert etwa fünfundvierzig Minuten. Ein paar kleine Segelschiffe und weitere Frachtschiffe bieten uns ein zusätzliches Programm.

Über Lautsprecher wird das spannende Geschehen kommentiert und wir erfahren, dass diese Passage den ersten Frachter 288.000 US-$ kostete. Günstiger kam 1928 der US-Amerikaner Richard Halliburton davon. Er durfte für eine Gebühr von 36 Cents als erster Mensch den Kanal durchschwimmen. Weiters wird auf die teilweise Erneuerung des Kanals und die Aushubarbeiten, die man in der Ferne sehen kann, hingewiesen. Die Schleusen werden zurzeit von 34 Meter Breite und 305 Meter Länge auf 55 Meter Breite und 427 Meter Länge ausgebaut, damit der Kanal für noch größere Schiffe passierbar wird. 2016 soll die vergrößerte Wasserstraße eröffnet werden.

Wir verpacken unsere Fahrräder flugtauglich in Karton und Plastik. Per Taxi geht es dann ein paar Kilometer zum internationalen Flughafen der Stadt. Erstaunt sind wir über das schicke moderne Gebäude mit langer Einkaufsmeile und fühlen uns wie im Singapore Zentralamerikas. Wir hören noch die Stimme des Piloten durch die Lautsprecher: „Das Wetter bleibt gut, es sind keine Turbulenzen zu erwarten. Die Flugzeit beträgt eine Stunde und fünf Minuten!", bevor wir einschlafen. Ein leichtes Rumpeln weckt uns schließlich. Das Fahrwerk des Flugzeuges wird soeben ausgefahren und wir befinden uns bereits im Landeanflug auf Cartagena, Kolumbien.

Volkssport Radfahren

--→

Valeska

Unglaublich, wie sehr sich die Welt vor Kolumbien fürchtet. Geschürt werden die Ängste durch internationale Medien, die ausschließlich über Drogenprobleme, Menschenrechtsverletzungen, Bandenkriege und Geiselnahmen berichten. Noch vor einem Jahr hatten wir ernsthafte Zweifel, ob wir wirklich durch dieses Land radeln sollen. Trotzdem wagen wir es. Und siehe da: Überall treffen wir auf freundliche, offenherzige Menschen und wir fühlen uns viel sicherer als in den zuvor bereisten zentralamerikanischen Ländern. Für uns wird der umstrittene Slogan der kolumbianischen Fremdenverkehrsbehörde wahr: „Colombia – The Only Risk is Wanting to Stay." (Das einzige Risiko in Kolumbien besteht darin, dass man bleiben möchte.)

Cartagena, eine der schönsten Kolonialstädte Südamerikas, deren Altstadt 1984 zum UNESCO-Weltkulturerbe erklärt wurde, liegt an der Karibikküste und bildet den Ausgangspunkt für unsere einmonatige Durchquerung des Landes von Norden nach Süden. Heißes, schwüles Wetter begleitet uns anfangs durch das Flachland, wo wir etliche vom Militär errichtete Straßensperren passieren. Autos und Busse werden kontrolliert, wir meist ignoriert. Einfache Dörfer, staubige Wege und vorwiegend schwarze Bevölkerung lassen Erinnerungen an Afrika aufkommen. Freundlich winkt man uns aus Hängematten und Schaukelstühlen zu. Ein Regenguss zwingt uns unter das Vordach eines bescheidenen Häuschens. Zwei Señoras schauen etwas überrascht aus der Tür, bringen uns aber sogleich Hocker, damit wir es gemütlich haben. Sobald der Regen aufhört, sind wir wieder unterwegs. Bei einem Straßenstand machen wir Halt, um Obst zu kaufen. Die aufgeschlichteten Früchte sind uns unbekannt – wir kosten tapfer und begeistern unsere Geschmacksnerven. Für unser Gehör bietet dieser Streckenabschnitt ebenfalls allerhand: Auf Sport- und Dorfplätzen, vor Geschäften und Privathäusern, überall stehen große Boxen, aus denen Musik dröhnt. Willkommen in Südamerika!

Einem schmalen Flusstal entlang geht es bergauf in die Anden. Das Wasser aus den Bergen wird zum LKW-Waschen verwendet, überall wird geschrubbt und po-

In der Altstadt
von Cartagena

Kontaktfreudige
Rennradfahrer

liert. Gerne jedoch unterbricht man die Arbeit, um uns beim Radeln zuzuschauen, ermunternd zu nicken und „Daumen hoch" zu zeigen. Wir übernachten in kleinen Dörfern, in denen abends immer eine nette Stimmung herrscht: Viele Leute sitzen vor den Häusern, die Durchfahrtsstraße fest im Blick. Bunte Motorrikschas tuckern vorbei, Teenager schlendern auf und ab, Kinder spielen Ball. Alle grüßen uns, niemand ruft „*Gringo!*" (womit hellhäutige Ausländer gemeint sind), wie es in vielen zentralamerikanischen Ländern der Fall war. Nach all dieser ländlichen Idylle sind wir erstaunt, in Medellin auf eine moderne Großstadt zu treffen. Mitten in den Bergen ragen hier Wolkenkratzer in die Höhe und klettern Wohnsiedlungen die dunkelgrünen Hänge empor. Als wir in die Stadt fahren, düsen viele Rennradfahrer an uns vorbei, nicht ohne den landesüblichen Radler-Pfeif-Gruß auszustoßen. Radfahren ist in Kolumbien Volkssport.

Medellin ist sauber und sicher. In hübschen Parkanlagen, riesigen Einkaufszentren und teuren Restaurantvierteln verbringt die Oberschicht ihre Freizeit. In der Altstadt rund um die Figuren des berühmten Künstlers Fernando Botero, die er seiner Heimatstadt vermacht hat, dominiert jedoch die Armut. Die Plastiken der Männer, Frauen und Tiere des Skulpturenparks – allesamt von groteskem Körperumfang – stehen in starkem Kontrast zu dem dürren Bettler, der – in Lumpen gehüllt – barfuß vorbeispaziert.

Weiter geht es für uns durch etwas tiefer gelegene Kaffee- und Bananenanbauregionen. Ein älterer Rennradfahrer schenkt uns Obst, einige Mountainbiker leisten uns Gesellschaft und abends werden wir eingeladen, auf einer *Finca* (Bauernhof) zu übernachten. Bananen stellen neben dem Verkauf von Schweinen und Hühnern die Haupteinnahmequelle dar. Maria, die zierliche Hausherrin, tischt großzügig landesübliches Essen auf: Reis, Linsen, Eier und frittierte Kochbananen. Gespeist wird auf der Terrasse, wo wir später unser Zelt aufstellen werden.

Am nächsten Tag radeln wir weiter durch ein Kaffeeanbaugebiet. Auf einem Hügel vor uns liegt die Kleinstadt Santa Rosa. Dort wollen wir uns ein einfaches Hotelzimmer suchen. Während wir auf der Hauptstraße in den Ort fahren, hält plötzlich ein Auto. Der Fahrer, ein ungefähr 40-jähriger Kolumbianer, sagt: „Ich bin auch Radfahrer. Wenn ihr wollt, könnt ihr bei mir übernachten." Er spricht weiter, doch unsere Sprachkenntnisse erreichen ihre Grenzen. Wir haben beide ein gutes Gefühl und folgen kurzentschlossen der Einladung. Mitten im Zentrum steht sein „Multifunktionshaus": Das Erdgeschoß ist ein großer Partyraum, der jedes Wochenende als Diskothek genutzt wird. Darüber wohnt er mit seiner Freundin, seiner Schwester und deren Mann, die wir alle sogleich kennenlernen.

Um Sprachprobleme und allfällige Zweifel an seiner Seriosität aus dem Weg zu räumen, ruft er seinen Bruder in London an und drückt uns nach kurzer Zeit den Hörer in die Hand. „Herzlich willkommen! Fühlt euch wie zu Hause. Macht es euch bequem und ruht euch aus. Habt ihr besondere Wünsche? Braucht ihr irgendwas?", tönt eine Stimme in bestem britischen Englisch vom anderen Ende der Leitung. Nach etwas Smalltalk erhalten wir schon die nächste Einladung: „Ihr seid jederzeit willkommen in London!" Am Abend tischen unsere Gastgeber, Gonzalo und Liliana, ein herzhaftes Essen auf. Dann unternehmen wir gemeinsam einen Spaziergang durch den Ortskern, bevor wir unser Zelt in der Disco aufbauen. Zum Glück ist heute Dienstag und der Tanzboden gehört uns allein.

Im äußersten Süden Kolumbiens erinnert uns grüne Berglandschaft an die Alpen. Sommerregen, der Geruch frisch gemähten Grases, kauende Kühe ... nur Palmen und Zuckerrohr passen nicht so ganz in das Bild. Kurz vor der Grenze zu Ecuador warten noch zwei touristische Highlights: Die knallweißen Häuser der kleinen

Kaffee wird direkt auf
der Straße getrocknet

Wir zelten in einer Disco

▲ Hügeliges Hochland von Kolumbien

Kolonialstadt Popayan heben sich von den schwarzen Gewitterwolken ab. Las La-
jas, eine spektakulär in die Schlucht des Guaitara-Flusses gebaute Kirche, sorgt für
ein optisches Natur-Kultur-Kontrastprogramm. Erst als wir in Richtung Grenze
fahren, nimmt die Radfahrerdichte schlagartig ab. Unsere „Kollegen" werden uns
abgehen, denn in den letzten Wochen haben wir uns daran gewöhnt, dass in Kolumbien Jung und Alt hauptsächlich mit Rennrädern Trainingseinheiten absolvieren, und wir haben die radelnde Gesellschaft auf der Straße genossen.

Oben hui, unten ...

Valeska

An der Nordküste von Peru herrscht Trockenzeit, wir radeln durch staubige Dörfer. Auffällig viele Hotels stehen leer und manche sind vom Verfall gezeichnet. Wir verbringen die Nacht in einer kleinen Lodge für Rucksacktouristen. Abendspaziergang am Strand bei herrlichem Sonnenuntergang. Unzählige fleischrote Krabben laufen über den Sand, verschwinden aber sofort, wenn wir uns nähern. Am darauf folgenden Morgen wollen wir unsere Rechnung begleichen. Der Rezeptionist nimmt unser Geld entgegen und meint, wir sollten kurz warten, er komme gleich mit dem Wechselgeld zurück. Fünf Minuten vergehen, zehn Minuten vergehen, eigenartig. Wir fragen einen anderen Hotelangestellten, wo denn unser Wechselgeld bliebe? Hat man darauf vergessen? „Mein Kollege musste in den nächsten Ort fahren, um Geld zu wechseln", antwortet er.

Für Peru angeblich typische Geschehnisse erwarten uns in der Stadt Piura, wo wir durch Zufall Jens aus Deutschland kennenlernen. Er arbeitet für eine Entwicklungshilfeorganisation und lebt seit zwei Jahren in Peru. Gemeinsam besuchen wir einen großen Markt, wo Kleidung, Spielzeug, Geschirr, Schreibwaren, lebende Tiere wie Vögel und Meerschweinchen, Obst und vieles mehr verkauft werden. Noch bevor wir uns in die engen Gassen begeben, warnt uns Jens, dass hier viel gestohlen werde und er normalerweise seinen Fotoapparat nicht mitnehme. Heute sei eine Ausnahme, er wolle einmal Bilder vom Marktgeschehen schießen. Ein paar Minuten später, während Philipp und ich eine große Papaya kaufen, ruft Jens plötzlich empört: „Meine Kamera ist weg!" Die Verkäufer in unmittelbarer Nähe fragen, was los sei, und sprechen dem Pechvogel ihr Beileid aus. Zugleich erklären sie ihm, an welcher Ecke des Marktes man gestohlene Gegenstände kaufen könne, und empfehlen Jens, sich dort umzusehen. Per Taxi fahren wir zum besagten Ort. Als wir die ersten Marktstände mit alten Fernsehern und Musikanlagen unter die Lupe nehmen, ruft uns von hinten jemand etwas zu. Es ist jener Taxifahrer, der uns hierher gebracht hat. Ein wenig außer Atem überreicht er uns ein paar Geldscheine – uns zustehendes Wechselgeld, an das wir in der Aufregung über den Diebstahl nicht gedacht hatten. Unglaublich, so viel Ehrlichkeit hätten wir in dieser Stadt nicht erwartet. Kontrastreiches Peru!

Auf einer schlechten Schotterpiste entkommen wir dem Gegenwind und dem Nebel der Küste und machen uns auf in die Bergwelt. Immer schmäler wird das

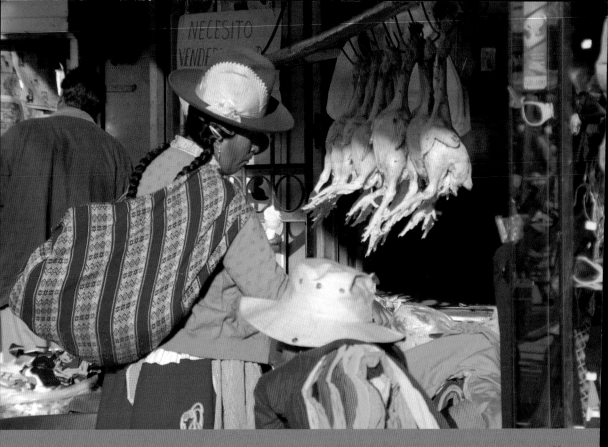

▲ **Marktszene in Peru**   **Bergauf durch die Entenschlucht** ▼

Die Cordillera Blanca lädt
zum Wandern ein

Laguna Churup

Tal, bis wir in die sogenannte Entenschlucht gelangen. Die Straße führt an steilen Gebirgswänden entlang und – dank fünfunddreißig Tunnel – teilweise durch die Berge hindurch. Ein Gebirgsbach rauscht in der Tiefe, kahler Fels ragt in den Himmel, kein Pflänzchen ist zu sehen. Gewaltige Urlandschaft umgibt uns, während wir langsam an Höhe gewinnen. Straßenarbeiter wollen wissen: „¿Qué país?" (Aus welchem Land kommt ihr?). „Austria", antworten wir. „Ah, Australia, Sydney!", ruft man nickend zurück. „Nein, Austria, Vienna", korrigieren wir. Uns ist bewusst, dass sie von unserem kleinen Land noch nie gehört haben.

Nach vier Tagen bergauf erreichen wir Huaraz, einen bekannten Ausgangsort für Trekkingtouren. Weiß glitzert vor tiefblauem Himmel die vergletscherte Gebirgskette der Cordillera Blanca und scheint zum Greifen nah. Wir benutzen unsere Fahrräder ein paar Tage lang nicht, sondern erkunden die schöne Bergwelt zu Fuß. Überall in den Tälern blühen Bäume und Sträucher, vorwiegend in Lila und Gelb. Weiter oben auf den Weiden schlagen sich Kühe, Pferde und Esel mit saftigem Gras die Bäuche voll. Auf über 4000 Meter wandern wir etwas kurzatmig, nähern uns gewaltigen Gletschern und stecken unsere Zehen in eiskalte türkise Gebirgsseen. Mehrmals treffen wir auf Bauern, die ihre Kuhherden antreiben oder Holz sammeln. Sie leben in einfachen runden Steinhütten, grüßen immer freundlich und stellen alle dieselbe Frage: „¿Qué país?" (Aus welchem Land kommt ihr?). Nachdem sie eine Antwort erhalten haben, ein paar Worte über das traumhafte Wetter gefallen sind und ein leichter Händedruck ausgetauscht worden ist, ziehen sie zufrieden weiter. Wir können völlig ungestört zelten. Die über 6000 Meter hohen Bergriesen ringsum sind stumm und wir genießen die Ruhe. Ab und zu krachen jedoch Eisbrocken mit lautem Getöse in den Gletschersee und durchbrechen die Stille.

Zurück an der Küste, radeln wir auf einer viel befahrenen, vierspurigen, neuen Straße. Die Nähe der Hauptstadt Lima ist deutlich spürbar, denn überall liegt Müll. Busse und LKW zischen an uns vorbei. Ein überbesetztes Auto fährt jedoch auffällig langsam. Mittlerweile befinden wir uns in den Armenvierteln im Norden der Stadt. Das Auto ist ein Taxi. Es ist voll belegt, doch im Kofferraum ist noch Platz. Mit einer für uns verblüffenden Selbstverständlichkeit werden weitere drei Personen vom Straßenrand aufgesammelt und bald darauf schauen sie uns durch die Heckscheibe beim Abgaseinatmen zu. Doch wir meinen im Vorteil zu sein, denn so eng haben wir es auf unseren Velos nicht. Plötzlich lässt uns ein – uns mittlerweile gut bekannter – Hupton aufhorchen. Richtig, dort von der Seitenstraße nähert sich ein Junge auf dem Fahrrad mit einem großen Korb. Wir winken ihm zu und kaufen bei ihm frisches Brot. Wenig verwunderlich beginnt auch er den peruanischen Small-Talk mit „¿Qué país?"

Bergidylle an der
Laguna Palcacocha

Auf 4000 Meter Seehöhe, kurz
vor der Abfahrt an die Küste

Schlafplätze II

---→

Valeska

Südamerika, seit Jahrzehnten Ziel von Touristenströmen, wartet mit vielfältigen Übernachtungsmöglichkeiten auf. Einige interessante finden wir in Peru. Wir verbringen eine Nacht südlich von Huaraz, dem berühmten Trekkingausgangsort in der Cordillera Blanca, im Bergdorf Conococha auf kühlen 4100 Meter Seehöhe. Im Laufe des Nachmittages halten wir Ausschau nach einem Platz zum Campieren, doch ohne Erfolg, denn wir fahren durch offenes Grasland voll mit Kühen. Nirgendwo eine Möglichkeit, einen vor neugierigen Blicken geschützten Schlafplatz zu finden. Zudem herrschen Temperaturen um den Gefrierpunkt. Und so treibt uns die Hoffnung auf ein beheiztes Zimmer bis nach Conococha. Das Dorf macht einen sehr ärmlichen Eindruck. Lehmziegelhäuser reihen sich entlang der Straße, verputzt und bemalt sind nur einige zur Straße gerichtete Frontseiten. Vor jedem

Versteckt zelten? — Schwierig ▾

Haus wird dasselbe angeboten: Selbstgemachter Käse, Honig und kohlensäurehaltige Getränke. Nur an einem Haus lesen wir auf einem schief hängenden Schild *Hospedaje* (Unterkunft). Auch hier wird Bergkäse verkauft. Hinter aufgetürmten Käselaiben schaut eine Frau mittleren Alters freundlich hervor. Auf unsere Anfrage geht sie mit uns an mehreren Hütten vorbei und zeigt uns weiter hinten in einer Hütte den einzigen Raum, den sie vermietet. Kalter Lehmboden, zwei Stockbetten, vielfach benutzte Wolldecken, ein Einzelbett, ein kleiner Tisch – kein Fenster, keine Heizung. Im schwachen Licht der Glühbirne, die von der Decke baumelt, erkennen wir, dass es einigermaßen sauber ist. Falls jedoch noch jemand käme, würde sie das Einzelbett vermieten, erklärt uns die Señora und zeigt auf die blaue Plastikfolie, die in diesem Fall als Raumteiler verwendet werden könnte. Komme es, wie es wolle! Wir hoffen, dass sich für diese Nacht der Andrang in Grenzen halten wird. Während Philipp vor der Hütte auf dem staubigen, nackten Erdboden Zwei-Minuten-Nudeln mit Bergkäse kocht, lasse ich mich notgedrungen auf das „Abenteuer Klogang" ein. Um unsere Hütte herum leitet mich ein Trampelpfad, vorbei an Müllhaufen, einen Hang hinunter. Ein beträchtlicher Teil des Mülls wird durch den Wind in der Landschaft verteilt, der Rest wird hie und da verbrannt. Hundekot säumt den Weg. Ist es wirklich Hundekot …? Schließlich

Wir sind begeistert von unserer
Hospedaje in Conococha

stehe ich vor dem Klohäuschen und trete vorsichtig ein. Ein Loch im Boden, Zeitungspapier und ein Wasserhahn – das kann ich in der Dämmerung erkennen. Es gibt kein elektrisches Licht, aber die Tür lässt sich ohnehin nicht schließen. Mir reicht das, was ich sehe. Auf dem Rückweg treffe ich die Señora wieder, die zum Schutz vor Eindringlingen jeder Art – Mensch oder Tier – alle Eingänge, die in ihre Hüttenanlage führen, mit Brettern und Stacheldraht abriegelt. Bald liegen wir müde, fröstelnd und mit Hauben auf den Köpfen, die Wolldecken verschmähend in unseren Schlafsäcken. Im ganzen Dorf ist es dunkel, alles schläft. Bis auf die Hunde. Die bellen lautstark. Irgendwann schlafen wir endlich ein und sind dankbar, dass unsere Stoßgebete erhört wurden und wir „die Suite von Conococha" für uns alleine haben.

Da wir lieber zelten als in unsauberen Buden zu schlafen, steuern wir zwei Tage später auf unserem Weg in Richtung Lima das Naturschutzgebiet *Reserva Nacional de Lachay* an. Dort soll sich ein Campingplatz befinden. Sieben lange Kilometer radeln wir von der Abzweigung der Hauptstraße auf teilweise sandiger Schotterstraße bis zum Eingang des ungefähr fünf Hektar großen, geschützten Areals. Wir nehmen den Umweg auf uns, da wir froh sind, zumindest für eine Nacht die in

diesem Streckenabschnitt sehr vermüllte Küstenwüste verlassen zu können. Die vielen Hühnerzuchtfarmen mit dem dazugehörigen Gestank nach Hühnermist und Fischmehl, den Geruch nach verwesenden Hunden, die kilometerlangen Urin-Gestankwolken entlang der Straße – all dies gilt es schnellstmöglich hinter sich zu lassen. Zum Naturschutzgebiet geht es bergauf, dadurch nimmt unser Tempo ab und uns bleibt viel Zeit, die Veränderung in der Landschaft wahrzunehmen. Vegetationslose Sanddünen gehen über in trockenes Grasland und plötzlich stehen verkrüppelte Bäume rechts und links des Weges. Die Besonderheit ist hier ein Ökosystem, das vom Nebel geprägt ist. Von Juni bis November spricht man von der feuchten Zeit, in der die Existenz von Nebelwolken eine einzigartige Pflanzenwelt gedeihen lässt, in der sich wiederum die verschiedensten wilden Tiere wohlfühlen. Es ist Anfang Juni, allerdings lassen strahlender Sonnenschein sowie das trockene Grasland keine „Nebelwaldgefühle" aufkommen. Nachdem wir Eintritt bezahlt haben, schlagen wir unser Lager in der Nähe der Verwaltungsgebäude auf, da wir hier nach Ansicht des Aufsichtspersonals vor Überfällen am besten geschützt seien. Wir sind die einzigen Übernachtungsgäste. Unser grünes Zelt ist der grünste Fleck in der Noch-nicht-grünen-Nebelwaldoase. Erste zarte Gräser wachsen aus dem dunklen Boden und geben der Landschaft immerhin einen leichten Grünstich. Ein netter, junger Parkangestellter kommt mit einem Buch vorbei, in dem die gesamte Fauna und Flora des Nationalparks abgebildet ist. In sehr schnellem Spanisch beschreibt er uns die Tiere des Schutzgebietes. Wir staunen über die Vielfalt der Tierwelt. Im August sei es hier besonders grün und schön, lässt uns der junge Mann wissen, bevor er uns bei den ersten Anzeichen des abendlichen Temperaturrückganges verlässt und in einem der kleinen Häuser verschwindet.

Wir verbringen eine angenehm ruhige Nacht, nur ab und zu vernehmen wir ein Rascheln. Am Morgen empfängt uns die für diesen Ort typische Stimmung. Es herrscht dichter Nebel und Wasser tropft von den Bäumen auf unser Zelt. Wir haben den Eindruck, es würde regnen. Nun klärt sich auch das nächtliche Rascheln auf. Nachtaktive Tiere haben uns heimgesucht. Drei der Radtaschen sind angeknabbert und haben maikäfergroße Löcher. In wahrhaft „angebissener" Laune frühstücken wir unser Müsli. Die Stimmung bessert sich, als wir durch den Nebelwald abwärts rollen. Krüppelbäume, verschiedene Kakteen, großblättrige tabakartige Pflanzen und mit Wassertropfen verzierte Spinnennetze lassen uns innehalten. Es ist sehr still. Nur ab und zu hört man ein Knacken. Es ist beinahe gespenstisch. Wir lauschen gespannt und sind auf alles gefasst. Denn in diesem Gebiet ist sogar das Auftauchen von „Gorillas im Nebel" vorstellbar.

Knorrige Bäume im Nebelwald

Versuch der Meditation
im Eco Truly Park

Ein wenig enttäuscht werden wir vom ungefähr sechzig Kilometer nördlich von Lima am Meer gelegenen *Eco Truly Park*, in dem eine Gemeinschaft von Künstlern und Freidenkern in alternativer Lebensweise nach hinduistischen Prinzipien lebt. Auf den ersten Blick scheint ihr Domizil am *Chacra y Mar-Strand* sehr idyllisch. Die selbst gebauten *Trulies*, riesige bienenstockförmige Lehmbauten, sind bunt bemalt und haben farbenfrohe Glasfenster mit Darstellungen von indische Gottheiten. Grüne Palmen, grüne Büsche und Felder – wieder scheinen wir eine Oase in der sonst so trostlosen grauen Wüste erreicht zu haben. Für Touristen gibt es Übernachtungsmöglichkeiten in einem schlichten Hotel. Allerdings scheint uns der Preis für ein einfaches Zimmer etwas überzogen und wir sind froh, dass wir für weniger Geld unser Zelt aufschlagen dürfen. Obwohl wir den ganzen Nachmittag durch die Parkanlage spazieren und uns die hübschen Häuser anschauen, will „der Geist" dieser Gemeinschaft nicht auf uns überspringen. Wenig belebt scheinen die privaten Trulies und wenig besucht das Meditationszentrum, der Aschram. Busse voller Schulklassen werden herangekarrt und in Gruppen auf Rundgang geschickt. Jugendliche westlicher Herkunft arbeiten freiwillig in der Küche und im Souvenirladen. Das Hotel ist voll mit Backpacker-Touristen aus aller Welt. Die alternative Lebensgemeinschaft ist nicht zu sehen. Gibt es sie überhaupt? Oder handelt es sich nur um eine gute Geschäftsidee? Mit der außergewöhnlichen Bauweise der Lehmhäuser und dem Eco-Image werden Touristen angelockt, die sich aufgrund des „Alles-Bio-Räucherstäbchen-Barfuß-Flairs" leicht das Geld aus den Taschen ziehen lassen. Vielleicht bleiben wir zu kurz, um die Wahrheit herauszufinden. Für uns ist es nicht der Platz, den wir eigentlich erwartet hatten. Darüber hinaus lässt der Lärm unzähliger vorbeidonnernder Lastkraftwagen während der Nacht nicht das Gefühl aufkommen, sich in einer Oase der Ruhe und Beschaulichkeit zu befinden. Truly, wirklich kein Ort zum Verweilen.

Österreichische Oase in den Anden

Valeska

„Hobts an Hunga? Dann kummts essn!", schallt es in lupenreinem steirischen Dialekt aus dem Telefon. Der gebürtige Steirer Paul Stach eröffnete 1992 das Restaurant Vienna im Zentrum von La Paz, der bolivianischen Andenstadt auf 3660 Meter Seehöhe. Nach seiner Ausbildung an der Hotelfachschule Kleßheim in Salzburg arbeitete er einige Jahre in Toronto und Jamaika im Managementbereich von riesigen Hotel- und Restaurantbetrieben, ehe er sich mit seiner aus Bolivien stammenden Frau in La Paz niederließ.

Bevor wir unsere Drahtesel wieder besteigen und bergab zum Vienna rollen, heißt es im Hotel duschen. Wir müssen die graubraune Schicht aus Schweiß und Straßenstaub, die wir uns entlang des Titikakasees „ertreten" haben, abschrubben. La Paz liegt in einer großen Schlucht, an deren steilen Hängen sich die Häuser eng aneinanderreihen. Die teuren Stadtviertel liegen in den untersten Bereichen des Kessels. Grund dafür sind die – verglichen mit dem rauen, windig kalten Klima der 500 Meter höher gelegenen Hochebene Altiplano – wärmeren Temperaturen im Tal.

Nachdem wir unsere Räder in der hauseigenen Garage sicher geparkt haben, empfängt uns der 56-jährige Chef des Hauses persönlich in seinem Restaurant, das im Stil eines Altwiener Lokals eingerichtet ist: Dunkle Holzvertäfelung, Stühle und Eckbänke, rosa Tischtücher, goldene Bilderrahmen, auf dem Klavier ein Zylinder, Blumengestecke, hölzerne Zeitungshalter an der Wand – edel und trotzdem urgemütlich. Es ist Samstagabend, das Lokal voll mit Einheimischen aus der Mittel- und Oberschicht, dazwischen einige Touristen. Dezente Klaviermusik füllt den Raum. Drei Klavierspieler wechseln sich an den Abenden ab. „Dea do isst am meisten, und am Sunntog kummt da Mozart", klärt uns Paul auf. Kellner bewegen sich leichtfüßig und aufmerksam durch den Raum. Sie tragen Krawatten mit Geigenmuster.

„63.000 Kilometa mitm Foahrradl!", staunt der Wirt, „I bewunda eich!" Mit einem anerkennenden Nicken fährt er fort: „Amoi hob i an Schweizer do ghobt, der is mitm Pferd durch Südamerika. Die Schweizer san jo bekaunt dafia, dass sie var-

Auf dem Altiplano

Mit Tania und Paul
vor dem Restaurant

ruckte Sochn mochn. Aus Österreich gibts ned so vülle Obenteirer. Ihr sads ane der wenign!" Er prostet uns mit einem edlen Tropfen aus Bolivien zu. Dann deutet er auf ein Schüsserl mit Liptauer und schiebt uns ein Brotkörberl mit Schwarzbrot und Laugenbrezen näher. „Wer bitte bäckt in La Paz Laugenbrezen?", fragen wir erstaunt. „Mit den Laugenbrezn, des is goa ned so anfoch, denn für die Laugn braucht ma a Chemie, die in Bolivien vaboten is, wal ma damit Kokain herstölln kaunn. Oba i hob zum Bäcka, mit dem i zammanoarbeit, g'sogt, frog holt amoi die Polizei, wos as kostet. Wanns des Zeig imma beschlognaumen, miassans jo gnug davon hobn. Na jo, und seitdem gibts die Laugenbrezn!"

Auf der umfangreichen Speisekarte stehen vor allem österreichische Spezialitäten wie Wiener Saftgulasch mit Butternudeln, Wienerschnitzel mit Petersilkartoffeln und Tiroler Bauernschmaus. Aber bolivianische Gerichte wie Elefantenohr und Huhn auf bolivianische Art mit *Tunta* (getrockneten, weißen Kartoffeln) werden ebenfalls serviert.

„I bin stuiz, Steira zu sein", gibt sich Paul patriotisch. „Leider hobns den Mittagsflug von Frankfurt noch Graz gstrichn. Des woa immer so schen, über die Steiamoark zu fliagn, den Donauwolza hobns gspült, und dann die grouße Kurvn und Laundung in Graz Thalerhof. Do bin i imma sentimental wuardn!" Jedes Jahr besucht er seine Mutter in Weiz. Man kommt nicht drum herum, Parallelen zu einem anderen ausgewanderten Steirer zu ziehen. Ja, die Mütter waren sogar eng befreundet, und deshalb findet man an der Bar und auf der Damentoilette signierte Bilder von „Arnie".

„Geh, huach zua!", sagt der sympathische Steirer öfters und erzählt einen Schwank aus seinem Leben. Früher ist er mit seiner Harley ganz Südamerika abgefahren. Davon zeugen Fotos in Zeitungsausschnitten, die neben der Bar hängen. Der Motorrad fahrende „zuagroaste" Gastronom wird darin unter anderem als „Österreichs kulinarischer Botschafter im Andenstaat" bezeichnet. Im Restaurant sorgt Paul für flottes, freundliches Service, das Kochen auf österreichische Art hat er seinen Angestellten selbst beigebracht. In seiner Freizeit, meist Sonntagnachmittag, stellt der begeisterte Hobbykoch bei klassischer Musik gerne selbst Nudeln oder Sushi her. „Des is fia mi Nirvana, wias fia eich woascheinli des Radeln is!"

Nach dem vielen guten Wein muten wir es uns nicht mehr zu, bei Dunkelheit durch La Paz zu strampeln, und wir entscheiden uns für ein Taxi. Wir holen unsere Fahrzeuge am nächsten Tag – sind wir doch wieder zum Essen eingeladen.

Diesmal lernen wir Tania kennen, eines der beiden Kinder von Paul. Sie ging in die Deutsche Schule von La Paz, fährt wie ihr Vater gerne nach Weiz und versteht

Wir folgen einer
Einladung ins Vienna

Sind wir in Wien? ▼

unseren steirischen Dialekt problemlos. Vater und Tochter sind erstaunt, welche Mengen Radreisende zu essen im Stande sind. Aber wie könnten wir von dem besten Schokoladenmousse Südamerikas auch nur ein Löffelchen übrig lassen? „Sunntogmittog is des Restaurant imma vull, do die Leit hia Hausangstöllte hobn, die fia sie unta da Wochn kochn. Denan miassns frei gebn, sölbst kennans net kochn, no daunn kummans hoit za uns", erläutert Paul. Sein Blick schweift durch das Lokal: „Durt drübn sitzt da Chef von Coca Cola Bolivien, dea durt besitzt de greßten Textilfabrikn des Laundes, und de Frau durt is a Ex-Vizebürgermeisterin, de woa viar Joahr im Knast, zum Essn oba is sie ohne Untabrechung herkumman!" Und mitten drin – am Tisch Nummer fünf – sitzen wir.

Bei einer Führung durch das dreigeschoßige Haus bekommen wir Einblicke in die Räumlichkeiten. Im Salon Klimt und Salon Danubio finden Seminare und Hochzeiten statt. „A Houchzeit homma ghobt, do is da Bräutigam nie auftaucht. Ea is bestimmt heit no glicklich", scherzt der humorvolle Weizer, und fährt fort: „Und do, im Jagastübal hobn si imma die Tiarschütza troffn. Amoi wulltns, dass i die Krickal von da Waund obanimm!" Wir sehen, dass die Krickerl noch an der Wand sind. In den Stiegenaufgängen hängen Bilder von Graz. Beim Anblick des Uhrturms werden wir ein bisschen sentimental. Seit diesem Tag stehen im Gäste-

La Paz

buch des Vienna neben Ministern und Präsidenten des Landes, Leuten der österreichischen Botschaft und Deutschlands TV-Star Verona Feldbusch – Valeska und Philipp Schaudy.

Zugegeben, von La Paz haben wir in diesen Tagen nicht viel gesehen. Zu gemütlich ist die Atmosphäre in der kleinen österreichischen Oase, in der wir gastfreundlich aufgepäppelt wurden! Vielleicht bleiben wir noch bis Montag, da gibt es nämlich immer frischen Apfelstrudel.

Salz auf unseren Rädern

Valeska

„Weiter rüber. Und ein bisserl nach rechts. Nein, von dir aus links. Nicht so viel. Noch ein Stück zurück. Ok, jetzt passt's!" – Fotosession mitten im „weißen Meer". Gut eine Stunde lang machen wir Trickaufnahmen, die durch den einfarbigen Hintergrund möglich sind: Zuerst unternehmen wir eine Bootsfahrt, indem wir in meinen Helm klettern und mit unseren Fahrradpumpen eifrig drauflospaddeln. Wenig später winken wir aus einer Lenkertasche, bevor ich schrumpfe und mich auf meinen Sattel stelle, um Philipp die Hand reichen zu können. Zu guter Letzt wollen wir unsere Drahtesel verschlingen. Einmalige Aktionen, alle digital festgehalten!

Ort des Geschehens ist der weltgrößte Salzsee, der *Salar de Uyuni*. Dieser befindet sich auf dem zwischen den beiden Kordilleren der Anden im Dreiländereck von Bolivien, Chile und Argentinien gelegenen Altiplano auf 3650 Meter Seehöhe und erstreckt sich über eine Fläche von mehr als zehntausend Quadratkilometern. Wohin man schaut – weiße Weite überall. Wir müssen unweigerlich an Schnee denken, doch die harte Fläche hat mehr mit Eis gemein und wir wundern uns, dass wir mit den Rädern nicht rutschen, bis wir realisieren: Salz ist griffig. Der Salar liegt direkt auf unserer Route durch den Südwesten Boliviens. Durch den Besuch von Diavorträgen über dieses Gebiet, durch Bilder und Erzählungen angeregt, hatten wir beide bereits lange davon geträumt, einmal hierher zu kommen. Und nun sind wir tatsächlich da! In der Hitze flimmern die Berge ringsum, unter uns knacken die Salzkristalle und fliegen mit dem Wind davon. Unbeschreiblich schön. Man wünscht sich, die Zeit bliebe stehen.

Die Anreise von La Paz hatte sechs Tage gedauert. Nach drei Tagen zweigten wir bei Huari von der asphaltierten Straße nach Südwesten ab. Auf sandigen Pfaden, vorbei an Lamaherden, fuhren wir durch ein Labyrinth von Feldwegen bis zum kleinen Ort Quillacas. Eine Strecke, die uns manchmal stark an Australien erinnerte: Überall heller Sand und trockene niedrige Büsche. Eines Abends beobachteten wir Wetterleuchten in der Ferne. Schwärme lästiger Fliegen fielen ein und umschwirrten uns. Doch während uns in Australien die Fliegen tagelang verfolgt

Fahrradhelm-Kanu?

Liebling, jetzt haben
wir uns geschrumpft!

hatten, dauerte ihre „Belagerung" hier nur wenige Minuten. Quillacas, eine dichte Ansammlung von Häusern auf einem steilen Hügel, schaffte es nur mit einer Erwähnung in mein Tagebuch: Cola-Stopp, Jause im Schatten, beim Brunnen Wasser auffüllen. Mehr war da nicht, weder zu sehen noch zu tun. Hinter Quillacas änderte sich die Straßenbeschaffenheit schlagartig. Vorbei war es mit schlechten Asphalt- und guten Schotterstraßen. Nun begann eine Straße, die mitten im Bau befindlich schien, doch weit und breit waren weder Baumaschinen noch Arbeiter zu sehen. Es hatte sogar den Anschein, als ob das Projekt lange vor seiner Fertigstellung – spontan, von einer Minute auf die andere – einfach aufgegeben worden wäre. Große Sand- und Gesteinshaufen in regelmäßigen Abständen ließen oft nur einen Teil der Fahrbahn frei. Ab und zu nahmen sie sogar die ganze Straßenbreite ein. Nichtsdestotrotz gab es einige Abschnitte, die man als gut befahrbar einstufen konnte. Andere allerdings waren wegen der weichen sandigen Oberfläche bestenfalls äußerst mühsam „beschiebbar". Die ganze Zeit über wies uns der ungefähr 5.400 Meter hohe Vulkan Tunupa den Weg. Er überragte die grau-braunen Bergketten und zog mit seinem gelblich-hellbraunen Krater unsere Blicke auf sich. In Gedanken wanderten wir über die trockenen Weiden am Fuße des Berges, stiegen höher hinauf in die Geröllfelder, kletterten das letzte steile Stück an der Außen-

Auf dem Weg in Richtung Salzsee

Unsere Wasserflaschen füllen wir in kleinen Dörfern auf

seite des Kraters empor und schauten über seinen Rand … Kurz vor dem Dorf Jirira schlugen wir zum letzten Mal, bevor wir den *Salar* erreichten, auf einem mit Steinmauern umgebenen Feld unser Lager auf.

Nach einer ruhigen Nacht sind wir allerdings nicht mehr allein auf der Bildfläche. Jeeps, Quads und sogar Busse tauchen als schwarze Punkte ringsum am Horizont auf – und kommen mit großer Geschwindigkeit näher. Der Salzsee ist eben Boliviens Sehenswürdigkeit Nummer eins. Alle Besucher wollen mitten in die Salzpfanne zur Insel *Inca Huasi* (Quechua: Haus des Inka). Dort gibt es zwar ein kleines Restaurant, doch die meisten der Anreisenden sind Selbstversorger. Plastiktische und -stühle sowie Sonnenschirme werden aufgestellt und Lunchpakete ausgewickelt. Unzählige Reisegruppen umzingeln das kleine Inselchen. Auf so ein Gedränge und den damit verbundenen Lärm waren wir nach sechs ruhigen, fast vollkommen einsamen Tagen nicht gefasst. Wir sind plötzlich Teil der großen Besuchermenge. Gleichzeitig haben wir das Gefühl, Teil der Attraktion zu sein, da wir fotografiert werden. Oder vielleicht sind das eigentliche Motiv die beiden Lamas, die neben uns über das Salz laufen?

Wir warten ab, bis am späten Nachmittag alle Jeeps, schwarzen Ameisen ähnlich, in der Ferne verschwinden, und wir bei sanftem Abendlicht allein das kleine Eiland erkunden können. Eine Attraktion sind die bis zu zwölf Meter hohen und teilweise mehr als 1000 Jahre alten Säulenkakteen. In einzelnen Stämmen, manchmal mit ein, zwei, drei und sogar vier Armen, wachsen sie zielstrebig gegen den Himmel. Ihre etwas rundliche Form, bedeckt mit einer bräunlichen bis weißlichen Art von Haaren, lässt sie – vor allem aus einer gewissen Entfernung – weich und fast flauschig erscheinen. Dass alles an ihnen sticht, erkennt man erst bei näherer Betrachtung. Die entweder rein weiß oder intensiv rosa blühenden Kakteen strahlen, speziell im warmen Licht am Tagesende, ergreifende Schönheit und majestätische Erhabenheit aus. Kein Wunder, dass sie trotz lebensfeindlicher Umgebung Vögel und Schmetterlinge anziehen.

Am höchsten Punkt der Insel angelangt, hat man eine atemberaubende Aussicht auf die weiße Ebene mit ihrem typischen Polygonmuster. Dieses entsteht dadurch, dass der *Salar de Uyuni* ein abflussloses Becken in einem ariden Klima ist, in dem die Verdunstungsrate im Jahresmittel die Jahresniederschlagsmenge übersteigt. Durch den Wechsel von Trocken- und Feuchtzeiten bildete sich im Laufe der Erdgeschichte eine Folge von Seesedimenten und Salzschichten, wobei die oberste Salzschicht eine Dicke von elf Metern hat. Die tiefste bisher im Salar durchgeführte Bohrung ergab, dass die Mächtigkeit der Salz-Ton-Wechsellagerung stellenweise mehr als 180 Meter beträgt. Während der Regenzeit – zwischen

Säulenkakteen auf
der Insel Inca Huasi

Dezember und März – ist der Salar mit Wasser bedeckt. In der anschließenden Trockenperiode bildet sich durch die starke Verdunstung der oberflächennahen Salzlösung eine extrem harte Kruste. Auf deren Oberfläche entsteht durch kapillaren Aufstieg von Salzlösung entlang von Trockenrissen das für den See so charakteristische Polygonmuster.

Unsere Camping-Idylle zwischen den Kakteen wird von dem eremitenhaften Hahn der Insel gestört, der unermüdlich in den Sonnenuntergang (!) „kikerikiet". Nur Radreisende dürfen hier übernachten. Vermutlich haben bisher die meisten von ihnen wie unsereins vegetarische Kost bevorzugt oder waren zumindest Tierliebhaberinnen und Tierliebhaber, so dass der Schreihals bisher überlebt hat.

Am nächsten Tag bewältigen wir – vorbei an einigen aus Salzziegeln erbauten, etwas heruntergekommenen Hotels – die restliche salzige Strecke von siebzig Kilometern zum „Ufer" des Salzsees. Unsere Begegnungen mit anderen Fahrzeugen lassen sich an einer Hand abzählen, das heißt, wir können diesen landschaftlich

Salzabbau am Rand des Salzsees   Im Ort Colchani ⌄

fantastischen Abschnitt in vollen Zügen genießen. Am Rand des Salzsees wird nahe dem trostlosen, staubig-braunen Ort Colchani, durch den staubig-braune Schweine ziehen, blütenweißes Salz abgebaut. Rein durch Muskelkraft, allein durch Abkratzen und -schaufeln, wird das weiße Gold vom Boden gewonnen und auf klapprige LKW gehievt. In der Salzkruste lagert auch das industriell wertvolle Leichtmetall Lithium. Wie gut sich allerdings der Abbau dieses Rohstoffes und ein angestrebter nachhaltiger Öko-Tourismus vertragen werden, steht in den Sternen …

Über Stock und Stein

→

Valeska

Die Carretera Austral führt rund 1350 Kilometer von Puerto Montt nach Villa O'Higgins im chilenischen Teil Patagoniens. Über zwanzig Jahre wurde an ihr gebaut, entlang an Fjorden und vorbei an Gletschern. Größtenteils ist sie nicht asphaltiert. Sehenswert an der Strecke sind die Bergwelt, die Gletscher, der üppige Wald, die kleinen verschlafenen Dörfer und die unberührte Wildnis ringsum. Es dauert nicht lange und wir wissen, woher das üppige Grün des Waldes stammt. Ebenso wie die Pflanzen werden wir unentwegt von oben begossen. Tagelang auf Schotterpisten durch den Regen radeln – da haben wir uns eine „feine" Tour ausgesucht. Trotz allem sind wir froh über die Abwechslung zu den trockenen, heißen Gebieten weiter im Norden, wo uns zuvor der Gegenwind wochenlang geplagt hat. Für motorisierten Verkehr ist die Carretera Austral eine Sackgasse, bei Villa O'Higgins ist Schluss, die Straße endet an einem See. Für Fahrradfahrerinnen und Fahrradfahrer fängt das Abenteuer allerdings genau an diesem Ort erst an.

Das Ausflugsschiff steht bereit und wir stellen die Räder vorne in den Bug. Mit uns an Bord befindet sich eine große Gruppe von Tagesausflüglern, die eine Rundfahrt auf dem Lago O'Higgins macht. Kaum jemand bleibt an Deck, denn kühler Wind pfeift einem um die Ohren. Gemütlicher genießt man den Blick auf die schöne Berglandschaft durch die Glasfenster – vom gepolsterten Sessel aus. Der See ist groß und die umliegenden Gebirge so hoch, dass man das Gefühl hat, in einem Fjord unterwegs zu sein. Am späten Vormittag legt das Schiff am anderen Ende des Sees an, im Nirgendwo, und wir verlassen als einzige das Schiff.

Bevor wir zu unserer Fahrt aufbrechen, genießen wir ein reichhaltiges Picknick – mit dem Hintergedanken, alles, was wir aufessen, nicht über den vor uns liegenden Pass schleppen zu müssen. Frisch gestärkt ziehen wir los. Ein steiler Feldweg führt durch niedrigen Wald weg vom Ufer des Sees. Nach gut 500 Metern kommen wir auf eine Art Almwiese und es wird flacher. Pferde knabbern am Gras, ein Hund läuft herum und in der Ferne sehen wir ein Haus. „Das muss der chilenische Grenzposten sein!" Unproblematisch bekommen wir unseren Ausreisestempel in den Pass und man wünscht uns Glück für die bevorstehende (Tor)tour. Voll motiviert nehmen wir den Berg in Angriff. Eine Schotterstraße zieht sich in Serpentinen den Hang hinauf, zum Teil befahrbar, aber in den Kurven viel zu steil und mit viel zu viel Geröll bedeckt. Wir schieben unsere beladenen Fahrräder hoch, nicht ohne die schöne Aussicht zurück auf den *Lago O'Higgins*, einen großen blauen See inmitten der grünen Landschaft, zu genießen. Ich gewöhne mich langsam an die Kraftanstrengung des Schiebens und bin in herrlicher Laune – bis lästige Störenfriede auftauchen. Unzählige Bremsen umschwirren und nerven uns. Nun bräuchten wir jeder eine dritte Hand, damit wir sie auf Stirn, Schultern und Rücken plattschlagen könnten! „Go-Go-Gadget-o…", phantasiere ich.

Nach ungefähr 400 Höhenmetern wird es flacher, die weite Aussicht schwindet, der Pfad führt durch Wald. Wir können kurze Strecken radeln, doch müssen wir oft wegen vor uns liegender Steine abspringen. Wieder rauf auf den Drahtesel – hoppla, doch zu holprig, Abwurf … Eigentlich eine wunderbare Mountainbikestrecke, wenn nur nicht die fünfundzwanzig Kilo Gepäck dabei wären! An der einzigen Weggabelung verfahren wir uns und kommen nicht mehr weiter. Umdrehen? Oder die Holzstiege über den Stacheldrahtzaun in Angriff nehmen? Zweiteres. Taschen ab, Taschen schleppen, Rad schleppen, und wieder alles zu-

sammenbauen. Aufwärmübung. Über den Fluss führt eine marode Holzbrücke, bald danach steht im Wald ein Schild: *Bienvenidos a Argentina* (Willkommen in Argentinien). Die Grenze und somit den höchsten Punkt des Passes haben wir erreicht und leider endet hier der einfache Teil der Strecke.

Es beginnen ungemein zähe Kilometer. Wir bleiben im Wald, jedoch sollte man diesen Abschnitt „Sumpfwald" nennen. Oder noch besser: „Radverschlingender Wald der Verzweiflung". Immer wieder rinnen kleine Bäche über den Weg und weiche Schuh-und-Fahrrad-ansaugende-Moraste tauchen auf. Trotz der Anstrengung nehmen wir uns Zeit und schießen unzählige Fotos, während wir unsere widerspenstigen Drahtesel durch die argentinische Sumpf-Pampa treiben. Naja, die Beschreibung verlangt mehr Verben: schubsen, schleifen, schleppen, schupfen, stoßen, karren, hieven, zerren, ziehen, wuchten, reißen und – nicht zu vergessen – tragen. Zwischendurch wird der Wanderweg immer etwas trockener und steiniger, doch nur, um gleich wieder durch den nächsten schlammigen Bach und Sumpf zu führen. Wir haben genug Zeit eingeplant und lassen uns nicht stressen. Im Gegenteil, wir liegen eigentlich im Soll und werden es bis zur Dunkelheit schaffen, diesen Streckenabschnitt hinter uns zu lassen. Schaffen müssen.

Immer schwieriger wird
der Bike-Hike

Durch den Sumpfwald

Rein ins kalte Wasser ⋁

Es ist mittlerweile bewölkt und trotz der angenehm kühlen Luft schwitzen wir unaufhörlich bei dieser Schufterei. Wenn einer von uns im Schlamm stecken bleibt, wird gelacht und zugepackt. Es macht Spaß, doch langsam schwinden unsere Kräfte. Einige Stunden sind vergangen, aber wir kommen streckenmäßig kaum voran. Erschöpfung macht sich breit. Schokoladentherapie beziehungsweise Kekspause ist angebracht. Danach ist der Zuckerspiegel wieder auf richtigem Niveau, dementsprechend leichter geht es weiter. An manchen Stellen erleben wir ein Déjà-vu. Sind wir nicht gerade durch so einen Sumpf gekommen und an so einer Wurzel hängen geblieben? Die Dämmerung holt uns ein und langsam würden wir gern dem feuchten und nun Gelsen-geschwängerten Wald entkommen. Nicht früher als gegen 20 Uhr erhaschen wir den ersten Blick auf den *Lago del Desierto*. Schöne ruhige Stimmung am See, dahinter ragt der *Fitz Roy* mit seinen mächtigen Felswänden in den Himmel. Wir stellen unser Zelt auf eine der wenigen ebenen Stellen. Die Stimmung können wir keine zwei Minuten genießen, denn es beginnt zu regnen. Rein in unser „Haus". Wir essen im Warmen, die vom Wind zerzausten Bäume und der Rest der noch zurückzulegenden Strecke bleiben draußen.

Am nächsten Morgen tröpfelt es auf das Zelt. Packen, frühstücken, und schließlich im Regen die Fahrräder zurück auf den Weg zerren. Nur ungefähr ein Kilometer

Hinunter zum Lago del Desierto

Irgendwie kommen wir doch vorwärts

liegt vor uns bis hinunter zum See. Dass wir dafür eine gute Stunde brauchen werden, wissen wir da noch nicht. Durch den Regen ist der schmale Fußweg rutschig geworden. Gegenseitig helfen wir uns – einmal halte ich mich am Rad fest und vermeide einen Ausrutscher, einmal wirft sich mein Rad mir in die Arme. Pferde transportieren hier oft Gepäck und Leute, deshalb ist die Trasse tief in die Erde gegraben und wir bleiben stecken. Doch mit viel Geduld meistern wir auch diese Hürden, besser gesagt Gräben. Unsere Beine sowie unsere Fahrradtaschen müssen allerdings die eine und andere Schramme einstecken. Von oben bis unten mit Matsch bespritzt, kommen wir schließlich am Seeufer an, wo sich der argentinische Grenzposten befindet und wir unsere Einreisestempel bekommen. Bevor wir jedoch die erdverkrusteten Fahrräder auf das nächste Boot, das uns zu einer befahrbaren Schotterpiste bringt, stellen dürfen, müssen wir sie ordentlich waschen.

Nach vierzig Minuten Überfahrt, vorbei an spektakulärer Gletscherwelt, erreichen wir das gegenüberliegende Ufer. Bei Sonnenschein und tollem Blick auf den mächtigen, 3400 Meter hohen Granitberg Cerro Fitzroy strampeln wir knapp vierzig Kilometer nach El Chaltén, einem bekannten Trekking- und Kletterparadies im südlichen Argentinien. Der Schotter spritzt, wir düsen dahin, leicht bergab. Meine Euphorie wird aber gebremst – eigentlich nicht gebremst, denn meine Hinterbremsen funktionieren nicht mehr. Sie wurden beim gestrigen Rad-Trekking wegradiert. Macht nix, sie können in den nächsten Tagen repariert werden, denn wir wollen in dem kleinen Feriendorf El Chaltén bleiben, um die Gegend zu erwandern – diesmal ohne Fahrräder.

Unsichtbarer Feind II

-->

Philipp

Sucht man im Internet nach dem „größten Feind der Radfahrer", so spuckt einem das Netz in wenigen Millisekunden hunderte Vorschläge aus. „Das sind die Hunde", sagt eine Seite. Zugegeben, wir geraten ab und zu in Bedrängnis, wenn uns wild bellende Hunde hinterherjagen und mit gefletschten Zähnen versuchen, unsere Waden zu erreichen. „Der größte Feind der Radfahrer sind die Polizisten", heißt es in einem Blog. „Der größte Feind der Radfahrer sind die Radfahrer." „Der größte Feind der Radfahrer sind die Berge." „Der Regen." „Die Mücken." „Der Verkehr." „Die Straßen." „Der eigene Schweinehund." Und so weiter und so fort. Wenig von alledem trifft für uns zu. Wir fühlen uns frei und feindlos. Bis …, ja, bis der kaum wahrnehmbare Lufthauch im Gesicht merklich und stetig an Intensität zunimmt und das Dasein dominiert. Dann stehen wir unserem Feind gegenüber, dem einzigen und wahren Feind aller Radfahrer: dem Wind. In der Meteorologie wird er als eine gerichtete, stärkere Luftbewegung in der Erdatmosphäre bezeichnet. Wie unpassend, verniedlichend und untertrieben.

Wer schon einmal eine längere Strecke geradelt ist, wird meiner Meinung sein. Wer schon einmal durch baumlose Ebenen gestrampelt ist, kennt diese Naturgewalt allzu gut. Und wer sein Velo schon einmal durch das argentinische Patagonien gesteuert hat, der hat diesbezüglich die Königsetappe absolviert. Nirgends sonst ist dieser Feind so präsent und unbarmherzig wie dort. Im südlichen Zipfel Südamerikas kommt er bevorzugt aus Nordwesten. Morgens, mittags, abends und auch nachts. Er braucht keine Pause. Er schläft nie.

Der Himmel ist klar und strahlend blau. Ich blicke über die uferlose Pampa Patagoniens. Eine endlose steppenartige Ebene. Mächtige, unendliche Weite. Die Straße schneidet sich wie mit einem Lineal gezogen durch die baumlose Landschaft. Ich liebe solche eintönigen, kargen und wilden Gegenden. Normalerweise ein meditativer Genuss, doch hier wirft sich uns eine gewaltige, ungebändigte Kraft entgegen. Sie donnert auf uns zu und über uns hinweg. Reißt und zerrt an uns, stößt und drückt uns, hält uns fest, stemmt sich uns entgegen, blockiert unseren Weg. Einmal bin ich nicht konzentriert, da stößt sie mich zur Seite und aus dem

Unendliche Weite
in Patagonien

Gegenwind bremst uns

Gleichgewicht. In meinen Ohren braust und dröhnt es. Meine Hände umklammern die Lenkstange mit festem Griff. Ich drifte an den Fahrbahnrand, kann das Rad nicht halten. Ungestüme, harte Luftpakete boxen, nein, prügeln mich über das schottrige Bankett, bis das Vorderrad meines Fahrrades zu rutschen beginnt. Ungewollt stolpere ich von meinem Gaul. Meine Hände umklammern nach wie vor die Lenkstange. Ohne mein Gewicht auf dem Rad wird dieses einfach weitergestoßen. Diesmal kann ich mein Rad halten und zerre es zurück auf den Asphalt. Ich schreie ungehalten meine Wut und Frustration in die erdrückende Luftmasse. Valeska bleibt mit starrem Gesichtsausdruck kraftlos neben mir stehen. Unser Kampf ist ernüchternd. Ein Gefecht ohne Sieg. Genug gekämpft. Wir schlagen ein Notlager in einem Vieh- und Wasserdurchlass unter der Straße auf, um etwas Schutz vor dem wütenden Element zu finden. Wir verkriechen uns in das mit großen Steinen fixierte Zelt.

In den vergangenen Tagen und Wochen, auf unserem Weg durch den Monte und Grand Chaco – steppenartiges Buschland und Dornbuschsavannen im Norden Argentiniens – haben wir oft am Stand getreten. Doch noch nirgends wurden wir so vom Wind geschunden wie hier im Süden. Am nächsten Morgen schlagen uns wieder die aufgebrachten Luftmassen mit voller Wucht ins Gesicht. Die Anstrengung frisst unsere Kräfte und knabbert an unserer Psyche. Von weitem sehen wir die Häuser des chilenischen Grenzpostens von Cerro Castillo in der Sonne schimmern. Wir nähern uns im Schneckentempo. Verbitterung und Zorn machen sich breit. Ständig rinnt mir die Nase und bevor ich den Rotz mit dem Oberarm wegwischen kann, peitscht es ihn auch schon quer über meine Wangen bis nach hinten zu den Ohren.

Alles hat ein Ende. Die Straße macht eine scharfe Linkskurve. Durch die plötzliche Richtungsänderung wird die zermürbende Pein zu ausgelassener Freude. Ohne uns großartig anzustrengen, fliegen wir über den Asphalt und die holprige Piste. Glücksgefühle durchströmen meinen Körper. Es kommt mir vor, als würde mich eine große Hand stetig von hinten anschieben. Die wenigen niedrigen Bäume sehen aus, als wären sie zottelige Druiden. Ihre langen Bärte und Haare flattern im wild tosenden Element. Wir fahren endlich in die richtige Richtung! Unsere Welt ist wieder in Ordnung. Wir lieben Patagonien und das Land scheint uns zu lieben.

Es ist Nachmittag, als wir nach Rio Grande kommen. Die Stadt mit etwas über 50.000 Einwohnern liegt an der Atlantikküste, im argentinischen Teil Feuerlands. Zwischen den Häusern ist die Luftbewegung gedämpft. Dennoch stößt sie leere Getränkedosen und Plastiksäcke rhythmisch vor sich her. Auf den öffentlichen Plätzen liegen Hunde im Schatten der Bäume. Vereinzelt spazieren Leute über die

Dieser Viehdurchlass
bietet etwas Schutz

Windige Gegend

Vom Wind geformt

Bis Ushuaia ist
es nicht mehr weit

USHUAIA 82
LAPATAIA 106

unebenen Gehsteige. Es ist Nachmittag und Rio Grande wirkt beinahe wie eine Geisterstadt. Nur einige verbeulte Autos rollen langsam durch die Straßen. Aus ihnen dröhnt übersteuerte argentinische Popmusik – sie hat immer denselben Beat.

Seit wir aus Bolivien kommend in Argentinien eingereist sind, begleitet uns nun schon fast 6000 Kilometer ein spanisches Exportgut – die traditionelle Mittagsruhe, die Siesta. Ab Mittag ist stundenlang jedes Geschäft, jedes Amt, einfach alles geschlossen. Angestellte und Verkaufspersonal halten Mittagsschlaf. Die Kunden schlafen ebenfalls. Nur wir sind wach und auf der Suche nach Lebensmitteln, einer Jause und etwas zu trinken. In Rio Grande geht es uns nicht anders. Alles ist geschlossen. Alle halten Siesta.

Am nächsten Morgen, nachdem wir uns in einer Bäckerei mit leckerem Gebäck eingedeckt haben, treten wir in die Pedale. Die Ausfahrtsstraße führt für die ersten Kilometer – bis zu einer markanten Kurve – in die „feindliche" Richtung. Anfangs bietet uns die Bebauung noch etwas Schutz. Als die Häuserreihen aufhören, ist es beinahe unmöglich voranzukommen. Wir kämpfen gegen eine wallende, wogende, immer wieder auf uns einstürzende Wand. Der Wind wirft uns hin und her, stößt uns mal zur einen, mal zur anderen Seite der Fahrbahn, reißt an unseren Lenkern und versucht mit einem besonders heftigen Stoß, uns in den Straßengraben zu werfen. Kein Vorankommen, wir treten buchstäblich am Stand. Schiebend versuchen wir, die Räder zu bewegen. Wir können die beladenen Tourenvelos kaum halten und lehnen uns mit voller Kraft gegen die auf uns einwirkende Gewalt. Wir zerren die Fahrräder voran. Wieder schreien wir aus Verzweiflung und Ohnmacht und fluchen lautstark. Die lang ersehnte Kurve, die unser Leben verändern wird, ist greifbar nahe. Im erbitterten Kampf gefangen, scheint sie uns jedoch unendlich weit entfernt.

Aber wir erreichen sie. Die Straße dreht von Südwest auf Ost. Mit einem Schlag fühle ich mich wie ein Fußball, der vom Stürmer in rasendem Tempo über das Spielfeld geführt und dann mit voller Wucht geschossen wird – nach Ushuaia, der südlichsten Stadt Argentiniens. Für diesmal haben wir ihn bezwungen, unseren größten Feind.

Pausentag

Valeska

Ich ziehe den dunkelblauen Vorhang zur Seite, langsam und vorsichtig, um die gefährlich schief hängende Karniese vor dem Absturz zu bewahren. Seit Wochen begleitet uns der berühmt-berüchtigte neuseeländische Dauerregen. Aber heute macht es mir nichts aus, wir legen ja einen Rasttag ein. Außerdem ist hier jener Punkt erreicht, an dem unsere bisherige Routenplanung für Neuseeland endet. Also ist es unumgänglich, dass wir heute besprechen und uns entscheiden, welche Richtung wir morgen einschlagen werden. Der dichte dunkle Vorhang gibt den Blick nach draußen frei. Die Sonne scheint. Na toll, ausgerechnet heute. Wir überlegen kurz, ob wir nicht doch losradeln sollen, aber wohin? Außerdem ist organisatorisch einiges zu erledigen und in dem kleinen, beheizten Hüttchen auf dem Campingplatz in Rotorua ist es nicht gerade ungemütlich. Wir bleiben.

Nach dem Frühstück gehen wir unsere Ausrüstung durch, die wir gestern Abend bei der späten Ankunft einfach in die Ecke gestellt haben, und breiten die nassen Sachen, inklusive unserem Zelt, vor der Hütte zum Trocknen aus. Schmutzwäsche hat sich angesammelt, genug, um eine Waschmaschine halb zu füllen. Mehr ist es ohnehin nie, denn die restliche Kleidung tragen wir am Körper. Eine Waschmaschine ist schnell ausfindig gemacht, da im nahegelegenen Waschhaus einsatzbereit fünf Stück dieser wunderbaren Erfindung stehen.

Als ich zurückkomme, sehe ich einen großen Vogel, der an einer unserer Zeltschnüre zupft. Instinktiv will ich ihn vertreiben, denn es wäre nicht das erste Mal, dass uns ein Vogel Löcher in unser Zelt pickt oder krallt, aber Philipp steht mit seiner Kamera nahe der Hütte und beobachtet die Szene schon eine Zeit lang. Mucksmäuschenstill und regungslos sehen wir nun beide dem braun-rot gefiederten Papagei zu, wie er immer wieder an derselben schwarzen Schnur zieht, bis er mich plötzlich entdeckt und auf und davon fliegt. Wir meinen uns zu erinnern, dass *Keas* (Bergpapageien) nur in den Neuseeländischen Alpen der Südinsel vorkommen und ein olivgrünes Federkleid tragen. Wahrscheinlich haben wir soeben einen *Kaka* (Waldpapagei) beobachtet, denn dieser Vogel hatte deutlich rote und gelbe Akzente auf den Wangen und das Bürzelgefieder war ebenfalls rot. Vor kurzem erzählte uns ein Radfahrer, dass ihm ein *Kea* den Fahrradsattel völlig zerbissen habe, so dass er einen neuen kaufen musste. Angeblich knabbern sie gerne

Wasserdicht verpackt
bei Dauerregen

Ein guter Unterstand

Wir wärmen uns in einem
beheizten Hüttchen auf

an jeder Art von Gummi und Leder. Hm, ob *Kakas* das auch machen, und unsere Räder hier vor der Hütte in Gefahr sind?

Wir sind an unserem Rasttag ganz schön streng mit uns. Erst die Arbeit, dann das Vergnügen. Bürokram, wie wir es nennen, muss erledigt werden. Philipp holt unseren kleinen Laptop aus der Tasche und fasst das in den letzten beiden Wochen Erlebte in einem kurzen Text zusammen. Dazu sucht er passende Fotos und stellt das Ganze auf unsere Homepage. Unsere Wohnstätte hat natürlich Wifi-Empfang. Währenddessen versuche ich, mit Hilfe einer Straßenkarte von der Nordinsel Neuseelands auf kleinen, hoffentlich verkehrsarmen Straßen eine Route nach Auckland zu finden. Insgesamt haben wir rund 350 Kilometer vor uns, einen Abstecher nach Waiheke Island bereits mitgerechnet. Wir könnten morgen die 110 Kilometer bis Tauranga radeln, das müsste sich in einem Tag ausgehen, da die Strecke recht flach aussieht. Ja, das würde klappen, wenn kein allzu starker Gegenwind herrscht. Tauranga – ich hatte doch vor ein paar Tagen auf der

Warmshowers-Webseite Mitglieder entdeckt, die dort wohnen und immer wieder Radreisende beherbergen. Ich werde sie gleich anrufen, obwohl das ziemlich kurzfristig ist. Gedacht, getan. Wenige Minuten später haben wir eine Einladung nach Tauranga. Von dort aus würden wir über die Goldbergbaustadt Waihi in Richtung Thames fahren. Dann der Küste entlang oder ins Inland einbiegen. Hm, die Küstengegend sieht vielversprechender aus, denn es sind keine Orte auf der Karte eingetragen. Das könnte ein ruhiger Streckenabschnitt ohne viel Verkehr werden, und wer weiß, vielleicht finden wir am Strand irgendwo sogar einen idyllischen Platz zum Zelten? Weiter im Norden, in der Half Moon Bay, könnten wir die Fähre nach Waiheke Island nehmen, wo unsere neuen Bekannten, Emily und Adrian, wohnen. Wir haben das Paar vor fünf Tagen auf ihrer Urlaubsreise an der Wanganui River Road in einer Siedlung namens Jerusalem auf dem Gelände eines Klosters kennengelernt, wo sie mit ihrem 1-jährigen Sohn Theo ebenso desperat wie wir im klösterlichen Gästehaus wegen des nicht enden wollenden Starkregens Zuflucht suchten. Während draußen ein gewaltiges Unwetter niederging, saßen wir in der ehemaligen Klosterküche vor dem warmen Kaminfeuer und unterhielten uns über die Māori und ihre Kultur. Wir waren auf unserer Fahrt an einem *Marae*, einem ebenen Platz mit einem *Wharenui* (Versammlungshaus), vorbeigekommen, der zeremoniellen Zwecken dient, und hatten das kunstvoll geschnitzte und mit Einlegearbeiten versehene Eingangstor zu dem Areal sowie das reich verzierte, rot bemalte Haus nur aus der Ferne betrachtet. Emily und Adrian meinten, wir hätten nicht so schüchtern sein müssen, eine Besichtigung wäre sicherlich kein Problem gewesen. „Das ist ungefähr so wie bei einer Kirche: Wenn gerade eine Hochzeit stattfindet, geht man nicht hinein und stört, aber generell ist man immer willkommen", erklärte uns Emily. Dann erzählten sie uns, wie schön „ihre Insel" sei, die östlich von Auckland im Hauraki-Golf liegt, und wir mussten beim Abschied versprechen, sie auf jeden Fall zu besuchen. Auf der Karte ist bei Waiheke Island deutlich eine gepunktete blaue Linie zu erkennen, die von Osten her in den Hafen von Auckland führt. Sieht nach einer direkten Fährverbindung aus. Das wäre eine überlegenswerte Alternative zu unserem Vorhaben, Auckland von Süden anzusteuern, wo ein dichtes Straßennetz die Karte überzieht und auf starken Autoverkehr schließen lässt. Noch einmal kurz überlegen – ja, so in etwa fünf Tagen werden wir in Auckland ankommen.

Die Zeit verrinnt und die Sonne lockt. Wir beschließen, dass wir eine Pause verdient haben und weiterer Bürokram warten kann. Vor unserer Hütte wird Ordnung gemacht, das heißt, wir packen die mittlerweile trockenen Sachen zusammen, und die Wäsche aus der Waschmaschine stecken wir in einen Trockner. Wir schnappen uns die Räder, wollen wir doch erkunden, woher der Schwefelgeruch kommt, der

Küstenlandschaft in Neuseeland

Auf hartem Sand
fährt es sich gut

Brodelnder Schlamm   Christchurch im April 2011

Rotorua durchzieht. Normalerweise gehen wir an radfreien Tagen gerne zu Fuß, doch dazu sind die Distanzen hier zu groß, allein der Campingplatz liegt schon einige Kilometer außerhalb der Stadt. Hunderte kleine Thermalquellen, aber auch einige Geysire und brodelnde Schlammtöpfe zeugen von stetiger thermaler Aktivität. Wir freuen uns, endlich ein wenig von den geologischen Besonderheiten der Insel auch visuell und olfaktorisch zu erfahren, denn die meisten Vulkane hielten sich bis jetzt in den Regenwolken versteckt. Der brodelnde Schlamm, das kochende Wasser, die dampfenden Felder im strahlenden Sonnenschein – faszinierend! Und über allem Schwefelgeruch …

Auf dem Rückweg erledigen wir den Einkauf, um für morgen vorzusorgen und nicht unterwegs ein Lebensmittelgeschäft suchen zu müssen. Brot, Käse, Milch, Haferflocken, Gemüse, Nudeln, ein paar Kiwis („Kiwifrucht" müsste ich korrekt schreiben, denn als Kiwis bezeichnen die Neuseeländer sowohl einen flugunfähigen Vogel, der in den Wäldern des Landes heimisch ist, als auch sich selbst!) – all das legen wir in den Einkaufswagen. Es sieht nicht nach viel aus, und deshalb haben wir die Idee, auch noch Butter und Zucker zu kaufen, um ein *Fruit-Crumble* (Früchte mit Streusel überbacken) machen zu können. Den Luxus, dass wir heute einen kleinen Backofen „besitzen", wollen wir ausnutzen. Außerdem ist es eine ausgezeichnete Möglichkeit, die restlichen *Feijoas* (Guaven) zu verbrauchen, die wir noch in den Radtaschen haben. Diese relativ harten, grünen Früchte, die zur Zeit reif sind und säuerlich schmecken, verzehren wir, seit wir sie vor ungefähr zwei Wochen zum ersten Mal gekostet haben, in rauen Mengen.

„Zu Hause" auf dem Campingplatz macht sich Philipp daran, vor der Hütte einen Fahrradschlauch zu flicken, denn er hatte gestern einen „Patschen". Dabei wird er beobachtet. Ist es derselbe *Kaka*, der es zuvor auf unser Zelt abgesehen hatte? Ich nehme mich des restlichen Bürokrams an: Wo-wir-sind- und Es-geht-uns-gut-E-Mails an unsere Familien in Österreich schicken sowie unseren neuen Freunden in Waiheke Island und an die Kontaktadresse in Auckland E-Mails schreiben, dass wir näher kommen. Dann beantworte ich ein E-Mail von Carol und Robin aus Christchurch, wo es schon wieder ein starkes Nachbeben gegeben hat. Als wir sie vor ein paar Wochen besuchten und dabei das Grollen und die Kraft eines Nachbebens der Stärke 3.8 miterlebten, habe ich sie bewundert, dass sie nicht wie viele andere die Flucht ergreifen und sich in einer anderen Stadt Neuseelands ansiedeln. Die beiden haben eine sehr positive Weltanschauung und nichts scheint sie aus der Ruhe zu bringen. So hatten sie uns ungefähr einen Monat nach dem verheerenden Erdbeben vom 22. Februar 2011 auf unsere Wie-sicher-ist-es-bei-Euch?-Anfrage geschrieben: „Ihr müsst euren Flug nicht umbuchen. Kommt nach Christchurch. Es gibt zwar immer wieder Nachbeben, aber die sind nicht schlimm.

Wenn ihr so eines miterlebt, das würde eine weitere Dimension zu eurer Naturerfahrung hinzufügen!" Unweigerlich muss ich an die zerstörte Stadt denken, die in Schutt liegenden Viertel, die aufgerissenen Straßen, die vielen eingestürzten Gebäude. In manche Häuser konnte man durch zerstörte Mauern hineinsehen. Möbel, Geschirr, Mauertrümmer, Decken, Kleidung – ein Bild von Chaos und Zerstörung. „Unsere Wäsche!", schießt es mir plötzlich durch den Kopf, und ich hole sie sogleich aus dem Trockner.

Im campingplatzeigenen heißen Pool lassen wir den Tag ausklingen. Sehr entspannend. Wir sitzen auf Stufen, lehnen uns an den Beckenrand und schauen in den Himmel hinauf. Er ist wolkenlos und übersät mit funkelnden und glitzernden Sternen. Dieser Anblick erinnert mich an ein Erlebnis, das wir auf der Südinsel Neuseelands nahe der Ortschaft Hokitika hatten: Hier gibt es eine nur bei Dunkelheit zu beobachtende Besonderheit, die anzusehen uns wärmstens empfohlen worden war. Ausgerüstet mit zwei Taschenlampen machten wir uns auf den Weg. Ein Pfad führte uns in ein sehr schmales bewaldetes Tal mit üppiger Vegetation. Vom Regen war alles feucht. Regenwald eben. Da entdeckten wir einen kleinen leuchtenden Punkt vor uns. Dann einen weiteren. Und noch einen. Nun schalteten wir die Taschenlampen ab und gingen auf das Leuchten zu. Unsere Augen gewöhnten sich an das Dunkel der Nacht und gleichzeitig wurde das Leuchten immer heller. Wir waren am Ende des Tales angekommen. Rings um uns unzählige kleine leuchtende Punkte. Da saßen Abertausende von Glühwürmchen, dicht an dicht. Es schien, als stünden wir mitten in einem Sternenhimmel. Unbeschreiblich schön.

Nur in Handtücher gewickelt laufen wir über den Parkplatz zurück zu unserer beheizten Hütte. Was bewegt sich da bei unseren Fahrrädern? Ein großer Vogel fliegt auf. Oh nein, hat der *Kaka* etwa unsere Sättel zerbissen? Es ist sehr dunkel, da die nächste Laterne ein gutes Stück entfernt steht und ihr Schein nicht bis zu uns reicht. Bald erkennen wir jedoch, dass der *Kaka* zwar etwas angestellt hat, aber nicht mit seinem kräftigen Schnabel. Er hat bloß geka..t! Und zwar einen großen Batzen, mitten auf meinen Sattel. Zum Kuckuck mit dem *Kaka*!

Miraculum

--➤

Valeska

Valeska. Ein ungewöhnlicher Vorname. Meine Eltern haben mich nach einer entfernten polnischen Verwandten genannt, die ich allerdings nie kennengelernt habe. Und niemals traf ich eine andere Person mit diesem Namen. Ich habe es immer als eigenartig empfunden, wenn sich in der Nachbarsfamilie bei „Hermann!" drei Personen – Großvater, Vater und Sohn – betroffen gefühlt haben. Wie das wohl wäre, wenn jemand meinen Namen riefe, ohne mich dabei zu meinen?

Lerne ich auf unserer Weltreise eine Valeska kennen? Es wäre gut möglich, denn wir radeln auch durch Polen, das Herkunftsland meines Namens. Die Spannung steigt, als wir in Polen unterwegs sind. Die Leute reagieren mit: „Valeska? – Noch nie gehört!" Ich bin enttäuscht. Das darf doch nicht wahr sein. Und so wird in Bakalarzewo der Name „Valeska" Thema im Gespräch mit unseren Gastgebern und ich beginne erstmals genauer nachzufragen. Bei Tee und Räucherkäse versuchen wir, uns unter Zuhilfenahme mehrerer Wörterbücher zu verständigen. Ein etwas schwieriges Unterfangen, doch nach einiger Zeit meine ich zu verstehen, dass der Name „Valeska" zwar nicht gänzlich unbekannt, aber sehr, sehr altmodisch und früher hauptsächlich als Familienname gebräuchlich gewesen sei.

Tage später. Im Café Witaminka in Breslau/Wrocław erlebe ich Ähnliches. Wir unterhalten uns auf Englisch mit zwei Polinnen. Elwira ist um die fünfzig und ihre Tochter Magda Anfang zwanzig. Plötzlich rätselt die ältere der beiden: „Valeska? – Die polnische Form davon ist wahrscheinlich Walentina?" Halleluja! Ich beiße mir auf die Zunge und versuche unverbindlich zu grinsen. Sie würde mir ohnehin nicht glauben, dass es sich um einen alten polnischen Namen handelt. Gerade, als ich versuche, das Thema zu wechseln, und die beiden ein wenig über die Stadt ausfragen möchte, hat Magda die großartige Erkenntnis: „Valeska, das ist doch ein Parfum! Kennst du es?" „Nein, noch nie gehört!", erwidere ich. Ich versichere ihr, es zu googeln. Damit ist das Thema beendet und wir wenden uns den Sehenswürdigkeiten der Stadt zu.

Es dauert allerdings ein paar Wochen, bis ich eine Internet-Suche starte. „Valeska, Parfum" gebe ich ein. Und schon erscheinen zu meinem Erstaunen auf dem Bildschirm rote und blaue Parfumflaschen. Pani Walewska, Damenparfum der Duftfamilie „Blumig", erhältlich seit 1971. Das vom polnischen Designer Miraculum entwickelte Duftwasser enthält Duftnoten wie Jasmin, Rose und Maiglöckchen. Zur Produktpalette Pani Walewska gehören noch verschiedenste Cremen. Das Parfum ist nach der polnischen Geliebten Napoleons, Maria Walewska, benannt und wird als „verführerisch" angepriesen.

Jahre später. Zapala, eine staubige, hässliche Stadt in der Mitte Argentiniens in der Pampa. Rundherum trockenes Grasland. Wir radeln bei Mittagshitze. Wir hätten die Stadt umfahren können, doch gibt es hier einen großen Supermarkt und wir müssen unseren Lebensmittelvorrat aufstocken. Plötzlich sticht mir ein Werbeplakat ins Auge: Chocolates Artesanales, Valeska. Das müssen wir dokumentieren! Also schnell ein Foto mit Valeska und der Werbung in schokoladefarbiger Aufschrift: handgemachte Valeska-Schokolade! Es fehlt uns die Zeit, diese Fabrik aufzusuchen, da wir vor der Dunkelheit einen Zeltplatz finden müssen. Das bedauere ich, denn dann hätte ich eine „erste" Valeska kennengelernt – und gleich verschmaust.

Ganz im Süden Argentiniens, in Ushuaia oder am „Ende der Welt", stoße ich in einer Seitengasse wieder auf ein besonderes Schild. Eine beleuchtbare Werbetafel wurde mit dem Wort „Valeska" beklebt. Das Leuchtschild hängt offensichtlich schon seit vielen Jahren über dem Eingang eines Handarbeitsgeschäftes, denn die Buchstaben lösen sich langsam ab. Da es mich interessiert, weshalb das Geschäft meinen Namen trägt, komme ich am nächsten Tag zur Geschäftszeit noch einmal hierher. Hinter dem Ladentisch steht eine junge Frau. Mein Spanisch reicht gerade dazu aus, um sie zu fragen, warum der Laden „Valeska" heißt. „Die ehemalige Besitzerin war aus Polen, lebt aber mittlerweile in Buenos Aires", erzählt sie bereitwillig. Nun weihe ich sie in meine Geschichte ein, dass ich gerne eine Valeska kennenlernen möchte. Ein kleines Mädchen namens Valeska wohne am anderen Ende der Stadt, vertraut sie mir an. Wieder wird es nichts mit einem Treffen, denn wir reisen am nächsten Tag in Richtung Neuseeland ab.

Letzte Anekdote zum Thema Valeska. In Kaitangata, in Neuseeland, suchen wir – wie an so vielen anderen verregneten Tagen – einen Campingplatz auf, wo man sich gut „trocken legen" kann. Da wir die einzigen Gäste sind, breiten wir unsere durchnässte Regenkleidung auf dem großen Heizkörper in der Gemeinschaftsküche aus. Der Campingplatzbesitzer bringt uns eine selbstgemachte Pizza, die im Preis inbegriffen ist, gesellt sich zu uns und beginnt aus seinem Leben zu erzählen. Rolf stammt aus Augsburg und lebt bereits viele Jahre mit seiner philippinischen Frau und seiner Tochter in Neuseeland. Im Moment gehe das Geschäft schlecht, weil der Ort zu abgelegen sei. Radreisende kämen sehr selten vorbei, da sein Campingplatz auf keiner direkten Route läge. Während er erzählt, verdrücken wir die

In Zapala gibt es
Valeska-Schokolade

Handarbeitsgeschäft
„Valeska" in Ushuaia

Pizza. Sie schmeckt außerordentlich gut und wir sind voll des Lobes. „Ich habe fünfunddreißig Jahre als Koch gearbeitet, das hab' ich gelernt!", verkündet er stolz. Nach kurzer Pause fügt er nachdenklich hinzu: „Ich kenne zwar eine Valeskasauce, eine holländische béchamelartige Sauce, Valeska als Name ist mir aber neu." Was soll ich darauf sagen? Eigentlich lustig, dass sich eine weitere „Anwendung" meines Namens als „essbar" herausstellt.

Im Zick-Zack bin ich nun einmal rund um die Welt geradelt und habe erfahren, dass es mit meinem Vornamen ein Handarbeitsgeschäft, eine Sauce, eine Schokolade und sogar ein Parfum gibt, aber eine Person mit meinem Namen habe ich nicht getroffen. Ein wenig enttäuscht bin ich schon, und gleichzeitig bin ich erleichtert. Immerhin – so kommt es mir zumindest vor – ist mein Vorname ein Unikat!

Graz. Im Haus vis-à-vis von Freunden ist – während ich unterwegs war – eine Familie mit zwei Kindern eingezogen. Das Mädchen heißt Valeska. Könnte also passieren, dass im Garten jemand „Valeska!" ruft und ich gar nicht gemeint bin …

Ei, das schmeckt!

Valeska

Während einer Stunde Radfahren verbrennt der Körper rund 350 Kilokalorien. Wir fahren sechs bis acht Stunden pro Tag, verbrauchen somit 2100 bis 2800 Kilokalorien allein in der Fahrzeit. Das macht hungrig. Und radeln mit Hungergefühl macht grantig, folglich müssen wir rechtzeitig für Essensnachschub sorgen.

Das ist schrecklich. Wenn ich richtig hungrig bin, schreit mein Körper förmlich: „Hungaa!" Ich muss was essen und zwar jetzt! Ich passe auf, dass mein Zuckerspiegel halbwegs im Normbereich bleibt, sonst bin ich unausstehlich, das weiß ich. Oft genügen ein paar trockene Kekse, und mein Körper gibt wieder Ruhe beziehungsweise Trittkraft. Wenn sich unbeachtetes Hungergefühl mit Müdigkeit paart, dann bahnt sich eine Katastrophe an. Da kommt es in unserem Radalltag zu einigen angespannten Situationen. Mit letzter Kraft versuchen wir dann – un-

Wir halten immer Ausschau
nach Essbarem; Mexiko

Wir essen und trinken, was uns
unterwegs unterkommt; Indien

Alles probieren wir
nicht; China

Jausenpause mit hartgekochten Eiern; Argentinien

sinniger Weise – zu streiten. Dabei verflüchtigt sich das Streitthema jedes Mal mit dem ersten Bissen einer Mahlzeit. Zu unserem Glück. Interessieren würde mich, ob das in jeder Partnerschaft so gelingt, oder ob das teuflische Paar – Hungergefühl & Müdigkeit – bereits eine Vielzahl von Ehen auf dem Gewissen hat. Das könnte ich mir schon vorstellen.

Teure Kraftriegel und Energie-Drinks schmecken uns nicht, abgesehen davon gibt es sie nur in westlichen Ländern. Lieber nutzen wir das Verpflegungsangebot vor Ort. Praktisch muss es sein, so setzen wir am Anfang unserer Reise auf Kekse. Da uns durch Europa Regen und Schnee begleiten, sind Backwaren die einfachste Lösung für unterwegs. Des Öfteren versuchen wir, an Tankstellen den einen oder anderen Regenguss abzuwarten, knabbern drauflos und spülen mit wässrigem Kaffee nach. Hauptsache wir sitzen im Trockenen und Warmen, Essen ist Nebensache. Allzu sehr müssen wir uns nicht um unsere Versorgung kümmern, denn von vielen Gastfamilien, bei denen wir unterwegs übernachten, bekommen wir in der Früh ein Jausensackerl in die Hand gedrückt – gefüllt mit Käsebroten und hartgekochten Eiern. So manch einer meint es zu gut und vergisst, dass wir unseren Proviant selbst schleppen müssen. In Polen schnallen wir trotzdem dankbar ein großes Glas Powidl, ein großes Glas mit eingelegtem Kraut und eine Flasche Wein auf unsere Drahtesel. In Serbien gibt es Straßenstände. Heiße Maroni werden verkauft. Heimweh keimt auf und das Bewusstsein, dass wir auf unserer Weltreise selten etwas Vertrautes zu essen bekommen werden.

In der Not, wenn es ein bei uns beliebtes Originalprodukt nicht gibt, greifen wir zu Fälschungen wie beispielsweise in der Türkei zu *Maxtello*, das außer den vielen Kalorien mit Nutella nichts gemein hat. Und wenn wir, was vorkommt, schon das Original nicht gutheißen, machen wir auch in der Ferne keine Experimente, und so halten wir uns fern von Fast-Food-Restaurants mit mehr oder weniger bekannt klingenden und aussehenden Schriftzügen wie *MyDonose* und *Pizza Hot*. Verhungern müssen wir deshalb nicht, denn Gastfreundschaft ist in Griechenland, der Türkei und in Syrien Teil der Kultur. So etwa schenkt man uns Orangen, lädt uns zum Tee ein und tischt auf – fleischlos. „Einfacher Besuch seid ihr Vegetarier nicht", meint Aram und schaut sehr ernst, bevor er fortfährt: „Aber billig!", und lacht.

Was jausnen wir in Afrika? Die Qual der Wahl hat man hier nicht. Eintönigkeit macht sich auf unserem Speiseplan breit. Dennoch finden wir in jedem Land ein Gericht, das uns besonders gut schmeckt. In Ägypten sind es die verschiedenen klebrigen Naschereien, die vor allem aus Grieß, Milch, Nüssen und Honig bestehen. Weiter im Süden ist es nicht mehr nötig, Vorräte mitzunehmen, denn überall entlang der Straße kann man etwas Essbares kaufen.

Im Sudan isst man *Ful* – lang gekochte Favabohnen, die mit Kreuzkümmel und Chili, einem Schuss Öl, gehackten Zwiebeln und Tomaten gewürzt und mit Käse bestreut werden – und zwar morgens, mittags, abends. Dazu gibt es Weißbrot.

Äthiopiens Nationalgericht ist *Injera*, eine graue dünne Flade aus Sauerteig. Sie wird mit verschiedenen Saucen, Gemüse, Linsen und Ei verzehrt. Willkommene Abwechslung für uns, denn vom *Ful* sind wir schon ein wenig *full*.

In allen anderen von uns bereisten Ländern Afrikas kredenzt jede kleine Garküche den berühmten Teller mit Reis, Bohnen, einem Esslöffel Grünzeug und Ei. Jedoch immer wieder werden schmackhafte Überraschungen angeboten: Gegrillte Maiskolben, geröstete Erdnüsse, gebackene Mäuse (ja, wie bei uns, ein in Fett herausgebackener süßer Teig, ohne den dem Namen entsprechenden Inhalt!) und *Chipsy Egg*. Letzteres sind „handgeschnitzte" Pommes mit Ei, die sich rasch zu

Ful gibt es im Sudan überall

Injera mit der Sauce
Shiro Wot; Äthiopien

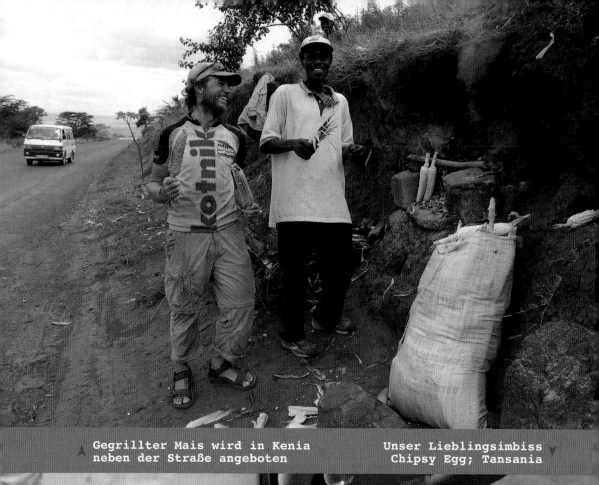

Gegrillter Mais wird in Kenia
neben der Straße angeboten

Unser Lieblingsimbiss
Chipsy Egg; Tansania

unserem Lieblingsimbiss entwickeln. Das erfordert zwar einiges an akrobatischem Geschick, denn das gereichte Essbesteck besteht nur aus zwei Zahnstochern, aber wir lernen schnell und werden satt.

In Australien versorgen wir uns ebenso wie in Neuseeland mittags selbst, denn *Dunkin' Donuts, Red Rooster, McDonald's, Subway, Wendy's, Taco Bell, Burger King* und *Co* können uns nicht locken. Gesundes wie Salate, Körnerbrot, Suppen und Gemüsevariationen müssen teuer bezahlt werden, und Alternativen tauchen eher selten am Straßenrand auf. Für die ernährungsbewussten Australier scheint das ultimative Mittagessen aus einem Sandwich (dunkles Toastbrot!) und Salat zu bestehen. Solcherart Jause, das ist uns klar, müssen wir nicht kaufen, sondern können wir selbst zubereiten. In den meisten Supermärkten erhält man wohlschmeckende Aufstriche, Salat, Karotten, Kresse und Tomaten, und in vielen Teilen Australiens gibt es in jeder Stadt, in jedem noch so kleinen Ort, Picknickanlagen mit Tischen, öffentlichen Toiletten und fließendem Wasser. Wir machen von dieser hervorragenden Infrastruktur Gebrauch und freuen uns über den Luxus, an einem Tisch essen zu können. Die etwas naiv klingende Freude unsererseits ist vielleicht nachvollziehbar, wenn man weiß, dass wir sowohl morgens unser Frühstück als auch abends unser Nachtmahl auf dem Boden sitzend und die Töpfe in den Händen haltend zu uns nehmen. In Down Under, in richtig heißem Klima, wo wir tagelang durch zivilisationsfreies Buschland unterwegs sind, müssen wir auf Trockenfutter umsteigen: vor allem Nüsse jeder Art, Dörrobst, Pumpernickel und Nutella (Originalprodukt!) bewähren sich als haltbarer Mittagsproviant. Monatelange Nutella-Pumpernickel-Kost ist allerdings nicht ratsam, denn irgendwann kriegt man diese – gegen Umwelteinflüsse wirklich wochenlang sehr immune – Wegzehrung kaum mehr runter. Selbst Nachspülen mit dem in der Gegend meist leicht salzigen Brunnenwasser ist dann keine Lösung. In Australien und Neuseeland führen wir in allen Klimazonen – neben Nutella – stets hartgekochte Eier in unserer „Fresstasche" mit, da sie auch gut haltbar sind.

Exotisches finden wir in Mexiko. Der Renner sind *Chapulines* (gebratene Heuschrecken), *Chicharrones* (frittierte Schweinehaut), Weckerl gefüllt mit lebendigen, krabbelnden wanzenartigen Tierchen und gekochte Maiskolben in Mayonaise, Chili und Käse – nichts für uns! Wir halten uns lieber an *Huevos Rancheros*, Eierspeise mit Zwiebel, Paprika und Tomaten. Wagemutiger sind wir beim Probieren exotischer Früchte in Zentralamerika: *Guama, Manzana de Agua, Lulo* und *Breva* lauten deren klingende Namen. Diese Überdosis an Vitaminen bauen wir in Ecuador rasch wieder ab, da die Küche dort sehr (schweine-)fleischlastig ist. Unser Mittagsteller besteht aus Reis, Bohnen und Ei – das kommt uns doch bekannt vor! Auf Alternativen stoßen wir erst in Peru. Zu unserem Erstaunen werden lange

Neben Schweinefleisch wird in Ecuador
manchmal gekochter Mais angeboten

Semmeln verkauft, die nicht nur wie daheim aussehen, sondern auch so schmecken. Sie sind eine wunderbare Unterlage für südamerikanische Brotaufstriche
wie zum Beispiel eine köstliche schwarze Bohnenpaste. Zwischendurch haben wir
Lust auf etwas anderes, gehen schnell mal zum Chinesen und bestellen Gemüsenudeln – mit Ei, versteht sich.

Ein bisher völlig unbekanntes Geschmackserlebnis eröffnet sich uns in Argentinien
in Form von *Alfajores*. An jeder Tankstelle, in jedem Shop und an jedem Kiosk sind
sie in verschiedensten Variationen erhältlich. Sie gehen weg wie warme Semmeln,
doch haben sie mit diesen absolut nichts gemeinsam. *Alfajores* sind kleine Naschereien aus Mehl, Honig, Mandeln und Gewürzen, gefüllt mit *Dulce de leche*, einer
Creme aus Milch, Zucker und Vanille und noch mehr Zucker. Mit einem Wort:
süß. Wenn man allerdings jeden Tag zwischen sechs und acht Stunden Rad fährt,
darf man sich das schon leisten – und zwar ohne schlechtes Gewissen – ätsch!

Fingerfood. Auch Indien ist ein eigenes Kapitel. Kurz gesagt: Das Essen auf dem Subkontinent ist scharf. Wir essen wie die Einheimischen mit den Fingern und finden daran Gefallen. Es schmeckt besser. Wirklich. Unsere anfängliche Begeisterung über das Paradies für Vegetarier geht allerdings bald in chronisches Sodbrennen über. Vor allem in den südlichen Bundesstaaten scheint Chili weniger Zutat als vielmehr Hauptbestandteil jeder Speise zu sein. Mit neutralisierenden Häppchen wie frischen Bananenchips, Kokossaft, Nüssen und Obst versuchen wir, das Brennen in unseren Mägen zu beruhigen.

In China verhindern unsere auf das Überlebensnotwendige beschränkten Sprachkenntnisse abwechslungsreiche Nahrungszufuhr. Gefahrlos können wir zumindest gebratene Reisnudeln oder gebratenen Reis mit Gemüse und Ei bestellen. Spärlich verteilte „Tomatenfuzzerl" und einige verrunzelte grüne Blätter decken zwar nicht unseren Gemüsebedarf, nichtsdestotrotz schwingen wir behände die Stäbchen, wir sind hungrig. Unsere Sonderwünsche, die wir bei der Bestellung aufgeben, kein Fleisch [bu-ja ro] und nicht scharf [bu la], werden so gut wie immer erhört. Eine einmalige Abwechslung bleiben chinesische Crêpes, gefüllt mit Bohnenpaste, Ei, Salat, Schnittlauch und Chili, die wir in Guilin zwischen die Zähne bekommen. In den Marktgassen locken uns vor allem die Stände, an denen gebratene Kastanien, Lychees oder Trauben angeboten werden. Die Fast-Food-Ecke, in der Gedränge herrscht und ordentlich geschmatzt wird, beobachten wir aus respektvoller Distanz. Ich traue meinen Augen nicht, was hier alles auf langen Grillspießen steckt: Schlangen, Skorpione, Maden, Krebse und Tintenfische. Selbst Obstspieße mit dickem Zuckerguss lachen mich nicht an, denn mein Riechorgan wird durch die fremden Gerüche heftig herausgefordert. Nicht so zart besaitet ist eine Gruppe von drei Teenagern. Jeder von ihnen kauft zwei Spieße. Einen mit gegrillten Tintenfischen und einen mit Erdbeeren in Zuckerguss. Vielleicht nach dem Motto „süß-sauer" beißen sie abwechselnd von beiden ab. Was für eine Geschmackssensation muss das sein! Ich schwanke zwischen Ekel und Faszination.

Zwei, unseren Radleralltag prägende Besonderheiten des chinesischen Essens seien noch erwähnt. Die Tatsache, dass es kein Brot gibt, macht für uns den andernfalls fast täglichen Verzehr eines Jausenbrotes natürlich unmöglich. Wir überleben's – aber nur knapp! Und die Sitte, mit jeder Portion Gemüsereis oder Gemüsenudeln eine ganze Knolle Knoblauch zu essen, bedarf der Gewöhnung und einer abartig gut funktionierenden Ehe, nämlich dass man sich nicht nur gut, sondern gegebenenfalls auch gern einmal schlecht riechen kann.

Unsere kulinarischen Erlebnisse in Südostasien lassen sich im Wesentlichen mit drei Wörtern zusammenfassen: Reis, Gemüse, Ei. In Laos treffen wir zum ersten

Mal auf „Klebreis", eine spezielle Reissorte, bei der beim Kochen die Reiskörner völlig verkleben, und die das Hauptnahrungsmittel des Landes darstellt. Schmeckt wunderbar, sogar zweimal täglich. Bestellt man das gleiche Gericht in Thailand, bekommt man gebratenes Gemüse, Reis und Eier. Das Gleiche wie überall, möchte man meinen. Doch was für ein Unterschied! Plötzlich haben wir eine ordentliche Portion Gemüse auf dem Teller und die Zutat Ei wird erfreulicherweise im Plural beigemengt. Leider streut man über den vorzüglichen Mix meistens ein wenig Zucker, was uns wiederum mit einer neuen, unerwarteten Geschmackserfahrung überrascht.

Nach einigen Monaten „brotlosen" Aufenthaltes in China überkommt uns ein wahrer Kaufrausch, als wir völlig unerwartet in Vietnam auf die erste Bäckerei stoßen, bei der es ofenfrisches Weißbrot gibt. Am liebsten würden wir die duftenden Stangen durch die Luft wirbeln und schreien: „Es lebe die französische Kolonialherrschaft!" Stattdessen bleiben wir vernünftig, setzen uns auf die kleinen Stühle vor dem Geschäft und beginnen genussvoll zu schmausen. Dabei staunen wir über die Möbel. Bereits in China war uns aufgefallen, dass man gerne auf niedrigen kleinen Stühlen sitzt. Hier sieht es ganz so aus, als ob der Bäcker einfach Kindergartenmobiliar aufgestellt hätte. Wie auch immer – wir freuen uns wie Kinder, als wir die Baguettes zerreißen, in süße Kondensmilch tunken (ja, das haben wir soeben vom Nachbarstischchen abgeschaut!) und in den Mund schieben. In den nächsten Wochen werden wir feststellen, dass man in ganz Vietnam hauptsächlich Kindergartenmöbel verwendet – warum, bleibt uns ein Rätsel.

Wunderbar ist, dass man sehr genügsam wird. Zum Beispiel können wir mit nur wenigen Zutaten Avocados in den – unserem Ermessen nach – besten Aufstrich der Welt verwandeln. Und so wird's gemacht: Man zerdrückt das Fruchtfleisch von zwei reifen Avocados und vermengt es mit zwei kleingehackten Knoblauchzehen und drei geschälten und kleinwürfelig geschnittenen Tomaten. Das Ganze gut durchmischen und mit Salz, Pfeffer und Limettensaft abschmecken. Variation: Beigabe von einigen frischen Korianderblättern. Tipp: Kann im Notfall auch ohne Brot schnabuliert werden.

Was ist nun die Moral von der Geschichte? Man muss flexibel sein und essen, was auf den Tisch kommt! Denn auch wenn man sich noch so bemüht um sein „Wunschessen" – es klappt nicht immer: Als ich einmal in Kambodscha Reis mit Ei und Gemüse bestellen will, fehlen mir die Worte und ich versuche es mit Händen und Füßen. Anscheinend ist mein In-die-Rolle-eines-Huhnes-Schlüpfen – das heißt, mit den Flügeln schlagen und Eier legen – für einen kambodschanischen Kellner, einen kambodschanischen Koch und ungefähr fünfundzwanzig kam-

Grillspieße im Angebot; China

Seit Monaten das erste
Brot; Vietnam

Thailändische Insekten
lassen wir links liegen

Mittagessen in China —
mit einem Freund

bodschanische Lokalgäste nicht eindeutig verständlich. Nach einer unerklärlich langen Wartezeit bekommen wir endlich unser Essen: Kalten Reis mit ein wenig Paprikagemüse – ohne jede Spur von Ei.

Parkgeschichten

Valeska

Die Parkanlagen in den Städten Südchinas, diese meist ruhigen, grünen Oasen, haben es uns angetan. Hier können wir, so wie die Chinesen, uns erholen und für einige Zeit dem allgegenwärtigen vorherrschenden Rohbaugrau, den Industrie- und Verkehrsabgasen, dem Lärm und der Hektik auf den Straßen entkommen. Doch sogar in den Parks steht China nicht still, aber das bunte „Freizeitgewusel" hat auf uns tatsächlich eine entspannende Wirkung.

Frühmorgens, bevor es richtig hell ist, herrscht bereits reges Treiben im Grünen: Eine Gruppe von Männern auf Rollerblades dreht Runde um Runde um ein großes Blumenbeet. Und das genau nach dem Kommando, das von einem unauffälligen, an der Seite stehenden Herrn im blauen Jogginganzug über Mikrofon gegeben wird. Dem Outfit der Gruppe nach zu schließen, sind Helm, Hand-, Knie- und Ellbogenschützer Pflicht. Ein paar Schritte weiter beobachten wir einige Frauen bei ihren morgendlichen Gymnastiübungen: Behutsames Dehnen, langsame, anmutige Bewegungen und langes Halten der Balance in schwierigen Positionen. Sanfte Musik aus dem Kassettenrecorder rundet die Szenerie ab. Jede „Freizeit-Zunft" scheint ihr Territorium im Park zu haben. Auf einer großen Wiese üben sich vier Männer in einer Sportart, die man bei uns hauptsächlich als Bestandteil des Brauchtums kennt, dem Peitschenknallen. Es verlangt nicht nur große Geschicklichkeit, sondern auch hohen körperlichen Einsatz, um das Ende der Peitsche durch korrekten Schlag auf Überschallgeschwindigkeit zu beschleunigen und so den Peitschenknall zu erzeugen. Kein Wunder also, dass diese Aktivität außer uns noch andere Schaulustige anzieht, vor allem Leute, die ihre Hunde ausführen. Große und kleine Hunde, kurz geschorene, langhaarige und strubbelige Hunde und sogar einige gut gekleidete Hunde laufen umher. Auf ihrer allmorgendlichen Schnüffelrunde lassen sie sich durch nichts stören und zeigen sich, im Unterschied zu ihren Besitzern, von der Knallerei völlig unbeeindruckt.

Weniger bewegungshungrig zeigen sich die Vogelbesitzer oder vielleicht auch nur -sitter. Ihr Treffpunkt sind zwei Parkbänke im Schatten eines Baumes mit kräftigen, ausladenden Ästen. Auf diesen hängen Vogelkäfige mit jeweils nur einem gefiederten Sänger darin. Die Piepmätze unterhalten sich im Zwitscherton, während ihre Begleiterinnen und Begleiter, hauptsächlich ältere Damen und Herren,

Auf Chinas Straßen ist immer etwas los

Ein gut gekleidetes Hundebaby

Frischluft für Piepmätze

Das farbenfrohe Gymnastikband gleitet durch die Luft

eher stumm dasitzen und eine Zeitung lesen, die blattweise die Runde macht. Die Thermoskannen neben den Parkbänken lassen darauf schließen, dass das „Vogelausführen" wohl keine Angelegenheit von einer halben Stunde ist, sondern eher eine von „Abwarten und Tee trinken".

Am Fluss, der den Park durchfließt, ist ebenfalls einiges los. Auf einem verwachsenen schmalen Weg nähern wir uns dem Ufer. Bei jedem Schritt stampfe ich fest auf, um etwaige Schlangen zu verscheuchen. Angeblich soll es in Südchina ja nicht mehr so viele geben, weil sie hier zumeist in den Kochtöpfen landen. Aber man kann ja nie wissen … Erst vor wenigen Tagen hätte ich beinahe ein ziemlich imposantes Tier überrollt. Durch das hohe Schilf sehen wir nun auf den Fluss. Auf dem schmutzig-braunen Wasser treibt aller nur erdenkliche Unrat: organischer Müll, Babywindeln, Plastikflaschen und vieles andere. Und in dieser Kloake schwimmen tatsächlich mit Badehauben und Schwimmbrillen ausgerüstete junge und ältere Männer. Ungeachtet des dahintreibenden Mülls ziehen sie zwischen zwei Bojen kraulend ihre Bahnen.

Auf dem gegenüberliegenden Flussufer schwingen zwei Frauen mehrere Meter lange, regenbogenfarbige Gymnastikbänder, die an kurzen Stäben befestigt sind. Mit harmonischen, fließenden Bewegungen und großem Geschick zeichnen die beiden zierlichen, feenhaft erscheinenden Gestalten mit den Stäben Figuren in die Luft, und die bunten Bänder gleiten hinterher.

Wir setzen unseren Spaziergang entlang des Flusses fort und stoßen auf einen Maroniverkäufer. Gebratene Kastanien – köstlich! Dieser Meinung ist offensichtlich auch der fette Wurm, der sich an der angebotenen Kostprobe delektiert. Philipp – von Kindheit an zum Esskastanienexperten ausgebildet – lässt sich davon nicht abschrecken und kauft ein großes Sackerl mit seinen Lieblingsnussfrüchten. Einmal mehr bewahrheitet sich: Wer wagt, gewinnt! Die Maroni schmecken vorzüglich. Da ist kein Wurm drin. Wohl aber in unserem leider vergeblichen Bemühen, dem sympathischen Verkäufer – unter Zuhilfenahme aller gestischen und mimischen Möglichkeiten – zu erklären, dass die Menschen in unserer Heimat auch gerne Maroni essen. Aber er versteht uns nicht. Schade. Mit einem bedauernden Lächeln gehen wir auseinander.

Mitten aus dem Fluss ragt ein Kalksteinfelsen in der Form eines Elefanten heraus. In Asien symbolisiert der Elefant unter anderem Weisheit, Stärke, Dankbarkeit, Geduld, Treue – und speziell in China auch männliche Potenz. Er gilt als Glücksbringer für Liebende und verheißt eheliches Glück. (Allerdings gilt er auch als nachtragend.) Kein Wunder also, dass der elefantenförmige Felsen die Attraktion ist und Chinesen jeden Alters in Scharen hierher pilgern, um mit dem Elefanten fotografiert zu werden. Es wird mit unglaublicher Ausdauer an wechselnden Standorten posiert und aus unterschiedlichen Perspektiven fotografiert. Es werden sogar Kostüme verliehen, in denen man sich fotografieren lassen kann. Am beliebtesten ist die Kleidung des Kormoranfischers: einfaches T-Shirt oder Hemd und Strohhut. So gewandet steigt man in ein Bambusboot und schultert eine lange Stange, an deren Enden jeweils ein Kormoran sitzt. Gleich daneben wird jemand als Reisbauer verkleidet und mit dem Elefantenfelsen im Hintergrund abgelichtet.

Immer der Nase nach – so lässt sich die öffentliche Toilettenanlage mühelos lokalisieren. Sie sieht von außen nicht sehr einladend aus, doch ein kurzer Blick hinter das Gebäude lässt aufkommende alternative Ideen im Keim ersticken. Ich gehe durch die Tür mit dem chinesischen Schriftzeichen für Frau und stehe in einem Raum mit sechs Klos, genauer gesagt mit sechs Löchern im Fliesenboden. Diese sind durch etwa dreißig Zentimeter hohe Mäuerchen in Zweiergruppen unterteilt. Obwohl mir Gemeinschaftstoiletten aus Erzählungen China-Reisender bekannt waren, und ich sogar welche im antiken Rom besichtigt hatte, stockt mir der Atem. Wohl auch deswegen, weil der Geruch, dem die Nase folgte, hält, was er versprochen hat. Zum Glück bleibe ich an diesem – bestimmt nicht immer so stillen – Örtchen alleine. Als ich wieder nach draußen gehe, kommt mir eiligen Schrittes eine Frau entgegen. Es geht eben nichts über gutes Timing.

Mittlerweile ist die Luft feuchtwarm. Die Sonneneinstrahlung ist intensiv, trotz Blätterdach der alten Alleebäume. Viele Chinesinnen spazieren mit Sonnenschirmen und tragen, um ihre Haut zu schützen, zusätzlich eine Art Ärmelschoner. Diese gibt es in allen Farben und Mustern. Einige Schulmädchen, die besonders schicke Stücke tragen, machen sich kichernd an uns heran: *„We want to practice English!"* (Wir möchten Englisch üben!). Wir erfahren ihre Namen und dass sie aus einer weiter östlich gelegenen Stadt stammen. Dann sind sie mit ihrem Vokabular bereits am Ende. Die Mädchen laufen uns voraus in Richtung Vergnügungspark. Starker Andrang herrscht bei den Fischteichen, in denen es nur so von riesigen Goldfischen wimmelt. In seinem Ursprungsland China symbolisiert der Goldfisch Erfolg und Wohlstand, aber auch seine Bedeutung als Glücksbringer und Fruchtbarkeitssymbol hat sich bis heute erhalten. Es hat den Anschein, dass das Füttern dieser Fische zur Erfüllung dieser Verheißung beitragen soll, denn rund um die Teiche sitzen Kinder, vor allem Mädchen, die an Stöcken befestigte Babyflaschen knapp über das Wasser halten. Daran nuckeln die fetten Goldfische. Stolze Mütter halten die Glück- und Wohlstands-Anbahnungsversuche fotografisch fest. Kurz darauf entdecken wir, wo sich Väter mit ihren Söhnen gerne aufhalten, nämlich beim Schießstand. Hier kann man wirklichkeitsgetreu nachgebaute Spielzeug-Maschinengewehre mieten und darf dann sogleich losballern.

Ein junger Mann spielt
Kormoranfischer

Ruhe finden wir in Tempel-
und Parkanlagen

Und die Väter sind nicht minder stolz, wenn ihre Söhne die Zielscheiben in Menschenkopfform treffen. Wir können dieser Freizeitbeschäftigung nichts abgewinnen und verlassen den „Tatort".

Mittagszeit. Nach und nach lassen sich Parkbesucherinnen und Parkbesucher auf Bänke und Wiesen nieder, ziehen Plastikteller und -schalen aus den Taschen und verzehren – laut schlürfend – mitgebrachte Nudeln und Suppen. Die Szene scheint uns vertraut, ist es doch eine Picknickkultur, wie sie – bis auf einen gravierenden Unterschied – auch bei uns zu Hause üblich ist. Denn wenn das Picknick zu Ende ist, dann wird hier kräftig gerülpst und alle sind darüber hoch erfreut. Kleine Kinder, denen ein lautstarker Rülpser gelingt, werden freudig beklatscht. Es hat also allen gemundet. Nun kann man sich wieder seinem Freizeitvergnügen widmen. Die leeren Plastikteller und -schalen bleiben als Abfall zurück. Es dauert nicht lange, bis eine Müllsammlerin mit einer großen Tonne kommt und in Windeseile alles einsammelt. Aber nicht etwa mit Besen und Schaufel, nein, mit zwei langen, großen Stäbchen.

Im Schatten mächtiger Bäume sitzen alte Leute an niedrigen Steintischen auf noch niedrigeren Hockern aus Stein. Sitzpölster und Tischtücher haben sie von zu Hause mitgebracht. Sie vertreiben sich traditionell mit Gesellschaftsspielen den Nachmittag. Eine Runde spielt Karten. Dabei hat jeder Spieler ein paar orangefarbene Steinchen, einen Würfel und mehrere hölzerne Blättchen vor sich liegen. Außerdem stehen zwei Briefmarkenbefeuchter auf dem Tisch. In diese tunken sie ab und zu ihre Daumen, wahrscheinlich um die Karten besser austeilen zu können. Eine andere Gruppe spielt mit flachen, runden Holzklötzchen ein Brettspiel. Wieder andere vergnügen sich mit einer Art Domino. Sie sind die einzigen, die ein paar Münzen vor sich liegen haben.

Von der Hitze, dem Herumschlendern, Beobachten und Staunen sind wir durstig geworden. Deshalb setzen wir uns in den Gastgarten des einzigen Lokals. Die Kellnerin bringt die bestellten Getränke und beginnt frisch drauflos zu plaudern. Wir versuchen, ihr auf Englisch zu erklären, dass wir sie nicht verstehen. Ihr Redeschwall hält an. Nach einiger Zeit wird sie doch stutzig. Sie beginnt langsamer zu sprechen und einzelne Wörter zu wiederholen. Trotzdem, leider … Wir zucken mit den Schultern. Jetzt wird sie lauter und wiederholt immer denselben Satz. Plötzlich dreht sie sich um und verschwindet, nur um gleich darauf mit einem Schreibblock und einem Bleistift wiederzukommen. Sie setzt sich zu uns und schreibt etwas auf. Offensichtlich bemüht sie sich sehr, ihre Schriftzeichen schön auszuführen, denn ab und zu zieht sie einen Strich nach. Mit der Geste – Voilà, lest mal! – hält sie uns eine fast vollgeschriebene Seite unter die Nase. Und wieder müssen wir sie enttäu-

Schießstand für Kinder

Chinesische Spielkarten
sehen anders aus

schen, denn lesen können wir ihre Sprache schon gar nicht. Sie steckt ihren Block wieder ein. Schließlich sind ja noch andere Gäste im Lokal, um die sie sich zu kümmern hat. Als wir aufbrechen, bittet sie ihre Kollegin, mit ihrem Mobiltelefon ein Foto von uns dreien zu machen. Gleichzeitig redet sie wie ein Wasserfall auf uns ein. Sie gibt nicht auf, obwohl wir noch immer kein Wort verstehen.

Gegen Abend füllt sich die Parkanlage mit Menschen. Erwachsene in Cocktailkleidern und eleganten Anzügen tanzen auf einem großen Platz zu schwungvollen Melodien, die aus einer tragbaren Musikanlange ertönen. Zwischen den rhythmisch schwingenden Paaren düsen Kinder auf leuchtenden und blinkenden Rollerblades umher. Am Rande des tanzenden Menschenknäuels, mitten in der Zuschauermenge, steht ein Drachenverkäufer. Er bietet helle Seidenpapierdrachen feil, die an langen Schnüren befestigt sind. Jede Schnur verbindet ungefähr zwanzig kleine Drachen, die mit ihren grün glitzernden Zierbändern im Wind zappeln. Für uns ist es an der Zeit, die Sehenswürdigkeit „Chinesischer Park" zu verlassen. Vorbei an gelb und rosa beleuchteten Pagoden, die sich im Wasser eines Teiches spiegeln, und vorbei an den zahlreichen Paaren, die sich davor fotografieren lassen, gehen wir in Richtung Parkausgang. Mit Musik im Ohr und leicht tänzelnden Schrittes.

Gemeinsam lächeln

-->

Philipp

Es ist bereits Wochen her, dass wir in der quirligen, nie zur Ruhe kommenden, schillernden Großstadt Hanoi waren und unsere ersten Eindrücke von der Region sammelten. Vietnams Hauptstadt ist ein lautes und pulsierendes Pflaster. Mopeds sausen durch die Gassen, Fußgänger bahnen sich ihren Weg durch das Gewühl, auf Gehsteigen hocken Frauen und verkaufen Brot aus großen Körben, fliegende Händler preisen Luftballons an – ein faszinierendes Chaos, in dem doch alles irgendwie zu funktionieren scheint. Die Stimmung ist freundlich, doch die jüngere Geschichte der Stadt ist in vielerlei Hinsicht eine blutige. Mitte des zwanzigsten Jahrhunderts war Hanoi Schauplatz heftiger Kämpfe im Indochinakrieg. Wenig später, im Vietnamkrieg, wurde die Stadt mehrfach von den Amerikanern bombardiert. Allein an den Weihnachtstagen des Jahres 1972 fielen 40.000 Tonnen Sprengstoff auf die Stadt und zerstörten sie zu fünfundzwanzig Prozent.

Wir lassen die Metropole hinter uns und radeln nach Norden in die grüne Bergwelt Vietnams. Bereits nach kurzer Zeit sind wir im ländlichsten und ursprünglichsten Teil des Landes. Bauernfamilien sind auf den Reisterrassen mit der Ernte beschäftigt und arbeiten gebückt auf den goldgelben Feldern. In kleinen Orten sehen wir luftige, aus Brettern zusammengezimmerte und auf Pfählen etwa drei Meter über dem Boden stehende Häuser. Davor dreschen die Alten gleichmütig mit fußbetriebenen Dreschmaschinen die Körner aus den Ähren und verteilen sie zum Trocknen auf Schilfmatten, die auf dem Boden liegen. Freilaufende, dunkle Schweine kommen unbemerkt näher und versuchen, etwas von dem frischen Getreide zu ergattern. In jedem Ort gibt es einen Markt. Frauen hocken auf dem Boden und haben ihre Waren vor sich auf der staubigen Straße ausgebreitet. Fleischhauer bieten frisch geschlachteten Hund an. Hühner laufen gackernd umher und scharren in den Abfällen, die sich in den schmalen Gassen des Marktplatzes auftürmen. Abends ragen ihre gelben Krallen aus den dampfenden Suppentöpfen der Garküchen am Straßenrand. Auch der Norden des Landes war vor nicht allzu langer Zeit Schauplatz massiver Kämpfe. Die Schlacht von Điêm Biên Phủ, in der rund dreißigtausend Soldaten ihr Leben ließen, brachte 1954 die Entscheidung im ersten Indochinakrieg gegen die französische Kolonialmacht und führte zur Unabhängigkeit.

Wir bahnen uns einen
Weg durch Hanoi

Reisfelder im Norden Vietnams

Um 12 Uhr erreichen wir im Nordwesten Vietnams bei Tây Trang den kleinen Grenzübergang nach Laos. Die Ausreise ist unproblematisch. Unsere Pässe werden mit Ausreisestempeln versehen und der vietnamesische Zöllner wünscht uns freundlich lächelnd eine gute Fahrt. Nach ungefähr drei Kilometern erreichen wir die laotische Grenzstation. Wir sind weit und breit die einzigen Einreisenden und rechnen deshalb mit einer raschen Abfertigung. Aber das kleine Fenster, hinter dem die Beamten sitzen, ist geschlossen und man gibt uns zu verstehen, dass mittags nicht gearbeitet wird. „Wie lange?", fragen wir, und bekommen ein undefinierbares Kopfschütteln als Antwort. Also warten wir. Nach einer guten Stunde hören wir, dass sich im Haus etwas regt, das Fenster wird geöffnet, und nun kümmern sich alle vier anwesenden Beamten um unsere Grenzformalitäten. Keiner von ihnen spricht Englisch, wir kein Laotisch, trotzdem ist unschwer zu erkennen, dass es ein Problem gibt. Und dieses Problem ist ganz offensichtlich mein Reisepass mit seinen zahlreichen Einträgen und Stempeln. Da ist wohl kein Platz mehr für den laotischen Einreisestempel. Damit habe ich gerechnet. Griffbereit stecken zwei Fünfdollarscheine in meiner Hosentasche, um gegebenenfalls dem Ansuchen um Einreiseerlaubnis Nachdruck zu verleihen und zu einer raschen Lösung eines derartigen Problems beizutragen. Nachdem die Zöllner lange demonstrativ und mit viel Stirnrunzeln meinen Reisepass immer wieder durchgeblättert und jeden Stempel, jeden Eintrag und jedes Visum eingehend studiert haben, unterbreiten sie mir ihren Vorschlag. Sie wollen eine Extraseite in den Reisepass heften, auf die sie dann ihren Stempel setzen können. Ich nicke. Einverstanden! „Das kostet fünf Dollar", geben sie mir in plötzlich fast perfektem Englisch zu verstehen und alle vier lächeln freundlich, so wie es hier üblich ist. „Geht in Ordnung", lächele ich – so wie es sich gehört – zurück. Bald sind die Pässe gestempelt und sollten nun – gegen jeweils fünfunddreißig Dollar Visagebühr plus fünf Dollar für meine Extraseite – zum Entgegennehmen bereitstehen, doch so einfach ist die Sache nicht. Bevor wir unsere Dokumente ausgehändigt bekommen, seien noch je zwei Dollar Bearbeitungsgebühr zu entrichten. Wir protestieren, doch das nützt uns überhaupt nichts. Im Gegenteil, wir laufen sogar Gefahr, unser Gesicht zu verlieren, denn lautes, aufbrausendes Reden ist in Südostasien tabu. Und wer sein Gesicht verliert, ist unten durch. Also krame ich meinen zweiten Fünfdollarschein hervor und schiebe ihn unter der Scheibe durch. „Und noch fünfzig Cent pro Pass für die Stempel …". Alle vier lächeln breit und schauen uns herausfordernd an. Wir resignieren. Gut, eben kein Retourgeld. Wir dürfen endlich in Laos „einradeln".

China und die verstädterten Gebiete um Hanoi, durch die wir zuvor gereist waren, zeigten uns ein wirtschaftlich aufstrebendes Ost- und Südostasien, wo große, breite Straßen gebaut werden und Hochhäuser und Supermärkte allerorts aus dem Boden schießen. Die blühende Wirtschaft scheint die Länder in rasender Geschwindigkeit in eine neue Zeit zu tragen. Nicht ganz so auffällig war dieser Aufschwung im ländlichen Norden Vietnams, dennoch war der schnelle Pulsschlag eines stolzen, in die Zukunft blickenden Volkes deutlich wahrzunehmen.

Laos ist anders. Das Land begrüßt uns mit schlechten Straßen, mit ungepflegten kleinen Hotelzimmern und nicht geputzten Toiletten, mit stundenlangem Stromausfall und kalter „Kübeldusche". Jeden Morgen, wenn wir bei Sonnenaufgang aus den verschlafenen Dörfern fahren, wo wir übernachtet haben, sehen wir entlang der Straßen Familien vor ihren einfachen Hütten am offenen Feuer hocken, um sich zu wärmen. „*Sabaidee!*" (Hallo!), rufen sie und winken freundlich.

Laos ist eines des meist bombardierten Länder der Erde. Obwohl das Land im Vietnamkrieg neutral war, wurden bei amerikanischen Flächenbombardements über Laos pro Einwohner geschätzte zweieinhalb Tonnen Sprengstoff abgeworfen. Grund dafür war nicht nur, dass der berühmte Ho-Chi-Minh-Pfad, der Nachschubpfad der kommunistischen Vietcong-Truppen, teilweise durch Laos führte, die USA führten auch einen wenig bekannten geheimen Krieg gegen die Pathet Lao, die von Nordvietnam unterstützte Widerstandsbewegung.

Laos ist ein Agrarstaat. Achtzig Prozent der gut sechs Millionen Einwohner arbeiten in der Landwirtschaft. Wir strampeln von einem Dorf zum nächsten. Die meisten Straßen in den Orten sind nicht asphaltiert. An kleinen, mit Schilf und Plastikplanen überdachten Verkaufsständen können wir Lebensmittel kaufen. Müll wird in großen, geflochtenen Körben gesammelt und abends hinter den Hütten dem Feuer übergeben. Ein süßlicher Geruch von verbranntem Plastik liegt in der Luft. Wenn wir abends nach einem Lokal suchen, tapsen wir im Dunkeln durch die unbeleuchteten Gassen. Überall treffen wir auf freundliche, lächelnde Menschen. Es scheint, als ob die Zeit hier um vieles langsamer verliefe als in Vietnam. Im Dorf Sinxai, das nur aus einer staubigen Kreuzung, ein paar Hütten und zwei kleinen Unterkünften mit je vier Zimmern besteht, lernen wir den etwa 65-jährigen Schweden Magnus kennen. Er ist bereits seit vielen Jahren in Laos und kontrolliert im Auftrag der Weltbank die Verwendung von Geldern und den Erfolg einzelner Projekte. So sehr er dieses Land und seine Menschen liebt, so traurig stimmen ihn die Passivität und der seiner Meinung nach viel zu langsame Pulsschlag der Nation. Seiner Ansicht nach tritt das Land auf der Stelle und er blickt, so wie die Laoten auch, neidisch auf das Nachbarland Vietnam, wo sich die Wirtschaft, seitdem Frieden eingekehrt ist, um vieles schneller entwickelt. Er mag recht haben, doch wir genießen im Moment die Ursprünglichkeit und Einfachheit, mit der uns Laos und seine freundliche Bevölkerung begegnen.

„Abklatschen" mit
laotischen Schulmädchen

Kaum haben wir bei Vientiane die Grenze nach Thailand überquert, sind wir mit einem Schlag in einer völlig anderen Welt. Thailand ist das am höchsten entwickelte Land Südostasiens. Die Straßen sind breit und sauber, die Städte gepflegt, und es gibt Geschäfte. Große, teure Autos rollen an uns vorbei. Qualmende, klapprige Lastwägen wie in Laos gibt es nicht. In den Hotels spricht man Englisch und die Bettwäsche ist frisch.

Zwar radeln wir nur ein kurzes Stück durch Thailand, nämlich durch die östlichen und touristisch relativ uninteressanten Provinzen des Landes, dennoch treffen wir in Städten wie Udon Thani und Khon Kaen auf zahlreiche Europäer oder besser gesagt, europäische Männer – Sextouristen. Sie bevölkern die Straßen, Händchen haltend mit zierlichen, sehr jung aussehenden Mädchen. In den Hotels, in denen wir übernachten, bewohnen sie die Nebenzimmer und zeigen sich gerne mit ihren erkauften Eroberungen in den Lounges. Auf andere Reisende treffen wir hier nicht. Die Bars um die Ecke tragen Namen wie „Sexy Girl" und „Hot Sexy" und werden ausschließlich von abstoßenden Männern der so genannten westlichen Zivilisation frequentiert. Thaischönheiten in kurzen Röcken sitzen auf ihren Schenkeln oder lehnen sich an ihre Schultern. Vor den Spelunken blüht der Straßenstrich – sogar ich werde, obwohl Valeska an meiner Seite ist, plump angemacht. Erst weiter im Süden, wo sich archäologische Ausgrabungsstätten finden, nimmt die Zahl jener Touristen, die am Land, am Leben seiner Menschen und ihrer Kultur interessiert sind, wieder zu.

Außenpolitisch hat sich Thailand lange Zeit an die USA gehalten und an deren Seite sogar Truppen in den Koreakrieg gesandt. Während des Vietnamkriegs gestattete Thailand den Amerikanern, ausgedehnte Militärstützpunkte auf thailändischem Territorium zu errichten. In der Folge wurden achtzig Prozent aller amerikanischen Luftangriffe auf Vietnam, Laos und Kambodscha von Thailand aus durchgeführt. Das neutrale Kambodscha wurde von Truppen der USA schwerstens bombardiert. Mehr als 3500 Einsätze wurden geflogen, bei denen auf Kambodscha pro Quadratkilometer Landesfläche drei Tonnen Bomben abgeworfen wurden. Durch die Einmischung Amerikas in die Innenpolitik Kambodschas und den gleichzeitigen Einmarsch nordvietnamesischer Truppen wurde das Land entzweit. Es kam zu einem brutalen Bürgerkrieg zwischen den Roten Khmer und den Regierungstruppen, der schließlich 1975 von den Kommunisten gewonnen wurde. Es folgte die Zeit der grausamen Diktatur der Roten Khmer. Sie wirtschafteten das Land bis zum Hungertod hunderttausender Kambodschaner herunter und ermordeten in den wenigen Jahren, an denen sie an der Macht waren, über zwei Millionen Menschen. Als Antwort auf ständige Grenzverletzungen marschierten Ende 1978 Truppen des wiedervereinigten Vietnam ein, vertrieben in einem Blitzkrieg die Roten Khmer und besetzten das Land. Doch in der Zeit des Kalten Krieges erachteten dies weder die USA noch die UNO als Befreiung des geknechteten kambodschanischen Volkes, sondern als Vormarsch des vietnamesischen Kommunismus. Von den Vereinten Nationen akzeptiert, und angeführt von Amerika und China wurden die Khmer Rouge im Kampf gegen die vietnamesischen Besatzer unterstützt und ein weiterer Bürgerkrieg brach aus. Mitte der 1980er Jahre wurden immer mehr Gräueltaten, die die Roten Khmer während ihrer Diktatur verübt hatten, publik, mit dem Ergebnis, dass die Weltöffentlichkeit gegen die Haltung des Westens zu protestieren begann. Auf Initiative des damaligen Generalsekretärs des Zentralkomitees der Kommunistischen Partei der Sowjetunion, Michail Sergejewitsch Gorbatschow, kam es zwischen der UdSSR, den USA und China zu einer Einigung im Kambodschakonflikt. Den Khmer Rouge wurde die Macht genommen, sich an einer neuen Regierung zu beteiligen, und im Gegenzug zog Vietnam bis 1989 seine Truppen aus Kambodscha ab. Durch den Abzug des vietnamesischen Militärs kehrten jedoch die Khmer Rouge aus ihren Verstecken in Thailand zurück, nahmen Gebiete im Osten Kambodschas ein und begannen einen Guerillakrieg. Bis Mitte der 1990er Jahre kam es immer wieder zu bewaffneten Auseinandersetzungen. Die letzten Einheiten der Roten Khmer legten erst 1998 ihre Waffen nieder und ergaben sich. Endlich konnte das traumatisierte Land zur Ruhe kommen. Die Roten Khmer gehören heute der Vergangenheit an. Ihre Gräueltaten werden langsam aufgearbeitet und den Verantwortlichen wird der Prozess gemacht.

Noch nie zuvor sind wir auf unserer Weltreise in ein Land eingereist, dessen lange grausame Vergangenheit so nah an die Gegenwart heranreicht. Als tödliches Erbe von beinahe dreißig Jahren Krieg liegen noch immer geschätzte sechs Millionen Landminen in Kambodscha vergraben. Pro Monat explodieren im Durchschnitt sechzig davon.

Unmittelbar nach unserer Einreise nach Kambodscha bei O Smach endet die asphaltierte Straße. Der kleine Ort ist ein armseliges, schmutziges Nest. Wir übernachten in einer schäbigen Bude. Ein junger Mann, der nur ein Bein hat und auf Krücken gestützt an der Rezeption steht, heißt uns herzlich willkommen. Er humpelt vor uns her die Stiegen hinauf und zeigt uns freundlich lächelnd unser Zimmer. Vor den vergitterten Fenstern hängen zerschlissene Vorhänge. Im Raum stehen ein wackeliges Bett und zwei Nachtkästchen mit klebriger Oberfläche. Das Bad strömt einen scharfen Uringeruch aus, der sich im ganzen Zimmer breitmacht. Wir ziehen ein, rollen unsere Liegematten auf dem Bett aus, dessen Bettwäsche wir gar nicht näher zu betrachten wagen, und schlafen in unseren Schlafsäcken.

Wir holpern über eine unbarmherzig schlechte, staubige Piste im Norden des Landes und queren den K5-Minengürtel. In den 1980er Jahren wurden allein hier, entlang der Grenze zu Thailand, drei Millionen Landminen vergraben, um zu verhindern, dass die Roten Khmer Nachschub aus dem Norden erhielten. Nach wie vor ist das Gebiet komplett mit Landminen verseucht und für Bebauung oder landwirtschaftliche Nutzung unbrauchbar. Uns fällt es nicht schwer, auf ein Zelten in freier Wildbahn zu verzichten.

In den Orten stehen entlang der Hauptstraße viele kleine Verkaufsstände, die mit Wellblech und Plastikplanen gedeckt sind. Auf dem Boden davor liegen leere Zigarettenpackungen und Plastikflaschen, Trinkhalme und Plastiksackerl. Pritschenwägen und Kleinlaster, die mit aufgetürmten Waren und darauf sitzenden Fahrgästen beladen sind, halten mit quietschenden Bremsen an. Die Leute klettern von ihren Logenplätzen herunter, strecken die Glieder, kaufen etwas zu trinken und zu essen und pinkeln hinter die kleinen Läden. Nie vergessen sie, uns ein Lächeln zu schenken und uns beim Weiterfahren zuzuwinken.

In Siem Reap plumpsen wir von einer Minute auf die andere in das touristisch erschlossene Kambodscha. Die nahen, von Würgefeigen überwucherten Tempelanlagen von Angkor sind die größten der Welt und ziehen Massen von Besuchern an. Siem Reap bietet eine faszinierend große Auswahl an Hotels mit frischer Bettwäsche und geputzten Bädern. Manchmal, nach langer Zeit auf der Straße und wenig Kontakt zu anderen Reisenden, genießen wir es sogar, in derartige Touristenorte einzutauchen. Das Leben ist dann plötzlich so einfach. Schlafen, Essen und Versorgung stellen keine organisatorischen Schwierigkeiten dar, sondern sind mit Genuss und Erholung verbunden. Doch obwohl Sich-ein-bisschen-Verwöhnen recht angenehm sein kann – das ist es nicht, was wir auf unserer Reise suchen. Darum bleiben wir auch nie lange. Hotels, Restaurants, Kaffeehäuser, Souvenirläden, Fließwasser, saubere Bettwäsche und Moskitonetze bleiben nach wenigen Tagen hinter uns zurück und sind in der Regel nach dem Aufbruch bereits bald vergessen.

Etwas weiter im Süden laden wir unsere Drahtesel auf das Dach eines kleinen hölzernen Fährschiffes, das uns auf Wasserwegen durch die Überschwemmungsgebiete des Tonle Sap-Sees, des größten Sees Südostasiens, bis Battambang bringen soll. Das Boot bietet Platz für dreißig Personen. Wir hocken auf harten Holzbänken und schon nach kurzer Zeit schmerzt mein Hinterteil mehr als nach einem Tag auf dem Fahrrad. Der Arbeitsplatz des Kapitäns ist sehenswert. Er sitzt auf einem zu hohen, ziemlich ungemütlichen Holzstuhl. Ein altes Autolenkrad – inklusive Licht-Blinker-Scheibenwischerhebel – dient als Steuerrad. Ein dickes Bündel verschiedenfarbiger Kabel hängt in den leeren Raum unter der Lenkeinheit. Zündschloss plus Zündschlüssel sind ebenfalls vorhanden. Ob das Boot damit gestartet wird? Nein. An einem Stuhlbein des Fahrersitzes sind zwei Kabel schlampig angeknotet, die aussehen, als würden sie schon seit eh und je funktionslos hier hängen. Doch nun nimmt der Steuermann die beiden Enden und hält sie aneinander. Es knistert, Funken sprühen, der Dieselmotor dreht und beginnt zu knattern. Zwei riesige Pedale, rechts das Gas, links die Kupplung – vielleicht von einem Lastwagen – befinden sich im Fußbereich vor dem Kapitänssessel. Der Abstand ist so groß, dass der Schiffer fast vom Hocker rutscht, wenn er sie bedient. Vor- und Rückwärtsgang werden mittels eines Hebels unter Anwendung sanfter Gewalt krachend eingelegt. Dieser Ganghebel, ein rohes Stück Eisen, ist an einen Fahrradzahnkranz angeschweißt, um den eine Fahrradkette gelegt ist, die wiederum mit dem Getriebe verbunden ist. Hoch lebe die Improvisation! Die Fahrt ist spannend, nein, fast abenteuerlich. Mehrmals stirbt der Motor ab – naja, das regt wohl niemanden auf. Dann reißt das Kupplungsseil – langsam wird's interessant. Plötzlich gibt die Lenkung ihren Geist auf und wir driften in dichtes Buschwerk ab und blei-

Im Cockpit unseres Fährschiffes
auf dem Tonle Sap-See

ben stecken – meine Aufmerksamkeit steigt. Zange, Schraubenzieher und Hammer kommen zum Einsatz und siehe da, es dauert gar nicht lange und unser Boot ist wieder flott. Schmalen Kanälen folgend schippern wir durch dichtes Mangrovenbuschwerk. Teppiche aus Lotuspflanzen breiten sich auf offenen Wasserflächen aus und immer wieder kommen wir an schwimmenden Dörfern vorbei. Hier leben die Menschen auf dem Wasser. Häuser, Schulen, Geschäfte – alles schwimmt. Kinder winken uns zu und hüpfen vor Freude über die Abwechslung übermütig kreischend auf kleinen Plattformen vor ihren schwimmenden Behausungen. Neben ihnen waschen Frauen Wäsche im See. Schmale Ruder- und Motorboote, die an Einbäume erinnern, parken vor den Schilf-, Holz- und Wellblechhütten. Händler transportieren auf etwas größeren Booten Obst, Gemüse und Waren des täglichen Bedarfs. Mit ihren schwimmenden Marktständen und Geschäften fahren sie von Dorf zu Dorf. Wenn sie anhalten, rudern die Bewohner der schwimmenden Häuser zu ihnen, um ihre Einkäufe zu tätigen. Das Leben in diesen kleinen Orten zeigt uns eine völlig neue, unbekannte und schwer vorstellbare Lebensweise. Beine

Schwimmende Häuser auf
der Überfahrt

Fischer auf Südost-
asiens größtem See

Reis wird in Kambodscha
auf der Straße getrocknet

Reissäcke werden geliefert ⌄

Typischer „Traktor" in
Südostasien

Verkehrsaufkommen in
Ho-Chi-Minh-Stadt

scheinen hier nahezu unnütz zu sein. Es gibt keine Straßen, keine Wege, also keine Möglichkeit, mehr als einige wenige Schritte zu gehen. Jede Art der Fortbewegung basiert auf der Benutzung von Booten. Eine Frau balanciert in einer wackeligen Nussschale und hängt frisch gewaschene Wäsche auf eine Leine, die zwischen zwei schwimmenden Hütten gespannt ist. Männer in ihren Ruderbooten treffen sich zum Plaudern mitten auf dem Wasser. In einem kleinen, mit silbern glänzendem Geschirr beladenen Boot rudert eine Topf- und Deckelverkäuferin von Haus zu Haus. Kinder in Schuluniformen paddeln zur Schule. Fischer werfen ihre Netze, nachdem sie diese im Boot sortiert haben, schwungvoll aus. Immer wieder wird unsere Fähre von heranrudernden Booten angehalten und Passagiere steigen ein und aus. Das Leben wirkt hier ursprünglich. Die Freundlichkeit der Menschen und dieser ungewöhnliche, auf uns romantisch wirkende Lebensraum täuschen über die unbeschreibliche Armut der Bevölkerung hinweg.

Zurück auf der Straße kommen uns Mopeds entgegen, auf denen riesige Ladungen von aufgeblasenen Luftballons, langstieligen Besen und buntem Plastikspielzeug transportiert werden. Einige Pritschenwagen überholen uns. Auf ihren Ladeflächen sind Reissäcke, Dreiräder und Fahrräder kunstvoll aufgetürmt. Um uns herum sausen Mofas, auf denen ganze Familien Platz finden – die Kleinkinder stehen auf den Sitzbänken zwischen den Erwachsenen. Je weiter wir in den Süden kommen, desto lebhafter und geschäftiger wirkt das Land. Vielleicht ist dies bereits der Einfluss der aufgeweckten, sprühenden Mentalität des Nachbarlandes Vietnam, dem wir immer näher kommen?

Heute verstehen sich die Länder Vietnam, Laos, Kambodscha und Thailand und bilden – zusammen mit anderen Nationen der Region – den Verband Südostasiatischer Staaten, der nach dem Vorbild der Europäischen Union einen gemeinsamen Wirtschaftsraum darstellt. Die von Krieg, Hunger und Diktatur geknechteten Völker Südostasiens durchleben endlich eine Zeit des Friedens, die ihrem freundlichen Wesen um vieles besser zu entsprechen scheint. Es sind „die Länder des Lächelns" und ihre Bewohner können endlich wieder gemeinsam lachen.

Weihnachts-wunderwelten

Philipp

Vor zwei Tagen sind wir nach Ho-Chi-Minh-Stadt, der mit gut sieben Millionen Einwohnern größten Stadt Vietnams, gekommen. Es ist früher Morgen und langsam erwacht der Ballungsraum. Die ersten Autos und Mopeds schlängeln sich durch die Gassen und die Luft ist noch morgendlich frisch. Straßenverkäufer bauen ihre Uhren-, Sonnenbrillen- und Taschenverkaufsstände auf. Eine Frau sitzt auf einem kleinen Plastikhocker mitten auf dem Gehsteig zwischen zwei großen Blechbottichen. In dem einen brennt ein Holzkohlenfeuer, im anderen befindet sich ein zähflüssiger Teig. In Waffeleisen, die sie auf das Feuer legt, macht sie die besten Waffeln Vietnams, unser Frühstück. Taxis beginnen ihre Runden um die Häuserblöcke zu drehen, die Fahrer halten Ausschau nach Kundschaft. Die Straßen wurden in der Nacht gereinigt, nur in den Ecken und an den Gehsteigkanten finden sich liegen gebliebene Müllreste. Werbetafeln hängen dicht an dicht an den Fronten der mehrstöckigen Häuser. Wie Spinnennetze spannen sich Telefon- und Stromkabel über die engen Gassen der Altstadt. Sie treffen sich an Masten und Hausecken, wo sie zu wirren Knäueln verschmelzen. Mit der voranschreitenden Tageszeit werden die Straßen rasch belebter und es entsteht ein Gewurl wie in einem Ameisenhaufen. Das übliche Chaos einer asiatischen Großstadt. Alles ganz normal? Nein, nicht ganz. Heute ist der 24.12.2011, Weihnachten.

In einer Auslage steht ein beinahe lebensgroßer Eisbär mit Kontrabass. Neben ihm auf einer kleinen Trommel ein großes Glücksschwein mit dunkler Sonnenbrille. An der nächsten Ecke verkauft eine zierliche Frau – mit einem gut gefüllten Geldgurt um die Mitte und dem für Südostasien typischen Kegelhut *Nón lá* auf dem Kopf – Plastikchristbäume, die mit Gold- und Silbergirlanden, Lichterketten und Kunstschnee geschmückt sind. Luxusversionen sind sogar mit kleinen Päckchen und Plastiksternen behängt. Die winterlich anmutenden Bäume bilden einen bizarren Kontrast zur Lufttemperatur von 30 °C.

Kinder tragen rote Weihnachtsmannmützen und lutschen an rotweiß-gestreiften Zuckerstangen. Vor den Einkaufspalästen sind Winterlandschaften aus Plastik aufgebaut, in denen Weihnachtsmänner auf von Rentieren gezogenen Schlitten

Weihnachtskitsch
in Vietnam; 2011

Laute Weihnachtsnacht
in Ho-Chi-Minh-Stadt; 2011

sitzen. Sie sind umringt von Christbäumen und Schneemännern, zu ihren Füßen liegen Seesterne, Krebse und Muscheln – alles aus Plastik und in den schillerndsten Farben. Der Kitsch kennt keine Grenzen. Kabarettistisch bis grotesk mutet es an, wenn ganze Familien mit verkleideten Weihnachtsmännern vor diesen Installationen für Fotos posieren. Jeder will mit jedem fotografiert werden, vor allem aber mit Santa Claus. Es macht uns Spaß, durch die Straßen zu bummeln und in den weihnachtlichen Trubel einzutauchen. Als die Sonne untergeht, füllt sich die Innenstadt erst so richtig mit Menschen. In den Hauptstraßen bekommt man kaum Luft, denn zigtausende Mopeds, auf denen mindestens drei bis vier und manchmal sogar fünf Personen sitzen, brausen durch die Nacht. Weihnachtsmänner stehen umringt von Kindern in den kleinen Gassen und verteilen Süßigkeiten. Neonlicht und Lichterketten erhellen die ganze Stadt. Musik dröhnt aus den Bars und Restaurants. Alle sind gut drauf, alle haben Spaß. Von Besinnlichkeit keine Spur. Wir schlendern durch diese für uns fremde, surreale Welt. Es ist, als ob wir den Heiligen Abend in einem Bienenstock verbringen würden.

Ganz anders begingen wir das erste Weihnachtsfest auf unserer Weltreise. Wir waren seit dem Start am Nordkap wochenlang in schlechtem Wetter unterwegs gewesen. Nebeltage, Regentage, Schneetage. Dazu blattlose Wälder, kahle Äcker und braune Wiesen. Kalte Nächte im Zelt.

Am 24.12.2006 erreichen wir Belgrad, die Hauptstadt Serbiens. Es ist, wie könnte es anders sein, trüb und regnerisch. Wir übernachten aufgrund einer Einladung des Managers im Fünfsternehotel *Hyatt Regency*. Purer Luxus für unsere müden, vom ungemütlichen Wetter mitgenommenen Radlerkörper. Auf dem Bett liegt neben einem Schächtelchen mit Weihnachtskeksen eine Karte, darauf steht: *„Merry Christmas!"* In den Gängen und Hallen der noblen Unterkunft funkeln und glitzern edel geschmückte Christbäume. Am Nachmittag hasten hunderte Menschen, bis zur letzten Minute auf der Suche nach passenden Weihnachtsgeschenken, gestresst durch den Mall- und Einkaufsbereich des Hotels. Am Abend ist alles ruhig. Nachdem die Restaurants im Haus preislich nicht mit unserer Weltumradler-Brieftasche vereinbar sind, brechen wir in die Innenstadt auf. In Serbien ist der Heilige Abend ein Familienfest und so sind die regennassen Straßen wie leergefegt. Nur ein paar „Heimatlose" wie wir stolpern durch die Gassen. Die Geschäfte sind verriegelt und die meisten Gaststätten geschlossen. In einer verwinkelten Seitenstraße finden wir ein kleines italienisches Lokal – es gibt Weihnachtspizza.

Dezember 2009, Mexiko. Auf den meist als *Plaza de Armas* bezeichneten Hauptplätzen der wunderschönen Kolonialstädte sind große Krippen aufgebaut. Lebensgroße Figuren in seiden glänzenden Gewändern stehen im Stall, einem großen

2006 verbringen wir die
ersten Weihnachten unserer
Reise in Belgrad

Weihnachtsbeleuchtung 2009
in Durango, Mexiko

hölzernen Unterstand, der nach allen Seiten hin offen ist. Der Boden ist mit Stroh ausgelegt. Lampions und Lichterketten in verschiedenen Farben umrahmen das Bild. Als Zierde sind zahlreiche Blumentöpfe mit rotblättrigen Weihnachtssternen aufgestellt. Das Jesuskind fehlt. Klar, es ist ja noch nicht der 24. Dezember. Ochs und Esel, zwei lebende Tiere, sind die vorweihnachtlichen Publikumsmagneten.

Der Krippe gegenüber steht in Durango, wie in vielen anderen mexikanischen Städten auch, eine mächtige Marienkathedrale aus der Kolonialzeit, deren beide Glockentürme in der Abendsonne rötlich leuchten. Davor befindet sich ein gigantischer, an die zwanzig Meter hoher künstlicher Christbaum. Er ist geschmückt mit Sternen und bunten Kugeln, von denen pausbäckige Weihnachtsmänner lachen. Sie winken mit braunen, schlanken Flaschen, auf denen *Coca Cola* steht.

Wenn es dunkel wird, erstrahlt die Plaza erst so richtig. Bunte Lichtergirlanden hängen an den Bäumen. Brunnen, Häuser und Kirchen sind mit unzähligen kleinen Lämpchen geschmückt. Alles scheint auf den Beinen zu sein und strömt in Richtung Hauptplatz. Ein Luftballonverkäufer bahnt sich seinen Weg durch die Menge. Verliebte sitzen auf den Parkbänken unter den romantisch beleuchteten Laubbäumen. Jetzt öffnen die kleinen, mobilen Imbissstände und warten auf Kundschaft. Bei einem Stand gibt es große Stücke frittierter Schweinehaut, die wie überdimensionale Langosch aussehen. An einem anderen wird gekochter Mais mit Mayonnaise und Chili im Styroporbecher angeboten. Ein Zuckerwatteverkäufer quert unseren Weg. Wir erstehen eines seiner zuckersüßen „Wölkchen" und schlendern weiter.

Das Weihnachtsfest verbringen wir in diesem Jahr als Gäste einer mexikanisch-deutschen Großfamilie. Die Gonzales besitzen in León ein riesiges Anwesen, einen ganzen Straßenblock, der wie ein eigener Stadtteil erscheint. Auf dem von einer Mauer umgebenen Areal stehen, umrahmt von grünem, gestutztem Rasen und Blumenbeeten, große, hell verputzte Villen – die Wohnhäuser der Familienmitglieder – und eine private Kirche. Die Häuser sind mit Lichterketten, künstlichem Reisig und Sprühschnee weihnachtlich geschmückt. Weihnachtsmannfiguren aus Plastik bewachen die massiven Eingangstüren der Gebäude. Am Heiligen Abend kommt die große Familie mit Kind und Kegel bei den Großeltern zusammen: Über zwanzig Erwachsene, mehr als doppelt so viele Kinder und wir. Es ist sehr feierlich. Festlich gekleidet stehen alle mit Kerzen in den Händen um die große Krippe vor dem Haus. Wir singen spanische und deutsche Weihnachtslieder. Im Haus wartet ein hoher, üppig geschmückter und elektrisch erleuchteter Christbaum. Geschenke werden ausgetauscht und alle fallen einander um den Hals. Hier ist „richtig Weihnachten" – auch für uns.

In Mysore, einer Stadt im Südwesten Indiens, ist der Verkehr chaotisch. Mopeds, Fahrräder, Autos, Fußgänger, Eselkarren, Transportelefanten, Rikschas und Busse füllen die Straßen bis auf den letzten Quadratzentimeter aus. Alles bewegt sich scheinbar regellos und ohne Unterbrechung kreuz und quer. Mitten drinnen strampelt ein österreichisches Radlerpärchen. Um den Markt wird das Gedränge immer dichter und wir kommen kaum vorwärts. Frauen in Saris balancieren große Säcke auf ihren Köpfen. Bettlerinnen starten zielstrebig in unsere Richtung und strecken uns ihre verkrüppelten Hände entgegen. Standler winken und grüßen fröhlich, während sie ihre Kunden bedienen. Andere starren uns nur wortlos an. Müll jeglicher Art türmt sich an den Ecken und in den Nischen der Hausfassaden. Ein Mann in weißem Hemd und verbeulter Anzughose verrichtet ungeniert seine Notdurft an einer Hausmauer. Eine heilige Kuh liegt mitten auf der Straße. Seelenruhig käut sie wieder und lässt sich von dem Rummel nicht stören. Wir beziehen ein Hotel im Herzen der Stadt.

In Mysore gibt es keine Weihnachtsmänner, keine Lichterketten, keinen Geschenkewahn und keine Jingle Bells. Weihnachten scheint hier nicht zu existieren. Am 24.12. sehen wir so viele Polizisten auf den Straßen wie noch nie zuvor in Indien. Die Gesetzeshüter sind schwer bewaffnet und haben ihre Kastenwägen an den Straßenkreuzungen strategisch günstig geparkt. Auf unsere Frage hin erfahren wir, dass zwei Prozent der Bevölkerung des Bundesstaates Karnataka Christen sind und es vor allem an kirchlichen Feiertagen immer wieder zu Anschlägen gegen die christliche Glaubensgemeinschaft und ihre Einrichtungen kommt. Weihnachten gibt es also doch, aber anstelle von Zuckerl verteilenden Weihnachtsmännern stehen kampfbereite Einsatzkräfte in den Straßen. Weihnachtliche Gefühle werden im Keim erstickt. Trotzdem gibt es für uns am Abend ein festliches Weihnachtsessen in einem schicken Terrassenlokal. Wir langen so richtig zu – mit den Fingern natürlich, so wie es sich in Indien gehört.

Acht Monate lang waren wir in Afrika unterwegs, um diesen Erdteil in seiner Länge zu durchradeln. Der schwarze Kontinent war in vielerlei Hinsicht ein harter Brocken – die Hitze, die endlosen Wüsten, die schlechten Straßen, der Lärm, der Verkehr, das Auffallen und Anders-Aussehen, die schmutzigen, heruntergekommenen Hotelzimmer, die zum Himmel schreiende Armut, das Elend, die Aussichtslosigkeit, die Ungerechtigkeit. Später werden wir feststellen, dass es nahezu ein Klacks ist, die restliche Welt zu bereisen, wenn man Afrika hinter sich hat.

Doch noch sind wir in Südafrika und befinden uns auf der letzten Etappe zum Kap Agulhas, dem südlichsten Punkt des schwarzen Kontinents. Über sanfte Hügel rollend, strampeln wir durch beinahe unbesiedeltes, steppenartiges Grasland

In Indien sind die
wenigen Kirchen sehr
moderat geschmückt; 2008

Zu Weihnachten 2007
erreichen wir die
Südspitze Afrikas

INDIAN OCEAN ← → ATLANTIC OCEAN

mit spärlichem Baumbestand. Es ist wolkenlos, angenehm warm und extrem windig. Die Küste ist schroff und von windzerzausten Büschen gesäumt, das Meer aufgewühlt. Kap Agulhas – von Ozeanen umspülter Felsen. Hier treffen sich der Atlantische und der Indische Ozean. Wir umarmen uns und lachen zufrieden in die Kamera. Heute hier anzukommen, ist unser schönstes Weihnachtsgeschenk. Es ist der 24.12.2007.

Seit Wochen fahren wir durch fast menschenleere Landschaft. Hitze, Kargheit und Wind begleiten uns durch das bolivianische Hochland und den argentinischen Westen. Jeden Tag lenken wir unsere Räder bei strahlendem Sonnenschein durch fantastisch schöne Gegenden. Nachts zelten wir in der totalen Einsamkeit der Steppe und sitzen am Lagerfeuer. Diese Regionen haben genau die richtige „Würze", die wir beim Radfahren lieben und genießen: Die Distanzen sind weit, aber nicht unüberwindbar. Die Versorgungsmöglichkeiten mit Wasser und Lebensmitteln sind spärlich, aber ausreichend. Die Menschen sind freundlich, aber nicht aufdringlich. Die Landschaft ist weit und offen, bietet uns aber genug Schutz, um ungestört unter dem endlosen Sternenhimmel übernachten zu können.

2010 in Patagonien gibt es zum Weihnachtsessen guten, argentinischen Rotwein

Trotzdem haben wir es seit ein paar Tagen eilig, weiterzukommen. Wir stehen extra früh auf, um möglichst weite Tagesetappen zu schaffen. Zu lange waren wir schon in dieser kargen Halbwüste unterwegs. Das Gemüt braucht eine Veränderung. Wir träumen von grünen Wäldern, klaren Bächen und schneebedeckten Bergen. Bald werden wir in den vom Pazifik beeinflussten Teil des argentinischen Patagoniens kommen, wo es, so wurde uns erzählt, genau wie in unseren Träumen aussehen soll. Um die Kleinstadt San Martin de los Andes muss es Berge und Wälder geben und wir lesen, dass das Ortsbild alpenländisch und das Klima kühl sei. Dort wollen wir Weihnachten verbringen. Wir geben Gas und erreichen unser Ziel. Am 23.12.2010 verlassen wir die staubig-trockene Wüste und befinden uns mit einem Schlag in einer völlig anderen Klimazone. Es ist bewölkt und erfrischend kühl. Die Berghänge sind von Wäldern bedeckt, überall im Ort stehen große Bäume und blühen Blumen. Grün und dicht sprießt das Gras in den Gärten und Parks. Die Kleinstadt strahlt Gemütlichkeit aus. Die Häuser sind aus rohem Stein und Holz gebaut und vereinen in einer gelungenen Mischung die Stile der Skiorte Amerikas und Europas. Sie wirken warm und behaglich.

Wir leisten uns ein kleines Apartment in einer ruhigen Gasse. Am nächsten Morgen, dem 24.12., ist die Luft im Zimmer kühl, doch unter der Decke ist es wohlig warm und kuschelig. Regen prasselt aufs Dach. Wir fühlen uns „angekommen", wir fühlen uns „weihnachtlich". Der Heizstrahler unter dem Fenster beginnt zu surren und erfüllt unsere Kleinwohnung langsam mit wohliger Wärme. Am Nachmittag – es hat aufgehört zu regnen – spazieren wir, gut eingepackt in unsere Fleecepullis und Jacken, durch den Ort. Ein Löschwagen der Feuerwehr zieht seine Runden um den Hauptplatz. Auf dem Dach des Fahrzeuges sitzt ein Weihnachtsmann, der Naschwerk in die dem Wagen hinterherlaufende Kindermenge wirft. In einem Kaffeehaus genießen wir ein großes Stück Schokoladentorte. „Stille Nacht" tönt es aus den Lautsprechern im gut beheizten „Alpencafé". Es weihnachtet sehr.

Unentbehrliches

Valeska

Die Freude ist jedes Mal groß, wenn wir dann und wann auf andere Globetrotter aus unterschiedlichen Ländern und Kontinenten treffen. In Südamerika sind sehr viele Weltenbummler unterwegs. Da ist das Interesse, das uns entgegengebracht wird, gering. Autofahrer würdigen uns keines Blickes, Motorradfahrer fahren uns fast über den Haufen und sogar Radler fahren grußlos an uns vorbei. In Afrika hingegen treffen wir eher selten auf andere Abenteurerinnen und Abenteurer. Doch es ist hier selbstverständlich, dass man stehen bleibt, sich nach dem Befinden erkundigt, fragt, ob der andere noch genug Wasser hat, und Erfahrungen und nützliche Tipps austauscht. Seien es Motorradfahrer, Autofahrer oder Radfahrer – es wird über schwierige steinige Pistenabschnitte geflucht, über Pannen berichtet, von freundlichen und hilfsbereiten Dorfbewohnern erzählt. Alle sind

Es macht Spaß, andere
Reisende zu treffen

sich einig, dass es nichts Schöneres gibt, als irgendwo im Busch zu campieren, die Abendstimmung zu genießen und den Geräuschen zu lauschen. Dann stellt sich ein Zusammengehörigkeitsgefühl unter Gleichgesinnten ein, sitzen doch alle im selben Boot.

Hauptgesprächsthema sind die Ausstattung des rollenden Untersatzes sowie die mitgeführte Ausrüstung. Pro und Kontra der einzelnen Stücke werden ungemein emotionsgeladen diskutiert. Während wir das Platzangebot von Autos und Motorradtaschen manchmal fast neidisch betrachten, ernten wir Bewunderung dafür, dass wir „sooooo wenig Gepäck" mitführen und praktisch „mit nichts" auskommen. Klar, wenn man sein Zeug mit eigener Kraft transportieren muss, dann überlegt man dreimal, was man wirklich braucht. Und das ist bei uns nicht viel.

Naturgemäß ist die Zusammenstellung der Ausrüstungsgegenstände subjektiv. Wir haben für jeden von uns nur einen Löffel und ein Taschenmesser mit. Eine Gabel brauchen wir nicht. Doch dass es noch gewichtssparender geht, zeigt uns der radfahrende Franzose Bruno, den wir in Afrika treffen. Um ein paar Gramm zu sparen, hat er einfach den Griff seines Löffels abgesägt. Satt wird er trotzdem. Überhaupt scheint er gerne halbe Sachen zu mögen. So etwa reißt er aus dem Buch, das er mitführt, jede Seite heraus, sobald er sie gelesen hat, und wirft sie weg oder benützt sie als Klopapier.

Eine andere Beziehung zu Büchern hat der Engländer Ed, den wir an der peruanischen Küste treffen. Stolz präsentiert er eine ganze Bibliothek, die er in seinen vorderen Radtaschen mitführt. „Gegen die Einsamkeit." Mindestens fünfzehn Hardcovers und Paperbacks – alle in einwandfreiem Zustand – breitet er bedächtig vor uns aus. Ohne diese Bücher sei für ihn diese Reise unvorstellbar. Trotz platzsparender und leichtgewichtigerer elektronischer Alternative, die es heute zu einem Buch gibt, hat Ed sich für die althergebrachte Variante des Lesens entschieden. Vielleicht hat er auch nur vorausgedacht, denn: Wo aufladen? Wo Strom finden?

Ein Küchenset ohne Löffel – für uns unvorstellbar. In Nordkanada werden wir eines Tages eines Besseren belehrt, als wir mit dem lustigen Japaner Sohei ein paar Tage lang gemeinsam reisen. Er ist ebenfalls per Fahrrad unterwegs und unternimmt gerade seinen ersten Auslandstrip. Während wir uns einbilden, dass wir zur Nahrungsaufnahme Löffel benötigen, kann Sohei keinen Nutzen in solcherlei Essgerät sehen. Seine Kalorienzufuhr erfolgt hingegen mittels zweier dünner, zusammenschraubbarer Essstäbchen aus Metall, die er in zerlegtem Zustand in einem winzigen Täschchen mitführt. Als er die Suppe schlürft, das Nudelgericht mit seinen Stäbchen aufgreift und Nutella blitzschnell mit demselben Werkzeug auf den Palatschinken verteilt, müssen wir zugeben, dass es auch ohne Löffel geht.

Bruno fährt mit leichtem Gepäck durch Afrika

„Lesestoff muss sein!", meint Ed ▼

Bleiben wir beim wichtigen Thema Essen. Die meisten Weltenbummler, die wir treffen, haben mehr Geschirr mit als wir. Wir speisen direkt aus den beiden Töpfen, in denen wir kochen. Metallteller, Plastikschüsseln und kleine Weingläser aus Glas sehen wir nur bei anderen. Sogar die Betroffenen geben zu, dass diese Dinge eigentlich Luxus sind. Abweichender Meinung sind Simone und Uwe. Die beiden deutschen Radreisenden haben eindeutig den meisten Stil am Picknicktisch. Nein, Tisch führen sie keinen mit, den finden wir auf einem Stellplatz eines Naturparks während unserer gemeinsamen mehrtägigen Fahrt entlang der Westküste der USA. Die beiden schwören auf ihre rot-weiß karierte Tischdecke aus Plastik, denn die verwandelt jeden klebrigen und modrigen Holztisch in eine feudale Freilufttafel. Wow! Und für einen kurzen Moment erscheint uns etwas, das uns noch nie in den Sinn gekommen ist, wert, mitgeführt zu werden.

Stilvoll geht es auch bei dem deutsch-schweizerischen Pärchen Kurt und Dorothee zu. Am gemütlichsten finden sie es auf ihrem iranischen Teppich, den sie schon

▲ Simone und Uwe tafeln mit Stil   Kristian mit „Waffe" ▼

seit Jahren mitführen. Nein, nicht im Unimog, nicht auf dem Motorrad, sondern am Gepäckträger eines ihrer Fahrräder. Klar, bei einer neun Jahre dauernden Reise muss Wert auf die Qualität der Sitzgelegenheit gelegt werden. Und überdimensioniert ist sie nicht. Zu zweit haben sie gerade Platz auf der handgeknüpften Unterlage. Für Gäste ist kein Platz. Ob sie in ihren Träumen ab und zu mit dem Teppich fliegen?

Auf einer der meditativen Waldstrecken durch Kanada stoßen wir auf den Berliner Kristian. Er ist ein richtiger „Lackel" und muss deshalb eine Fahrradrahmengröße verwenden, die er nur in ausgewählten Läden oder als Spezialanfertigung bekommt. Was führt er als unentbehrliches Utensil mit? Wir fassen es nicht: einen Besen! „Wozu?" „Gegen die Bären!" Natürlich! Ein kanadischer Farmer, der es schließlich wissen müsse, habe ihm gesagt, dass man einen Bären in die Flucht schlagen könne, wenn man ihm mit dem Besen auf die Schauze haue, erklärt uns Kristian völlig überzeugt, doch nicht wirklich überzeugend.

Deostift im Reisegepäck? Wir verkneifen uns jeden Kommentar. Auch noch zwei Fläschchen Nagellack? Unser Unverständnis dafür steht uns ins Gesicht geschrieben. „Habt ihr denn nichts Komisches mit?", fragt Khadija. „Nein, haben wir nicht!" Abends am Lagerfeuer erzählen wir uns gegenseitig die Erlebnisse der letzten Tage, waren wir doch zeitversetzt dieselbe Strecke gefahren. Nach dem Essen machen wir Teewasser heiß. „Willst du Tee?" „Gerne, welchen habt ihr denn?" „Pfefferminze, Kräutermischung offen oder in Säckchen, Rotbusch, Grünen Tee offen oder in Säckchen, Schwarzen abgepackt – ach ja, offenen *English Breakfast Tea* und den *Sleepy Time* gibt es auch". Da verzieht sich Khadijas Gesicht zu einem breiten Grinsen. Sie zeigt ungläubig auf unseren zurzeit fast einen Kilo schweren und recht voluminösen Teevorrat und sprudelt dann triumphierend los: „Ihr habt nichts Komisches mit? Nur ein ganzes Teegeschäft!" So scheiden sich wieder einmal die Geister. Was ist denn so komisch daran, morgens und abends verschiedener Teesorten zu bedürfen? Keine Teeauswahl – unvorstellbar! Aber wie schon gesagt, alles ist subjektiv.

Race Across America

Philipp

2. Jänner 2012, wir fahren in Los Angeles, an der Pazifikküste der USA, los mit dem Ziel, Miami an der Atlantikküste zu erreichen. Etwa 80 Kilometer weiter südlich von L.A. kommen wir nach Oceanside. Von diesem sonnigen Ort aus starten jedes Jahr die Teilnehmer des Race Across America (RAAM) zum 4800 Kilometer langen Rennen quer durch den Kontinent nach Annapolis nahe Washington D.C. an der Ostküste. Start für dieses Ereignis ist heuer am zwölften Juni. Wir sind ein paar Monate zu früh dran. Egal, wir haben dasselbe Ziel, die Ostküste der Staaten zu erreichen, und wollen die nächsten Tage bis zur Kleinstadt Blythe an der Grenze zwischen Kalifornien und Arizona dieselbe Route nehmen.

Ein paar Monate später wird der steirische Extremradler und Race Across America-Titelverteidiger Christoph Strasser hier ins Rennen gehen. Nachdem er bei seiner ersten Teilnahme 2009 aus gesundheitlichen Gründen aufgeben hatte müssen, gewann er 2011 das Ultraradrennen und wurde der jüngste Sieger in der 30-jährigen Geschichte des Wettbewerbes.

Wir verlassen die Küste und klettern langsam die bewaldeten Berge des pazifischen Küstengebirges hinauf. Mit zunehmender Seehöhe wird es merklich kühler und in den Morgenstunden sind Wiesen und Felder reifbedeckt. Auf der Ostseite des kleinen Gebirgszuges hören mit einem Schlag die Wälder auf. Eine sandige Steppe breitet sich vor uns aus und scheint ins Unendliche zu reichen. Es ist trocken. Dornige Büsche, dürres Grasland und große Kakteen bilden gemeinsam mit der Kulturpflanze Baumwolle die Hauptvegetation. Die Temperatur ist angenehm. Wir genießen es, erstmals eine Wüste zu durchqueren, ohne mit unerträglicher Hitze konfrontiert zu sein. Rechts neben uns rückt eine Mauer ins Blickfeld. Eigentlich ein massiver, unüberwindbarer Zaun. Endlos und schnurgerade führt er durch die menschenleere Landschaft. Der Anblick wirkt surreal. Es handelt sich um den mittlerweile über eintausend Kilometer langen Grenzzaun, den die USA zum Schutz vor illegalen Einwanderern aus dem Süden errichtet hat und noch immer weiterbaut. Eine Mauer gegen Menschen. Sie stimmt uns nachdenklich und traurig. Bei einem Kontrollposten hält man uns auf und wir müssen uns ausweisen. Der Einreisestempel wird genau kontrolliert. Könnte es sein, dass wir mit unseren Rädern und dem ganzen Gepäck über den sechs Meter hohen Zaun geklettert sind und dass sich in unseren Taschen ein kleiner Mexikaner versteckt? Der Grenzsicherheitsbeamte ist sehr sachlich und fragt nach dem Woher und Wohin. Wir ergreifen unsere Chance und erzählen von unserer Weltreise. Langsam legt er seine Steifheit ab und wir unterhalten uns über die vor uns liegende Strecke. Unser Anbandeln mit dem Beamten hat auch einen etwas eigennützigen Beweggrund: Wir brauchen Wasser für die Nacht und den nächsten Tag. Unser neuer Freund ist hilfsbereit und füllt alle unsere Behältnisse auf, die zusammen gut zehn Liter fassen. Zwei Straßenbiegungen weiter zelten wir in einem ausgetrockneten Flussbett. Die Luft kühlt ab und es wird eine angenehme und erholsame Nacht.

Schlaflos wird Christoph Strasser im Juni an dieser Stelle vorbeisausen. Die Radfahrer, die sich diesem Extremrennen quer durch Amerika stellen, fahren die 4800 Kilometer lange Strecke beinahe ohne Unterbrechung, sie ruhen während des gesamten Wettbewerbs im Durchschnitt nur acht bis zehn Stunden. Von den Betreuungsfahrzeugen aus werden die Athleten motiviert und – solange es möglich ist – mit allen Mitteln wach gehalten. Durch den Schlafmangel bekommen die Fahrer Halluzinationen und nicken während des Fahrens ein. Das klingt gefährlich und es ist erstaunlich, dass es seit dem ersten Rennen dieser Art im Jahr 1982 nur zwei Todesfälle gegeben hat. Die Ursache war beide Male ein Unfall mit anderen Verkehrsteilnehmern.

Im kleinen, staubigen Ort Blythe trennen sich unsere Wege von denen Christoph Strassers. Er wird von hier aus in ostnordöstliche Richtung strampeln. Wir nach Ostsüdost. Seit dem Start in Oceanside haben wir fünf Tage für 460 Kilometer gebraucht. In derselben Zeit wird Christoph bereits 3000 Kilometer in den Beinen haben und mehr als die halbe Strecke von der West- zur Ostküste geradelt sein.

Christoph lernen wir im Herbst 2012, nachdem wir unsere Reise um die Welt beendet haben, bei einem jährlich stattfindenden Berg- und Abenteuerfilmfestival in Graz kennen, wo er ein Interview gibt und wir einen Vortrag halten. Nach der Veranstaltung plaudern wir die halbe Nacht über die Motivation, die hinter seiner und unserer Leistung steckt. Obwohl wir grundsätzlich von der Idee und der Fortbewegungsart, nämlich im Fahrradsattel einen Kontinent von Küste zu Küste zu durchqueren, Ähnliches machen, ist die Ausführung doch völlig konträr. Christoph fährt aus einem einzigen Grund: Um das Ziel in der kürzest möglichen Zeit zu erreichen. Zwischen Start und Ziel liegen unmenschliche Strapazen, die Körper und Psyche an ihre Grenzen stoßen lassen. Auch wenn wir als Radreisende und

Christoph als Radrennfahrer den Kontinent, durch den wir strampeln, in vieler Hinsicht anders wahrnehmen und erleben, so entdecken wir doch immer wieder Gemeinsamkeiten. „Beim RAAM geht es darum, schnell zu sein und nicht einzuschlafen", meint der sympathische Extremsportler. „Aber wenn nach einer kühlen Nacht auf dem Rad die Sonne über der Wüste aufgeht, dann ist das ein phantastisches Erlebnis, das trotz Anstrengung und Müdigkeit unvergesslich ist." Das können wir bestätigen, wenn wir auch zugeben müssen, dass wir bei Sonnenaufgang meistens nicht im Sattel, sondern gemütlich beim Frühstücken vor dem Zelt sitzen. Bei unserer Art, einen Kontinent zu durchradeln, bestimmt das Ziel nur die Richtung, Geschwindigkeit ist Nebensache. Der Weg ist das Wichtigste, das Ziel kann warten. Mit Christoph verbindet uns die Begeisterung für das Radfahren und zwischen uns herrscht ein gegenseitiges Verstehen, das keiner Worte bedarf.

Auf unserer zweieinhalb Monate dauernden Durchquerung der südlichen USA kommen wir durch acht Bundesstaaten. Wir überqueren den Gebirgszug der Sierra Nevada und uns wird klar, warum das RAAM in einer wärmeren Jahreszeit stattfindet. In der Nacht sinkt die Lufttemperatur unter 0 °C und die Morgen sind frostig. Es dauert bis zum Nachmittag, dass sich die Luft erwärmt. Als wir im Westen von Texas über die Davis Mountains strampeln, geraten wir auf der kaum befahrenen Passstraße in heftiges Schneetreiben. In kürzester Zeit sind Palmen und Kakteen von dicken Schneehauben bedeckt und die Straße ist weiß, glatt und rutschig. Der Schneefall wird immer stärker und nach der anfänglichen Euphorie beginnen wir ein Ende des Niederschlags herbeizusehnen, weil wir befürchten, auf der ungeräumten Straße stecken zu bleiben. Erst spät abends hört es auf zu schneien und am nächsten Tag taut die weiße Pracht schnell in der wärmenden Sonne.

Hinter den Bergen bleibt es hügelig und erst nachdem wir Austin, die Hauptstadt von Texas, passiert haben, wird es flach. Die Vegetation nimmt zu und bald radeln wir durch grüne, schattige Mischwälder. Bei New Orleans erreichen wir den Golf von Mexiko. Kälte, Regen und Schnee liegen hinter uns. Je weiter wir nach Osten kommen, desto wärmer und niederschlagsärmer zeigt sich das Wetter.

Schneefall gibt es, fünf Monate später, beim Race Across America 2012 keinen. Doch zieht in Kansas plötzlich der Himmel zu und ein gewaltiger Sturm bricht los. Abgesehen von der Gefahr eines Sturzes, verhilft der starke Rückenwind Christoph Strasser zu Geschwindigkeiten von über sechzig Stundenkilometern und er saust der Ostküste entgegen. Der Sturm erreicht eine gefährliche Stärke und es beginnt in Strömen zu regnen. Erst als die Polizei Christoph und sein Team von der Straße holt, realisiert er, dass er sich zwischen drei Tornados befindet. Die

ausgesprochene Tornadowarnung hindert ihn am Weiterfahren und er muss eine einstündige Zwangspause einlegen, bis es Entwarnung gibt.

In einem kleinen, unansehnlichen Ort in Texas werden wir bei Einbruch der Dunkelheit in einem Geschäft für Fischereibedarf spontan zum Übernachten eingeladen. Der Laden, dessen beste Zeiten offensichtlich schon lange vorbei sind, ist ein abseits des Ortskernes, neben Fischteichen stehendes, niedriges Holzgebäude mit Wellblechdach. Die Fenster des Hauses sind mit Neonlicht-Bierwerbung hell erleuchtet. Auf dem nicht asphaltierten Parkplatz stehen mehrere Personen um ein Feuer, das aus einem leeren Ölfass lodert. Sie trinken Bier aus kleinen Einwegflaschen und prosten uns zu. Aus dem Gegenlicht der Flammen kommen Joshua und Lily auf uns zu und begrüßen uns herzlich. Joshua, ein übergewichtiger, stattlicher Mann mittleren Alters, ist der Besitzer des Betriebs. Lily hält den Laden in Schwung. Sie sieht abgezehrt und verbraucht aus. An einer Seite des Gebäudes gibt es einen kleinen Raum, in dem wir unsere Drahtesel abstellen können und

Riesiges Baumwollfeld
in Texas

Gemütlicher Abend vor dem
Fischereigeschäft

später auf unseren Liegematten schlafen werden. Joshua und Lily machen uns mit der Lagerfeuerrunde bekannt und drücken uns zwei kleine Bierflaschen in die Hände. Die Stimmung am Feuer ist gut. Es sind einfache, offene Leute, die uns warmherzig aufnehmen. Wir fühlen uns wohl. Das kleine Fischereigeschäft ist eine soziale Institution in diesem Städtchen. Allabendlich ist es Treffpunkt der Baumwollfarmer, Hausfrauen und Arbeiter der Umgebung, die sich am Lagerfeuer den neuesten Tratsch erzählen und Gäste wie uns gerne in ihrer Runde begrüßen, um Geschichten aus der großen, weiten Welt zu hören.

Kurz vor New Orleans übernachten wir bei Ethan, einem großen, wild aussehenden Kerl um die fünfzig. Er hat lange, zerzauste graue Haare, einen struppigen, dichten grauen Bart und einen beachtlichen Bauch, der seine Gemütlichkeit unterstreicht. Seine kräftigen Arme sind großflächig tätowiert und die Löcher in seinen Ohrläppchen mit großen Tunnelohrsteckern geschmückt. Von seinem Äußeren her würde man ihn sofort und ohne zu überlegen als Mitglied einer Motorradgang einordnen. Doch weit gefehlt. Ethan ist ein äußerst sensibler Charakter und obendrein ein passionierter Radfahrer. Er besitzt kein Auto und ist der schillerndste Fahrradaktivist, den wir je kennengelernt haben. Lautstark vertritt Ethan die Rechte der Radler auf der Straße und schimpft jedem motorisierten Vehikel hinterher, wenn dessen Fahrer auch nur den kleinsten Fehler begeht. Auch seine Kochkünste können sich sehen lassen und wir werden an den Tagen, die wir in seinem kleinen, unaufgeräumten, aber gemütlichen Häuschen zu Gast sind, mit selbst gemachtem Maisbrot und üppigen Waffeln verwöhnt. Ethan weiß, dass Radreisende immer hungrig sind, und freut sich, dass es uns schmeckt. Immerhin verbrennen wir pro Tag etwa 5000 Kalorien und können essen wie Mähdrescher.

Dreimal so viele Kalorien verbrennen die Teilnehmer des härtesten Radrennens der Welt, bei dem sie in nur wenigen Tagen die USA durchqueren. Da bleibt keine Zeit, bei Joshua und Lily am Feuer auf ein gemütliches Bier einen Stopp einzulegen oder sich an Ethans leckeren Waffeln zu laben. Es gibt nahrhafte Flüssignahrung und zwischendurch auch Nudeln oder andere Kohlenhydrate. Die Nahrungsaufnahme ist Mittel zum Zweck. Sie muss kalorienreich sein und dem Körper die durch die dauerhafte Extrembelastung verloren gegangenen Substanzen zuführen. Von Genuss kann keine Rede sein.

Wir radeln durch die Bundesstaaten Louisiana, Mississippi und Alabama, die zu den ärmsten der USA gehören. Viele Häuser sind schäbig. Manche haben nicht einmal Fensterscheiben, sondern nur Plastikfolie vor den Fenstern. Müll und Autowracks liegen in den ungepflegten Gärten. An schiefen Gartenzäunen und wackligen Toren befinden sich Schilder mit unfreundlichen Sprüchen wie: *If you*

Ausgestorben ist es
in Aquilla, Arizona

Der Fahrradaktivist
Ethan bekocht uns

Unsere Fahrräder
werden bestaunt

Offensichtliche Armut
in den Südstaaten

Der Hund macht nichts, aber nimm dich vor dem Besitzer in Acht!

In Florida herrscht Reichtum

steal, I will kill! (Wenn du stiehlst, werde ich töten!) oder *Your dog in my garden? Your dog dead in my garden!* (Dein Hund in meinem Garten? Dein Hund tot in meinem Garten!) In Vorgärten wird in großen Tonnen Hausmüll verbrannt. Müllabfuhr gibt es keine. Wir sind schockiert, dass wir in den Vereinigten Staaten auf so viel aussichts- und hoffnungslose Armut stoßen und wie weit Amerika in vieler Hinsicht Europa hinterherhinkt.

Nachdem wir Texas auf unserem Weg nach Osten verlassen haben, lösen die Schwarzen die Hispanics als Unterschicht im amerikanischen Klassensystem ab. Anstelle von mexikanischer Schnulzenmusik dröhnt nun schwarzer Rapper-Beat aus den vorbeirollenden rostigen Pritschenwagen. Erst in Florida tauchen wir wieder in das weiße Klischee-Amerika ein. Große, schicke Häuser, gepflegte Gärten, teure Autos auf breiten Straßen, die durch Palmenalleen führen, saubere und endlos erscheinende Sandstrände – hier präsentiert sich Amerika so, wie es sich selbst gerne sieht: Reich und schön.

82 Tage nach unserem Start in Los Angeles erreichen wir nach 6300 Kilometern unser Ziel am Atlantischen Ozean – Miami. Mit einer Durchschnittsgeschwindigkeit von 15,4 Kilometer pro Stunde benötigten wir 60 Tage im Sattel, um den Kontinent von West nach Ost zu durchqueren.

Christoph Strasser braucht für seine Durchquerung Nordamerikas – die Strecke des RAAM 2012 war 4800 Kilometer lang – 8 Tage, 6 Stunden und 34 Minuten. Er fährt im Schnitt 23,85 Kilometer pro Stunde. Wir ziehen unsere Radhelme vor dieser für uns unvorstellbaren Leistung!

2013 gewann Christoph das RAAM mit der Rekordzeit von 7 Tagen, 22 Stunden und 52 Minuten. Damit ist er der erste Fahrer, der das Rennen in weniger als 8 Tagen beendete. 2014 unterbot er seinen Rekord sogar und war nach 7 Tagen, 15 Stunden und 56 Minuten im Ziel. 2015 musste er wegen eines Lungeninfekts nach knapp fünf Tagen auf dem Rad aufgeben. Den Sieg holte sich sein Freund und Trainingspartner Severin Zotter.

Nachhauseweg

Valeska

Regen und Schnee prägen wie zu Beginn unserer Reise 2006 unsere letzten zwei Monate auf dem Rad, in denen wir von Portugal über Spanien, Frankreich und die Schweiz nach Österreich, nach Hause radeln. Aus Miami angereist, benötigen wir in Lissabon ein paar Tage, um die Umstellung zu überwinden. In einem kleinen Hostel in der Altstadt quartieren wir uns ein. Jedes Zimmer ist im Stil eines Künstlers eingerichtet. Die Wände unseres „Pablo Picasso-Zimmers", sind bemalt mit Nachbildungen einiger seiner Gemälde. Das rege und bunte Treiben in den mittelalterlichen, engen Gassen, die vielen Fußgängerinnen und Fußgänger und die kleinen Häuser lassen uns staunen, da dieser Anblick einen großen Kontrast zu den USA darstellt.

Mitte März nehmen wir die Fähre über den Fluss Tejo und kehren dem farbenfrohen Lissabon den Rücken zu. Hauben und Handschuhe lassen wir bei „Picasso" zurück. Wir fahren bei Sonnenschein entlang des portugiesischen Jakobsweges auf schmalen und teilweise schlechten Kopfsteinpflasterstraßen, von lautem Geklapper unzähliger Störche begleitet, nach Santiago de Compostela. Die Stadt strahlt eine lockere Atmosphäre aus. In den engen Gassen und auf den Plätzen, vor der Kathedrale wimmelt es von Pilgerinnen und Pilgern. Und wir begegnen interessanten Leuten.

Zuerst spricht uns Sascha, der aus Deutschland mit dem Rad angereist ist, an. Er arbeitet als LKW-Fahrer, doch davon braucht er manchmal Abstand. Dann schwingt er sich auf sein Fahrrad. Ihre erste Vater-Sohn-Tour haben die beiden Pilger Robert und Keijo unternommen. Nach fünf Tagen und mit wundgelaufenen Füßen sind sie glücklich, in Santiago angekommen zu sein. Das Paar Alicia und Carlos ist gleichzeitig am Ziel angelangt, trotz unterschiedlicher Fortbewegungsmittel: Sie laufend und er radelnd. Ionut steht in Schwarz gekleidet vor seinem Mountain-Bike. Unverdeckt ist seine Beinprothese. Er wirkt stark, selbstbewusst und sympathisch. Der gebürtige Rumäne, Teilnehmer der Paralympics, arbeitet zurzeit am *Camino* als Fahrrad-Guide. Ionut spart für eine neue Beinprothese und träumt von der großen Fahrradweltreise.

Weiter. Entlang der Hauptpilgerroute Richtung Osten. Es ist *Semana Santa* (Heilige Woche) und tausende Menschen aus den verschiedensten Ländern scheinen zu Fuß oder mit dem Fahrrad auf dem Weg nach Santiago de Compostela zu sein. Vormittags liegt meist dicker Nebel auf Straßen und Wegen. Unerwartet tauchen plötzlich die von ihm verschluckten Wandersleute auf – genau vor unseren Rädern. Dabei kommt es bei der schlechten Sicht immer wieder zu gefährlichen Situationen und unfreundlichen Begegnungen. Gegen Mittag lichtet sich der Nebel, so dass wir die Pilgersleute schließlich innerhalb einer für uns leicht bremsbaren Distanz erkennen können. Erst jetzt erwidern einige der Wandernden unseren freundlichen Gruß. Je weiter wir uns nach Osten bewegen, desto aufgelockerter wird der Pilgerstrom. Nun treffen wir hauptsächlich Pilgerinnen und Pilger, die – aus den verschiedensten Ländern kommend – teilweise bereits seit Monaten Santiago de Compostela ansteuern.

Auf unserer Route nach León liegen zwei Pässe, die jeweils knapp über 1400 Meter hoch sind. Blühender Ginster und schmucke Dörfer mit Häusern aus Stein gestalten das Bergauf zu Beginn kurzweilig. Und durch die Anstrengung bleibt uns warm, denn im Nebel ist es überaus kalt. Je höher wir strampeln, desto feuchter wird es. Es beginnt zu regnen. Bald graupelt es, bald schneit es dicke Flocken. Oben am Pass angelangt, ziehen wir uns alles an, was wir in unseren Radtaschen finden. Die Hände stecken wir in Socken und darüber kommen Plastiksäcke. Den Tag verfluchend, an dem wir unsere Handschuhe zurückgelassen haben, düsen wir bergab. Die Zähne klappern, als ob wir auf Kopfsteinpflaster unterwegs wären. In León angekommen kaufen wir sofort Handschuhe. Hier erleben wir auch einige der berühmten Karwochenprozessionen mit. Tausende Menschen sind auf den Straßen, entweder nehmen sie teil an oder schauen zu bei den Umzügen. Mitglieder verschiedener religiöser Bruderschaften und Zünfte marschieren von ihren Pfarrkirchen zur Kathedrale, gekleidet in ihre charakteristischen langen Kutten und die typischen Spitzhauben. Schwere, teilweise tonnenschwere prunkvolle Heiligenfiguren aus Holz werden mitgetragen und Musikkapellen spielen traurig klingende Marschmusik. Einige der Büßer nehmen trotz Regen und Kälte barfuß an den Prozessionen teil. Der Regen verhindert in diesem Jahr die für León typischen Prozessionen zu Pferde. Während der *Semana Santa* herrscht tagsüber eine andächtige, festliche Stimmung in der Stadt. In der Nacht jedoch feiern Gruppen lautstark bis in die frühen Morgenstunden. Und so mancher Prozessionsteilnehmer stöhnt am nächsten Tag nicht nur wegen der Last der von ihm geschleppten Marienfigur ...

Laut Karte liegen vor uns die Pyrenäen. Wir werden sie nie zu Gesicht bekommen, da Nebel und Regen das Gebirge verschluckt haben. Auf dem Ibaneta-Pass gießt es wie aus Scheffeln. Die Sicht ist gleich null. Das Dach einer Kapelle bietet uns Schutz, um schnell ein paar vorbereitete Jausenbrote zu essen. Weit und breit

Auf Schotterstraßen
durch die Meseta

In Südfrankreich schneit es

keine Menschenseele. Früher waren hier Mönche aus dem Kloster in Roncesvalles stationiert. Bei Nebel läuteten sie die Glocken der Kapelle, um Pilgern den Weg zu weisen. Wir sausen steil bergab, der Regen hört auf, die Wolken verziehen sich und plötzlich scheint jemand einen grünen Farbtopf über die Landschaft geschüttet zu haben. Bäume haben frische grüne Blätter, Wiesen sehen zum Reinbeißen saftig aus und überall wachsen Frühlingsblumen: Veilchen, Primel, Krokusse … Wir spüren, wir nähern uns der Heimat.

Mitte April. Wir folgen in Frankreich weiterhin dem Jakobsweg. Das Wetter bleibt überwiegend schlecht, Regen und Schnee wechseln sich je nach Seehöhe ab. Wir durchradeln in Südfrankreich unter anderem eigenartig vertraute Gebiete, die uns landschaftlich an die Umgebung des kleinen Dörfchens Edelsgrub südlich von Graz erinnern, wo wir vor unserer Abreise für ein paar Monate gewohnt haben.

Obwohl das Wetter alles daransetzt, uns die Tage so ungemütlich wie nur möglich zu gestalten, lassen wir uns die Laune nicht verderben. Zu sehr ist uns bewusst, dass nach fünf Jahren auf den Rädern die letzten Wochen auf den Drahteseln angebrochen sind. Aus diesem Grund genießen wir alles und jedes: schöne versteckte Zeltplätze, frischen *pain au chocolat* und Gespräche mit Bäckern, die gerne ein paar Worte Englisch sprechen. Sogar ein Schneesturm im Massif Central gehört dazu. Es ist eiskalt und starker Wind fegt uns beinahe von der Straße, doch der Moment ist wunderbar. Vereinzelte Sonnenstrahlen blinzeln zwischen den wirbelnden Schneewolken durch und lassen alles eisig glitzern. Kein Auto weit und breit, kein Straßenlärm. Ich fühle mich, als wäre ich auf einmal in eine Schneekugel gerollt, so plötzlich überraschen uns der Schneesturm und die Schneelandschaft.

Erst in der Schweiz lassen wir das Schlechtwetter hinter uns und haben endlich Sicht auf die schneebedeckte Bergwelt. Die Sonne scheint und Apfelbäume blühen. Auf guten Radwegen und kaum befahrenen Straßen radeln wir von Genf bis zum Bodensee. Eine Freundin begleitet uns für ein paar Tage und wir statten mehreren Bekannten Besuche ab. Wir radeln durch sehr vertraute Städte und Orte und fühlen immer stärker, dass wir der Heimat näher kommen. Das bedeutet für uns ein baldiges Ende eines doch langen Lebensabschnittes. Fünfeinhalb Jahre im Sattel und nun werden wir den Alltag auf dem Rad eintauschen gegen … – ja, wogegen? Auf jeden Fall tauschen wir Zelt gegen Wohnung, Natur gegen Stadtleben, Schreibtischsessel gegen Fahrradsattel. Im Moment fiele es uns leichter, weiterzufahren und im gewohnten Trott zu bleiben. Doch es ist an der Zeit, etwas Neues zu wagen. „Aussteigen" war nie unser Ziel. Immer trugen wir den Gedanken in uns, dass wir heimkehren werden. Und jetzt ist es soweit.

Keine Sicht auf dem Camino de Santiago

Eine der Karwoche-prozessionen in León

Anfang Mai fahren wir bei Lustenau über die schweizerisch-österreichische Grenze. Wir sind wieder in Österreich. Nach einem Schlechtwettereinbruch schieben und zerren wir unsere Räder entlang einer noch immer mit Schnee vom Winter verstopften Forststraße über den Silbertalsattel ins Klostertal und bezwingen anschließend den Arlbergpass. Tirol zeigt sich von seiner schönsten Seite, Sonne jeden Tag! Herzlich empfangen uns am Innradweg die ersten Freunde. Nach einem kurzen Aufenthalt in Innsbruck können wir es kaum erwarten, Kufstein zu erreichen. Hier lernen wir unsere kleine, sechs Wochen alte Nichte kennen, die uns verzaubert und in ihren Bann zieht.

Weiter geht es nach Osten. Bei Schladming erwischt uns eine Kaltfront. Ein allerletztes Mal kämpfen wir uns den ganzen Tag durch eisigen Schneeregen. Wahrlich kein Genuss, trotz unserer wettertoleranten Einstellung. Danach herrscht Kaiserwetter. Die Fahrt durch altvertraute Landschaften ist für uns ein Wieder-Entdecken Österreichs. Der Präbichl ist unser letzter Pass. Wir genießen die Sicht auf vertraute Berge und wir wissen, dass wir fast daheim sind. Hm. Nachdenklich, mit gemischten Gefühlen rauschen wir hinunter bis zum Murtalradweg. Die nächsten zwei Tage verfliegen im Nu. Mit gemischten Gefühlen – ein wenig Wehmut, Anflug von Angst vor der Lebensstiländerung und einer gewissen Anspannung vor dem

Über Serpentinen geht es auf den Arlberg

Schönes Frühlingswetter
begleitet uns im Inntal

Herzlicher Empfang in Graz

„Und was jetzt?", Vorfreude auf Neues und Wiedersehensfreude – durchleben wir die letzten Stunden.

20.5.2012. Letzter Tag unserer Weltreise. Kurz nach 8 Uhr geht es los. Immer mehr Freunde und Fans begleiten uns heute im Laufe des Tages auf unseren letzten Kilometern. In Mixnitz empfängt uns ein Klingelkonzert von Freunden. Umarmungen folgen, Fotos werden geschossen. Wir haben das Gefühl, von all den wohlwollenden Menschen nahezu getragen zu werden. Das Radfahren geht wie von selbst, die Landschaft tritt in den Hintergrund. Fragen beantworten, scherzen, lachen … Mittagspause und stärkende Einkehr in Frohnleiten. Noch mehr Freunde, Familie, Bekannte und Fans begrüßen, gratulieren und fotografieren uns. Ein unbeschreiblich schönes Gefühl, überwältigend, so willkommen zu sein. Ich bin gerührt und versuche, meine Tränen schnell wegzuwischen, bevor sie jemand sieht. Gut gestärkt brechen wir mit ungefähr fünfundfünfzig Weggefährtinnen und Weggefährten zu unseren letzten Kilometern auf dem Rad auf. Bei Stübing springt der Kilometerzähler auf 87.000 Kilometer. Kurz vor Graz flickt Philipp einen letzten platten Reifen – keinen eigenen, sondern den eines Mitradelnden.

Um 16.20 Uhr rollen wir durch ein Spalier aus ungefähr hundert Menschen, viele mit ihren Rädern, bunten Luftballons, Fernsehkameras und Fotoapparaten, über den Grazer Hauptplatz vor das Rathaus. Was für ein Empfang!

Bei 87.020 Kilometern steigen wir endgültig von den Fahrrädern. Wir sind angekommen.

Schlafplätze III

Valeska

Da wir immer viel gereist sind, wissen wir zu Beginn unserer Radweltreise genau, wo und wie wir nicht übernachten möchten. Mit schlaflosen Nächten in gesteckt vollen Massen-Matratzenlagern, bei schweiß- und alkoholgeschwängerter Luft, hatten wir abgeschlossen. Nächte im Zelt in der Natur ziehen wir jedem anderen Schlafplatz vor. So auch auf der Radweltreise. Wir haben uns vorgenommen, wenn Zelten nicht möglich sein sollte, ein Zimmer für uns zwei allein zu finden. Jegliche Art von Gemeinschaftsschlafsälen meiden wir. Darüber sind wir uns einig. Lieber ein bisschen mehr Geld ausgeben, dafür jedoch Schlaf bekommen. Und fast überall auf der Welt gelingt es uns, ein Doppelzimmer zu finden. Manchmal inklusive Überraschungen.

In vielen Hotels in Südchina beginnt unser Staunen bereits am Weg zu dem uns zugewiesenen Zimmer. Kein Stiegensteigen und kein „Mit-aller-Kraft-Hochstemmen" der Fahrräder. Nein! Die Erholungsphase vom Radfahren beginnt bereits im Foyer. „Bing!", eine Lifttür öffnet sich, noch ehe wir festgestellt haben, dass so eine Einrichtung vorhanden ist. Das Angenehmste an den chinesischen Personenliften ist ihre Größe. Die Länge der Kabine ist immer genau zugeschnitten auf ein bepacktes Mountainbike. „Bing!" Angekommen im fünften, siebten oder sogar zehnten Stockwerk. Wir schieben unsere Fahrräder ins Zimmer, ohne schlechtes Gewissen, da der Teppichboden sowieso abgetreten und schmuddelig ist. Dieses bietet so gut wie immer genug Raum, um unsere geliebten Zweiräder in einer Ecke verstauen zu können. Tagsüber mutieren unsere Fahrräder zu uns zugehörigen Körperteilen, deshalb schlafen wir auch nachts ruhiger, wenn wir sie in der Nähe wissen. Sind unsere Räder einmal abgestellt, inspizieren wir als Nächstes das Zimmer. Die Bettwäsche ist sauber, darauf liegen Handtücher und zwei kleine Seifen – wunderbar. Doch was ist das? Am Nachtkästchen steht ein Korb mit einzeln in Plastik verpacktem Allerlei. Von der Nagelfeile über Lippenstift, Zahnbürsten, Haarkämme, Strümpfe, Unterhosen, mehrere Kondome, bis zu der dazugehörigen Preisliste wird hier alles geboten. Sind wir in einem Stundenhotel gelandet? Bald stellt sich heraus, dass Kondome zur Grundausstattung eines jeden Hotelzimmers in China gehören. Jedenfalls in unserer Preiskategorie.

Sogar wenn wir bei Leuten zu Hause übernachten, ermöglichen sie uns meist auch bei akutem Platzmangel eine gewisse Privatsphäre. Dabei scheinen vor allem die

So übernachten wir gerne

Chinesische Hotelzimmer bieten mehr

Menschen im Süden der USA erfinderisch zu sein. Einmal werden wir in einem äußerst gut durchlüfteten Wintergarten untergebracht. Dort steht auf wackeligen Beinen eine Ausziehcouch, die als Gästebett dient. Sehr zum Missfallen der Katze, die ihren Lieblingsplatz ohne jegliches Recht auf Anhörung verliert und für diese Nacht im Freien landet. Ein andermal werden wir in einem Fitnessraum – genauer gesagt, Fitness-Gartenhaus, das mit Sauna und Badezimmer komplett ausgestattet ist – untergebracht. Zwischen dem Tischtennistisch und mehreren Fitnessgeräten werden Klappbetten für uns aufgestellt. Zum Abendessen lädt die Gastfamilie ins Wohnhaus, das schräg gegenüber hinter dem Pool steht. Einmal kommen wir in ein Haus, das – inklusive Garten – gerade völlig umgebaut wird, so dass es somit auf dem Anwesen keinen Platz für uns gibt. Die Lösung liegt am hinteren Ende des Gartens. Dort führt eine schmale Wasserstraße entlang. Auf dieser „parkt" an einem Steg das „Gäste-Hausboot" mit zwei Gästezimmern – welcher Luxus!

Alle Möglichkeiten des Übernachtens werden von uns immer in Erwägung gezogen. Ab und zu suchen wir allerdings stundenlang – auf der Strecke bleiben wir nie. Von anderen Radreisenden erhalten wir den Tipp, es einmal bei der Feuerwehr zu versuchen. In Viana do Castelo, im Norden Portugals, kommt uns beim

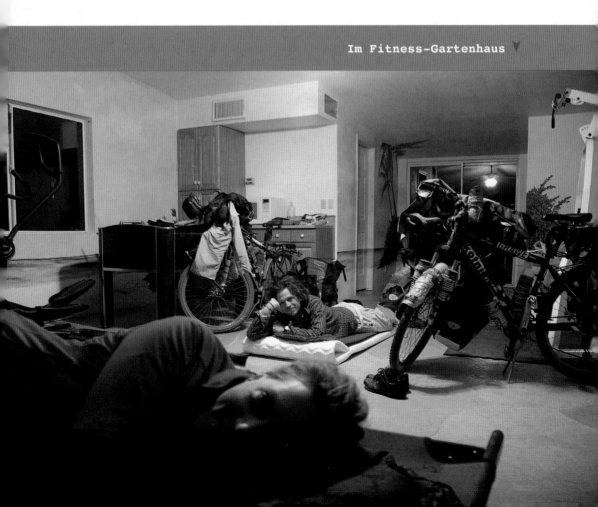

Im Fitness-Gartenhaus ▼

Schlendern durch die engen Gassen der Altstadt diese Idee wieder in den Sinn. Wir überlegen nicht lange, sondern machen uns schnurstracks auf die Suche nach den *Bombeiros*, der Feuerwehr. Wir stoßen auf ein riesiges Gebäude, in dessen Bauch mehrere große Löschwagen parken. Drei Feuerwehrleute stehen davor. Es kostet uns ein wenig Überwindung, direkt zu fragen, ob es bei ihnen eine Möglichkeit zu übernachten gäbe, im Haus oder im Freien. Alle drei überlegen, die Jüngste meint, sie müssten den Stationsleiter fragen. Gesagt, getan. Kurz verschwindet sie von der Bildfläche. Währenddessen erkundigen sich die beiden anderen nach Details unserer Reise. Wenige Minuten später ist es entschieden – wir dürfen bleiben. Man zeigt uns Duschen und Toilettenanlagen im Erdgeschoß und deutet in Richtung Stiegenaufgang, wo es zu den Zimmern gehe. Plötzlich erscheinen immer mehr junge Feuerwehrleute, die uns mit Matratzen, Decken, Pölstern, frischen Überzügen und unserem Gepäck über die knarrenden Holzstiegen ein Stockwerk höher begleiten. Am Ende eines langen Ganges wird ein Zimmer geöffnet. Es ist ein Seminarraum mit in Reihen aufgestellten Sesseln und einem Lehrerpult. An den Wänden hängen Plakate und verschiedenes Lehrmaterial für die Ausbildung von Feuerwehrleuten. Flinke Hände schieben rasch das Mobiliar zur Seite, legen die Matratzen auf den sauberen Boden, darauf das frische Bettzeug, überreichen uns einen Schlüssel und wünschen uns einen schönen Abend. Und schon sind sie entschwunden, die Feuerwehr-Heinzelmännchen und -frauen.

Erst in den letzten Monaten unserer Reise müssen wir in den sauren Apfel beißen beziehungsweise in vielbenutzte Pölster. Unser Motto „Wir schlafen nie im Schlafsaal!" ist nicht mehr zu halten. Als uns am Jakobsweg quer durch Südeuropa Schnee und Regen verfolgen, bleibt uns in Anbetracht unseres schrumpfenden Budgets nichts anderes übrig, als doch ab und zu ein Bett in einem Schlafsaal zu beziehen. Jedoch unsere Befürchtungen bewahrheiten sich. Es ist heiß, man kriegt kaum Luft und es wird laut geschnarcht.

Deshalb freuen wir uns anfangs, als in einem Ort auf der portugiesischen Pilgerroute in Richtung Santiago de Compostela die Herberge voll ist. In unserer spätnachmittäglichen Übernachtungsnot erkundigen wir uns bei der Polizei nach dem nächstgelegenen Campingplatz. Da es keinen Campingplatz in der Nähe gibt, vermittelt man uns zu einer Sporthalle, die als kostenlose Pilgerherberge dient. Eine Sporthalle, ganz allein für uns? Cool! Tja, die Freude währt nicht lange, denn wir finden heraus, dass ein Damen-Handballspiel im Gange ist und noch bis 22 Uhr dauern wird. Normalerweise fallen wir spätestens um 21 Uhr vor Müdigkeit in unsere Schlafsäcke. Nun gut. Um dem Gequietsche der Turnschuhsohlen, den Rufen der Trainer, dem Gejohle der Zuschauer sowie dem lauten Aufschlagen des Balles am Boden zu entgehen, kochen wir im Freien vor der Sporthalle un-

„Hausboot" eigens für Gäste   „Gästezimmer" bei der Feuerwehr

ser Essen. Doch, oh Schreck! Eine Schülergruppe mit Wanderrucksäcken steuert auf die Halle zu. Dreiundvierzig, vierundvierzig, fünfundvierzig – bei sechzig hören wir auf zu zählen. Wir müssen durchatmen. Der Traum von einer Sporthalle für uns allein ist geplatzt. Von einem Lehrer erfahren wir, dass die Gruppe nach Santiago de Compostela pilgert. „Toll!", pressen wir zwischen unseren Lippen hervor, doch insgeheim verwünschen wir den Zufall, dass die Gruppe am selben Abend dieselbe Schlafstätte zu nutzen gedenkt. Doch allen Vorurteilen zum Trotz wird es ein gemütlicher Abend. Die herbeigeholte und überaus kontaktfreudige Deutschlehrerin und ihr Kollege bestehen darauf, dass wir den portugiesischen Vino Verde probieren. Sie müssen uns nicht lange bitten, denn wer ein Gläschen Wein trinkt, der schläft doch angeblich besser? Und wirklich, die „Medizin" wirkt, wir schlummern unerwartet gut, obgleich wir „unser Doppelzimmer" mit über sechzig Personen teilen müssen.

Unser Albtraum „Schnarchsaal" findet in León, im Norden Spaniens, seinen Höhepunkt. Es regnet in Strömen und da Ostern ist, gibt es in der ganzen Stadt für uns kein erschwingliches Zimmer. Im Kloster der Benediktinerinnen gäbe es freie Betten. Nun gut, einen Versuch ist es wert und wir schieben unsere Räder durch die Altstadt über rutschiges Kopfsteinpflaster zum Kloster. Wir werden in der Pilgerherberge freundlich empfangen. Unsere Drahtesel dürfen wir im großen, begrünten Hof zur verdienten Nachtruhe abstellen. Uns führt man ins Gemeinschaftslager mit zweiundvierzig Betten. Der „Schnarchsaal" ist bis auf das letzte Bett belegt. Um 22 Uhr heißt es „Licht aus!" Verschlossene Fenster, muffige Luft und die gefürchteten Schnarchgeräusche in allen Tonlagen lassen uns in dieser Nacht kaum ein Auge zutun. Wir beneiden unsere Fahrräder um ihren ruhigen Abstellplatz im Hof. Wir trösten uns mit dem Gedanken, dass wir im Trockenen liegen und mit fünf Euro pro Nase diese Unterkunft eine der günstigsten in Europa ist. Doch plötzlich werden aus einer Nacht drei! Philipps Rad benötigt eine Reparatur. Unser Aufenthalt verlängert sich dadurch und wir „dürfen" noch zwei weitere Nächte das „gemütliche Ambiente" eines Massenschlafsaales „genießen". Über die dann mit der Zeit aufkommenden finsteren Gedanken, negativen Worte und sogar Flüche breite ich den Mantel des Schweigens.

Superlative

-->

Philipp

Mehrere Tage lang zeigt das Thermometer im Norden des Sudans über 50 °C – unsere heißesten Tage während der gesamten Reise. Wir befinden uns auf einer beinahe 500 Kilometer langen, staubigen Sandpiste in der östlichen Sahara, die – mehr schlecht als recht – dem Nil folgt. Aufsitzen, ein Stück fahren, ins Taumeln kommen, stecken bleiben, abspringen, schieben. Wir sind langsam. Es ist unerträglich heiß und sich vorwärts zu bewegen eine zermürbende Plagerei. Abends liegt unser Tagesschnitt bei deprimierenden 9,8 km/h.

In Äthiopien holpern wir über eine steile, steinige Schotterstraße die landschaftlich reizvolle Nilschlucht hinunter. Von 2430 m über dem Meeresspiegel auf 1150 m. Selbst beim Bergabfahren sind wir wegen der miserablen Straßenqualität extrem langsam. Einmal über den Nil, steigt der Weg wieder an – 1280 Höhenmeter bergauf. In manchen Kurven liegt derart viel loses Geröll, dass wir absteigen müssen. Erschöpft und müde werfen wir abends einen Blick auf unsere Kilometerzähler: 44 km bei 5 ½ Stunden Fahrzeit und ernüchternde 7,9 km/h Tagesdurchschnittsgeschwindigkeit.

Die geringste Durchschnittsgeschwindigkeit erreichen wir jedoch im Norden Kenias. Wir quälen uns auf einer über 500 Kilometer langen Piste durch die Dida Galgalu und die Kaisut-Wüste. Von Moyale, dem Grenzort zu Äthiopien, bis Isiolo, im Zentrum Kenias, wo eine asphaltierte Straße beginnt, macht tiefer Schotter das Radfahren zu einem Balanceakt. Wieder und wieder kommen wir aus dem Gleichgewicht und müssen absteigen. In dieser kenianischen Einöde treiben Straßenräuber ihr Unwesen und überfallen des Öfteren Busse und Lastwagen. Sie machen uns jedoch keine Probleme, obwohl wir ihnen alle Zeit der Welt geben: Auf dieser Strecke erreichen wir mit 6,7 km/h den schlechtesten Tagesschnitt unserer Reise, und mit 13,8 km/h die schlechteste Tagesmaximalgeschwindigkeit in den fünfeinhalb Weltreisejahren. 50 Kilometer pro Tag schaffen wir auf diesem Streckenabschnitt gerade einmal mit Ach und Krach.

Doch Freud und Leid der Radlerseele liegen in Afrika nahe beisammen. Ein Wüstensturm hüllt uns im Sudan in eine dichte, gelblich-braune Wolke aus Staub und Sand. Obwohl wir versuchen, unsere Atemwege mit Tüchern vor dem Flugsand

In der Sahara; Nordsudan

Auf der Holperpiste in Nordkenia

zu schützen, sind unsere Nasenlöcher verklebt und Sandkörnchen knirschen zwischen den Zähnen. Sonnenbrillen schützen zwar ein wenig, dennoch sammelt sich in den Augen nach und nach mehr kratzender Staub. All das ist jedoch Nebensache, denn auf der schnurgeraden, frisch asphaltierten Straße fliegen wir förmlich der Hauptstadt Khartum entgegen. Wir haben Rückenwind, nein, Rückensturm! 27 km/h Tagesdurchschnittsgeschwindigkeit – Rekord! Nach beinahe 8 Stunden Fahrzeit haben wir 215 Kilometer zurückgelegt. Fünfmal durchbrechen wir die magische 200 km Tagesdistanzmarke auf unserer Weltreise – viermal in Afrika und einmal in Südamerika.

Betrachten wir die reine Fahrzeit, so radeln wir unsere längsten Tagesetappen ebenfalls auf dem Schwarzen Kontinent. Fehlende Unterkünfte, schlecht „zeltbare" Landschaften, Banditengegenden und mitunter unser Ehrgeiz, immer wieder zwei Tagesetappen an einem Tag zu schaffen, sind dafür verantwortlich. Mit 10 Stunden 35 Minuten auf dem Rad in Sambia und 10 Stunden 28 Minuten in Namibia tragen wir diese beiden Tage als jene mit den längsten Fahrzeiten in unsere Tagebücher ein.

Höchstgeschwindigkeit! Im Südosten Australiens, in den Snowy Mountains, sind wir im kleinen Ski- und Wanderort Thredbo beim über achtzig Jahre alten Steve zu Gast. Im Gespräch erkennt er mein Faible für Geschwindigkeit und gibt mir Tipps für die bevorstehende Abfahrt: „Ab der zweiten Kurve kannst du dein Rad rollen lassen. Danach geht es steil bergab, aber immer geradeaus. Du wirst sehen, das wird dein neuer Rekord." Wir fahren los. In der zweiten Kurve mache ich mich auf dem Fahrrad klein und lasse es ungebremst laufen. Immer schneller sause ich dahin. Meine Augen tränen, der Lenker beginnt leicht zu flattern und der Fahrtwind dröhnt in meinen Ohren. 85,98 km/h! Ein Rekord, der bis zum Ende unserer Weltreise hält.

Auf dem Kontinent „Down Under" befindet sich die längste nicht asphaltierte Strecke unserer Tour: Die Gibb River Road. Sie führt 800 Kilometer durch einsame Buschsteppe. Australien ist das Land, in dem wir uns am längsten aufhalten. Für die Fahrt, der Küstenlinie folgend um den Kontinent, benötigen wir acht Monate. In Slowenien sind wir im Gegensatz dazu am kürzesten unterwegs. Nach dreiunddreißig Kilometern und knappen zwei Stunden Fahrzeit, von der Grenze mit Österreich bis zur Grenze zu Kroatien, verlassen wir das Land wieder.

Unsere Zehen sind eiskalt, die Finger steif und gefühllos. Es ist Oktober in Finnland. Minus 20 °C zeigt ein öffentlich angebrachtes Thermometer in einem kleinen Ort in der Mitte des Landes. Nirgendwo sonst auf der Welt erwarten uns ähnlich frostige Radtage. Des Öfteren begleitet uns Schneefall auf unserer Weltreise. Vor allem in Nordeuropa, im Baltikum, in Ost-, Mittel- und Südeuropa sowie in

Schnell unterwegs

Dicke Flocken fallen in Texas

Neuseeland. Die dicksten Flocken fallen jedoch in Texas: Auf der Fahrt über das kleine Gebirge der Davis Mountains im Jänner schüttelt Frau Holle ihre Decken so kräftig aus, dass wir auf einem 2100 Meter hohen Pass beinahe in der weißen Pracht stecken bleiben.

Um vieles höher strampeln wir vor allem in Südamerika. In Peru sind wir immer wieder in dünner Luft unterwegs, denn wir radeln mehrmals in Höhen über viertausend Meter über dem Meeresspiegel. Am Pass Crucero Alto erreichen wir mit unseren Rädern die höchste Höhe, 4528 Meter! In Peru genießen wir auch die längste durchgehende Talfahrt, von 4100 Meter in der Cordillera Blanca, hinunter an die Pazifikküste. Unter dem Meeresspiegel halten wir uns am Toten Meer auf: Minus 420 Meter „Seehöhe". Wir haben den tiefsten Punkt der Erdoberfläche erreicht. Mit einer Salinität von durchschnittlich 28 Prozent ist das Tote Meer mit Abstand das salzhaltigste Gewässer, in dem wir baden.

„Ihr müsst ja sooo fit sein!", hören wir unterwegs immer wieder. Das sind wir auch. Unsere Fahrradweltreise, auf der wir über Jahre fast täglich stundenlang im Sattel sitzen, trägt – ob wir wollen oder nicht – zu einem gewissen Maß an Fitness bei. Immer wieder bin ich von der eigenen Kondition begeistert, die ich mir durch unsere Tour erarbeitet habe, denn lange Etappen und endlose Bergstrecken bereiten mir Freude und keine Qualen. Immer besser in Form zu kommen, ist natürlich nicht das Ziel einer Radreise um die Welt, sondern vielmehr ein angenehmer Nebeneffekt. Trotzdem spüre ich ein erhebendes Gefühl, als ich mit meinem schwer beladenen Tourenrad auf einer steilen Straße bei Innsbruck beim Bergauffahren einen trainierenden Rennradfahrer überhole. Er steckt in einem hautengen Dress, trägt eine schnittige Brille und einen aerodynamischen Helm und tritt verbissen in die Pedale seines schicken Karbonfahrrades. Während des Überholens grüße ich freundlich. Mein Gruß wird nicht erwidert und der Sportler würdigt mich keines Blickes. Nichts für ungut!

Unser Tacho hält bei 87.020 Kilometern, als wir unsere Reise nach fünfeinhalb Jahren in Graz beenden. Wir haben in dieser Zeit 55 Länder bereist und 5559 Stunden und 30 Minuten in die Pedale getreten. Das ergibt eine Durchschnittsgeschwindigkeit von 15,6 Kilometer pro Stunde. 70.000 Fotos sind rund um den Globus entstanden – im Schnitt alle 1,2 km eines. Pro Fahrrad haben wir vierzehn Mäntel, drei Sätze Radtaschen, elf Ketten und drei Sättel verschlissen. Insgesamt siebenundsechzig Patschen mussten unterwegs geflickt werden. Eine Spiegelreflexkamera, zwei Computer, eine Festplatte, sowie vier Zelte und zwei Benzinkocher stehen ebenfalls auf unserer Verschleißliste. Pro Person verbrauchten wir vier Paar Schuhe, sechs Radhosen und drei Regenjacken. Wir haben ungefähr 180 Kilogramm Müsli gefrühstückt und rund 3000 Bananen gejausnet.

Glück gehabt

Pech gehabt; Patschen Nr. 41
wird in Panama geflickt

Einfach abgefahren

Die Bananen Nummer 645 bis 651
wurden in Malawi verzwickt

Quartier-Statistik: 27 Prozent unserer Nächte haben wir im Zelt verbracht. In bezahlten Unterkünften wie Hotels, Pensionen und Hütten 33 Prozent. Die verbleibenden 40 Prozent unserer Übernachtungen entfallen auf private, unentgeltliche Einladungen von alten Freunden oder gastfreundlichen Menschen, die uns entweder von der Straße weg eingeladen haben oder mit denen wir über die Webseiten *Warmshowers*, *Couchsurfing* und *Hospitalityclub* in Kontakt gekommen sind.

Kein einziges Mal wurde uns ein Visum und kein einziges Mal eine Einreise verweigert. Wir bewältigten die gesamte Strecke mit unseren Rädern, nie ließen wir uns von Autos, Bussen oder Zügen mitnehmen. Und was bei Langzeitreisenden selten ist und uns besonders freut: Wir wurden nie überfallen, beraubt oder bestohlen und radelten 87.020 Kilometer unfallfrei um die Welt.

In der Vitrine

Valeska

Graz. In einer Ecke unseres Wohnzimmers steht eine halbhohe Glasvitrine. In dieser befinden sich Schätze.

Ein Fremder würde darin ein Sammelsurium an Klimbim aus fernen Ländern sehen – Mitbringsel, teils kitschig, teils witzig, manche wie neu, andere wiederum verbeult und zerkratzt. Staubfänger allesamt. Für uns sind es Schätze, die wir auf der Tour gesammelt haben, obwohl wir keine Souvenirjäger sind und unsere Fahrräder nie unnötig beschweren wollten. Jedes einzelne Stück ist ein Geschenk von alten oder neuen Freunden, die uns etwas auf die Reise mitgeben wollten, wissend, dass die Gabe praktisch schwerelos sein musste.

Unsere Schätze ▼

▲ Brandneu   Fünf Jahre alt ▽

Auf den ersten Blick stechen zwei Fahrradhupen ins Auge. Keine klassisch schwarzen, runden Langweiler, sondern ein gelblicher Fuchskopf mit schelmischem Gesichtsausdruck und ein grauer Kuhkopf mit fröhlich-naivem „G'schau". Die beiden sind Hochzeitsgeschenke von langjährigen Freunden und haben bestimmt ihre glorreichen Zeiten hinter sich. Die Hupen, wohlbemerkt! Etwas schmuddelig, mehrfach geklebt und müde, man sieht ihnen die mehrjährige Reise deutlich an und auch, dass sie häufig und manchmal vermutlich lebensrettend in Gebrauch waren. Da stehen sie dennoch mit erhobenen Köpfen auf dem wohlverdienten Ehrenplatz in der Mitte und scheinen ihren „Ruhestand" zu genießen.

Daneben liegt ein Geschenk vom japanischen Radler Sohei, der in Kanada ein paar Tage lang mit uns gemeinsam unterwegs war. Aufgefallen war uns, dass er abends in seinem Zelt immer sehr lange Licht hatte, viel länger als wir. Aber er war mucksmäuschenstill. Wir wunderten uns, wollten aber nicht neugierig sein. Als sich unsere Wege trennten, überreichte er uns zum Abschied eine handgeknotete Kette aus brauner Schnur mit einem lila Stein, die er in den vorangegangenen Nächten für uns geknüpft hatte.

Ähnliches hat es mit zwei Freundschaftsbändern auf sich. Das eine rund, das andere flach, beide bunt und ziemlich zerschlissen. Sie erinnern uns an ein Pärchen aus der Schweiz und an einen belgischen Radfahrer, mit denen wir jeweils einen Teil unserer Reisezeit verbracht haben. Freundschaftsbandgeschenke gab es mehrere, doch mit der Zeit haben sich die Bänder vom ständigen Tragen aufgelöst und sind uns buchstäblich vom Handgelenk gefallen.

Mein Blick bleibt an einer kleinen, dunkelbraunen Holzschatulle mit bunten Einlegearbeiten hängen. In den Farben der syrischen Nationalflagge – weiß, grün, schwarz und rot – zieren Sterne und Streifen den Deckel. Dieses Gastgebergeschenk aus Aleppo war wohlgemeint, wurde von uns aber nicht als Aufbewahrungskästchen verwendet. Gleichermaßen unbenutzt blieben andere gut gemeinte, „nützliche" Geschenke wie zum Beispiel ein aus Wolle gehäkelter Seifenbeutel aus der Türkei und zwei Schlüsselanhänger in Form von Cowboystiefeln aus Mexiko – für diese fehlten uns ganz einfach die Schlüssel. Nichtsdestotrotz schätzen wir den Einfallsreichtum neu gewonnener Freunde, die sich über Bedarf und Bedürfnisse von Radreisenden so ihre Gedanken machten.

Kaum zu übersehen sind drei Nationalflaggen: Eine in der Ecke hängende seidene tibetische, eine auf einen Karton aufgezogene, steife mazedonische und eine aus Glasperlen gefertigte südafrikanische Flagge. Alle drei wurden uns als Glücksbringer mitgegeben. Wahrscheinlich wirkten sie tatsächlich – unterstützt von anderen, uns in unterschiedlichsten Erscheinungsformen überreichten Glücksbringern: Da gibt

es zum Beispiel einen knapp drei Zentimeter langen und nur einige Millimeter breiten, weißen buddhistischen Knoten aus dünner Schnur, eine Ein-Penny-Quetschmünze mit dem Aufdruck der Ortsangabe Baton Rouge, Louisiana, und einen Panda aus Keramik (!). Das schwarz-weiße Tier ist wirklich aus China und durfte nur mit, weil es die Kriterien geruchsfrei, stumm und winzig erfüllte. Zu diesem Grüppchen gesellt sich ein Minikuvert aus altrosa Papier – „Zwei Glücksdollar von Lilo" steht darauf. Nicht jeder Dollar beginnt in Graz eine Weltreise und kehrt nach fünfeinhalb Jahren unversehrt mit denselben Besitzern dorthin zurück.

Den Hintergrund des Schätze-Arrangements bilden unter anderem mehrere Kinderzeichnungen. Auf einigen davon sind wir mit unseren Fahrrädern dargestellt. Das kann man genau erkennen, zumal wenn man es gesagt bekommt und ein bisschen Fantasie hat. Manche junge Menschen haben auf diese Weise unseren nicht alltäglichen Besuch festgehalten und uns gleichzeitig mit einem federleichten Geschenk beglückt.

In Griechenland bekommt
Valeska Armreifen geschenkt

Quetschmünze aus Louisiana

Ein ganz besonderes Stück – ebenso unnütz wie die zuvor erwähnten, doch gleichermaßen wertvoll –, das bereits einige Jahrzehnte auf dem Buckel hat, wurde mir von einer Freundin zwanzig Kilometer vor dem Ende unserer langen Reise überreicht: Ein rot-weißer Wimpel mit der Aufschrift „Geprüfter Radfahrer", den sie als Kind für ihre bestandene Radfahrprüfung erhalten hatte.

Ein weiteres Exponat aus dem Schatzkasten möchte ich noch vorstellen: Ein pastellgrünes Kinderbüchlein in Pixi-Buchgröße. Es war seit Kanada, wo wir es in Prince George von Richard und Maggee geschenkt bekommen haben, Teil unseres Gepäcks. Der Titel lautet „FOO" und es handelt von einem kleinen Mädchen, das mit diesem Laut Küsse über ihre kleine Hand in die große Welt bläst. Unser Gastgeber Richard ist Kinderbuchautor und hat uns erzählt, dass dieses kleine Büchlein nur ein Auszug aus einem Kinderbuch sei, doch dieses bekämen wir erst dann zugeschickt, wenn wir Nachwuchs erwarten.

Erinnerungen kommen hoch und werden lebendig, wenn mein Blick über die vielen unnützen und doch so wertvollen Gegenstände in der Vitrine schweift. Diese Stücke sind Zeugen und Zeugnisse von Erlebtem, von Begegnungen und Freundschaften – sie machen Unsichtbares sichtbar: Gesichter, schöne Momente, Erlebnisse, Kennenlernen und Abschiednehmen. Und ich spüre ein Kreuzzeichen auf der Stirn – „Gott beschütze dich!", das mir von einem lieben Menschen mitgegeben wurde. Es ist einer meiner Lieblings-Glücksbringer, unfassbar, doch immer bei mir.

Danke — Xièxie — Gracias — Thank you — Asante sana — Merci

-->

Unglaublich herzlich wurden wir in allen Teilen der Welt aufgenommen und oft von alten oder neu gewonnenen Freunden beherbergt. Unzählige Male hat uns jemand den (meist richtigen) Weg gezeigt. Unerwartet wurden wir von Wildfremden zum Essen eingeladen. Viele Menschen haben uns auf der Straße angelächelt, uns gegrüßt oder ermunternd zugewinkt. Die Gespräche und Begegnungen mit all diesen Menschen haben unserer Reise erst einen Sinn gegeben. Herzlichen Dank.

Willy gab uns für die Arbeit an unserer Webseite immer wieder hilfreiche Tipps. Boris kümmerte sich um das Sichern unserer Fotos, die er in unregelmäßigen Abständen auf SD-Karten in zerknitterten Päckchen zugesandt bekam. Danke.

Danken möchten wir unseren Familien und Freunden, die uns gehen ließen, uns über die Jahre nicht vergessen haben und uns mit offenen Armen wieder empfangen haben. Unser Hab und Gut lagerte jahrelang auf Michaels und Ulrikes gepflegtem Dachboden, ein herzliches Dankeschön dafür.

Dankbar sind wir auch Wolfgang, der uns auf verschiedenste Weise schon seit Jahren unterstützt und vor allem gemeinsam mit anderen aktiven Argus-Mitgliedern für einen unvergesslichen Empfang am Grazer Hauptplatz gesorgt hat.

Klaus und Norman sei an dieser Stelle ebenso gedankt, da sie einige von Valeskas unterwegs entstandenen Geschichten Korrektur gelesen haben.

Elfriede und Ilse sind wir für endlose Korrekturarbeiten dankbar. Ohne ihre konstruktiven, kritischen Bemerkungen und Änderungsvorschläge wäre dieses Buch nicht das, was es jetzt ist.

Dank der Vorworte von Werner und Wolfgang wurde dieses Buch wertvoller.

Unseren Wunsch nach einer „besonderen" Weltkarte erfüllte uns der wohl beste Freihandzeichner des Erdballs: Alexander Czernin.

Dank gilt unseren drei Haupt-Sponsoren Grazer Wechselseitige Versicherung, Northland Professional und Radsport Kotnik, die uns durch hervorragende Produkte und zum Teil auch finanziell unterstützt haben. Mit ihrer Hilfe wurde die Realisierung unseres Projektes einfacher. Im Laufe der Jahre gewannen wir weitere Sponsoren, bei denen wir uns ebenfalls bedanken: Magura, Schwalbe, Solarc, Dazer.

… und gleichfalls großen Dank an alle, die uns in irgendeiner Form unterstützt, herausgefordert, begleitet, inspiriert und ermutigt haben.